乡村振兴战略下的美丽乡村建设研究

葛福东 ◎ 著

辽宁大学出版社
Liaoning University Press

图书在版编目（CIP）数据

乡村振兴战略下的美丽乡村建设研究/葛福东著
--沈阳：辽宁大学出版社，2023.1
ISBN 978-7-5698-0939-8

Ⅰ.①乡… Ⅱ.①葛… Ⅲ.①农村－社会主义建设－研究－中国 Ⅳ.①F320.3

中国版本图书馆 CIP 数据核字（2022）第 170373 号

乡村振兴战略下的美丽乡村建设研究
XIANGCUN ZHENXING ZHANLUE XIA DE MEILI XIANGCUN JIANSHE YANJIU

出 版 者：	辽宁大学出版社有限责任公司
	（地址：沈阳市皇姑区崇山中路 66 号　邮政编码：110036）
印 刷 者：	沈阳海世达印务有限公司
发 行 者：	辽宁大学出版社有限责任公司
幅面尺寸：	170mm×240mm
印　　张：	13.25
字　　数：	225 千字
出版时间：	2023 年 1 月第 1 版
印刷时间：	2023 年 1 月第 1 次印刷
责任编辑：	渠铖铖
封面设计：	徐澄玥
责任校对：	郭露桐

书　　号：ISBN 978-7-5698-0939-8
定　　价：78.00 元

联系电话：024-86864613
邮购热线：024-86830665
网　　址：http://press.lnu.edu.cn

前　言

美丽乡村建设是乡村振兴战略的重要内容，也是其首要战略任务之一。美丽乡村建设就是通过有效的手段和载体围绕农村生态环境建设、人居环境建设和乡村文化建设等各方力量与资源，形成治理有效、环境友好、美丽宜居的农村现代化生产生活方式，引导农村逐步走向乡村振兴的文明发展道路。

本书共分为八章。第一章为乡村振兴战略与乡村振兴建设概述，主要论述了乡村振兴战略背景及内涵、重要意义以及乡村建设概念与分类、内涵和意义。第二章为美丽乡村基本要求，论述了乡村建设的整体思路、重点工作和总体目标。第三章为美丽乡村人居环境建设，论述了建设乡村人居环境、治理乡村垃圾污水和创建乡村绿色美化。第四章为美丽乡村生态环境建设，主要针对乡村环境的成因、维护乡村生态环境展开论述。第五章为推动农业现代化措施，主要论述了加强农业基础设施建设、推动农业产业化经营及健全农产品流通体系。第六章为美丽乡村文化传承，主要围绕乡村文化概念、乡村文化价值和传承乡贤文化这三个方面展开论述。第七章为农村社区的具体建设对策，论述了农村社区的概念、完善农村社区各项制度、整合资源，增加收入以及加强农村社区产业支撑。第八章为美丽乡村治理体系建设，主要论述了村民自治体系的建设、乡村德治能力的提升及乡村法治秩序的维护。

本书结构合理，内容丰富，语言精练，语言通俗易懂，并且在撰写过程中将内容与图有机结合，使得内容更加简明易懂。但鉴于编者水平有限，书中难免会出现错误或不当观点，恳请广大同行、学者予以批评指正，方便今后进一步修改和完善。

目 录

第一章 乡村振兴战略与乡村建设概述 …………………………… 1

 第一节 乡村振兴战略背景及内涵 ………………………………… 1
 第二节 乡村振兴战略的重要意义 ………………………………… 9
 第三节 乡村建设概念与分类 …………………………………… 13
 第四节 乡村建设内涵及意义 …………………………………… 19

第二章 美丽乡村基本要求 ………………………………………… 23

 第一节 乡村建设整体思路 ……………………………………… 23
 第二节 乡村建设重点工作 ……………………………………… 26
 第三节 乡村建设总体目标 ……………………………………… 27

第三章 美丽乡村人居环境建设 …………………………………… 31

 第一节 建设乡村人居环境 ……………………………………… 31
 第二节 治理乡村垃圾污水 ……………………………………… 33
 第三节 创建乡村绿色美化 ……………………………………… 46

第四章 美丽乡村生态环境建设 ····················· 51

第一节 乡村环境的成因 ······················· 51

第二节 维护乡村生态环境 ····················· 60

第三节 乡村振兴战略下的生态环境建设路径 ········· 66

第五章 推动农业现代化措施 ······················· 75

第一节 加强农业基础设施建设 ·················· 75

第二节 推动农业产业化经营 ···················· 77

第三节 健全农产品流通体系 ···················· 79

第六章 美丽乡村文化传承 ························ 87

第一节 乡村文化概述 ························· 87

第二节 乡村文化建设 ························· 96

第三节 乡贤文化传承 ························ 101

第七章 农村社区的具体建设对策 ··················· 143

第一节 农村社区的概念 ······················ 143

第二节 完善农村社区各项制度 ················· 162

第三节 整合资源，增加投入 ··················· 164

第四节 加强农村社区产业支撑 ················· 172

第八章 美丽乡村治理体系建设 ································ 174

第一节 建设村民自治体系 ································ 174
第二节 提升乡村德治能力 ································ 183
第三节 维护乡村法治秩序 ································ 195

参考文献 ·································· 200

第一章 乡村振兴战略与乡村建设概述

第一节 乡村振兴战略背景及内涵

一、乡村振兴战略背景

(一) 我国"三农"政策的变迁

进入新世纪之前,我国实施农业支持工业的战略,主要通过从农业中汲取资金支持工业。进入新世纪以后,我国逐步将原农业支持工业战略转变为工业反哺农业战略。2002年,中国共产党第十六次全国代表大会(以下简称"党的十六大")首次提出了"统筹城乡经济社会发展"。2003年,胡锦涛同志强调要把解决好"三农"问题作为全党工作的重中之重。2004年9月,胡锦涛在中国共产党第十六届中央委员会第四次全体会议中提出"两个趋向"的重要论断。第一个趋向,即在工业化初始阶段,农业支持工业、为工业提供积累是带有普遍性的趋向,绝大多数国家在工业化初期阶段发展工业的资金都来自农业。第二个趋向,即在工业化达到相当程度后,工业反哺农业、城市支持农村,实现工业与农业、城市与农村协调发展,也是带有普遍性的倾向,在理论界被称为工业化中期阶段。也就是说,在工业化中期阶段以后,一个国家或者地区的基本工业体系已经形成,工业体系相对完整,工业有了自我发展、自我积累的能力,不需要从农业中汲取资金。相反,农业因为长期为工业提供资金,其发展相对滞后,客观上需要工业为其"输血"。在"两个趋向"的基础上,胡锦涛提出"我国现在总体上已到了以工促农、以城带乡的发展阶段"的重要判断。

从教育方面看,2003年以前,由于相当一部分农村教育都是民办教育,即农民自己筹集资金开展农村教育基础设施建设,导致当时城乡教育差距明显。从医疗方面看,2003年以前,接近80%的农村居民没有任何医疗保障,因此,2003年,我国开始在一些地区试点实行新型农村合作医疗制度。新型农村合作医疗深受农民的欢迎，截至 2007 年 9 月底，开展新型农村合作医疗的县（市、区）占全国总数的 85.5%，参加农民近 7.26 亿人，参合率达到 86%，2008 年 6 月已经实现全面覆盖的目标。

2005 年 3 月，温家宝在第十届全国人民代表大会第三次会议上的政府工作报告中提出适应我国经济发展新阶段的要求，实行工业反哺农业、城市支持农村的方针，合理调整国民收入分配格局，更多地支持农业和农村发展。2005 年 10 月，中国共产党第十六届中央委员会第五次全体会议（以下简称"中共中央十六届五中全会"）提出"建设社会主义新农村是我国现代化进程中的重大历史任务"。2006 年中央一号文件部署了推进社会主义新农村进行了全面部署，提出了"五句话、二十个字"，即生产发展、生活宽裕、乡风文明、村容整洁、管理民主。这一阶段，我国推行了农业税收减免政策。2004 年，《中共中央国务院关于促进农民增加收入若干政策的意见》提出要"逐步降低农业税税率，2004 年农业税税率总体上降低 1 个百分点，同时取消除烟叶外的农业特产税"。2005 年中央一号文件提出，"减免农业税、取消除烟叶以外的农业特产税""进一步扩大农业税免征范围，加大农业税减征力度"。2005 年 12 月 29 日，第十届全国人民代表大会常务委员会第十九次会议通过了关于废止农业税条例的决定。

与此同时，从 2004 年开始，我国相继实行了"四大补贴"政策：一是良种补贴。该补贴从 2002 年开始试点，2004 年在全国正式推开。现在，我国主要农产品品种，包括种植业、畜牧业、渔业都实施了良种补贴；二是种粮农民直接补贴。该补贴从 2004 年开始实施，按照农民承包土地亩数面积计算；三是农机购置补贴。即国家对农民购买农机具给予补贴，该补贴最初为购买机具价格的三分之一，后来转变为定额补贴；四是农资综合补贴。该补贴从 2006 年开始实施。随着经济的发展，我国劳动力成本、各种原料及农业生产资料价格逐步上升，因此，国家实施了农业生产资料综合补贴。

2004 年开始，我国对主要农产品实施了最低收购价格。2004 年、2005 年主要针对稻谷实施最低保护价收购，2006 年开始对小麦实施最低保护价收购。随后，我国对其他农产品也实行了相应的价格保护政策。由于 2008 年以后政府最低收购价逐年提升，我国主要农产品价格也逐渐高于国际生产价格。2015 年、2016 年国内主要农产品价格已经大大高于国际同类农产品价格，每种产品价格在不同时期高出的幅度也不同。这种情况下就必须改革我国主要农产品的价格形成机制。2014 年，我国对粮食价格形成机制进行改革，对大豆和棉花实行目标价格制度。2016年，财政部印发了《关于建立玉米生产者补贴制度的实施意见》，取消了玉米临时收储政策，实行生产者补贴政策。

在公共事业上，2006年，我国对西部地区农村义务教育阶段学生全部免除学杂费，2007年，对全国农村义务教育阶段学生全部免除学杂费。2007年7月，国务院下发了《关于在全国建立农村最低生活保障制度的通知》，开始在全国逐渐推开建立农村低保。从居民养老保险制度来看，2007年10月，中国共产党第十七次全国代表大会强调，"覆盖城乡居民的社会保障体系基本建立，人人享有基本生活保障"，并强调要"探索建立农村养老保险制度"。2009年，国务院发布了《关于开展新型农村社会养老保险试点的指导意见》，从2009年开始实施。新型农村社会保险（以下简称"新农保"）试点的基本原则是"保基本、广覆盖、有弹性、可持续"。"保基本"就是保障农村养老基本生活、基本需求。"广覆盖"就是逐渐提高覆盖面，最终让所有农村居民的养老问题都纳入新农保制度。2014年，国务院在《关于建立统一的城乡居民基本养老保险制度的意见》中提出，到"十二五"末，在全国基本实现新农保与城市职工基本养老保险制度相衔接；2020年前，全面建成公平、统一、规范的城乡居民养老保险制度。从医疗保险领域来看，2012年，国家发展改革委、卫计委等六部门发布了《关于开展城乡居民大病保险工作的指导意见》。2015年，国务院办公厅发布了《关于全面实施城乡居民大病保险的意见》，开始在全国推行城乡居民大病保险。2016年，国务院印发了《关于整合城乡居民基本医疗保险制度的意见》，把城镇居民基本医疗保险和新型农村合作医疗整合在一起，形成城乡居民基本医疗保险（城乡居民医保）。城乡居民医保从2016年开始实施，其最终目标是让城镇居民和农村居民的基本医疗保险达到一致，让保险在区域上可以互相接续。这样既有利于人口的流动，又有利于农村居民整体医疗保险水平的提高。

中国共产党第十八次全国代表大会（以下简称"党的十八大"）以来，我国农业农村政策在很多方面体现在中央一号文件上。2013年中央一号文件《中共中央国务院关于加快发展现代农业进一步增强农村发展活力的若干意见》中第六部分强调"改进农村公共服务机制，积极推进城乡公共资源均衡配置"。2013年中央一号文件还强调要"努力建设美丽乡村"。2015年，中华人民共和国国家质量监督检验检疫总局、国家标准化管理委员会发布《美丽乡村建设指南》国家标准，就是用于指导全国不同地区不同情况的美丽乡村建设。2014年中央一号文件提出"健全城乡发展一体化体制机制""开展村庄人居环境整治""推进城乡基本公共服务均等化"。2015年中央一号文件强调"围绕城乡发展一体化，深入推进新农村建设"，指出"中国要美，农村必须美"。文件还强调，要在2015年解决无电人口用电问题，加快推进西部地区和集中连片特困地区农村公路建设。2016年中央一号文件强调，要"加快建设社会主义新农村"。2017年中央一号文件强调，要"壮大新产业新业态，拓展农业产业链价值链""大力发展乡村休闲旅游产业""培育宜居宜业特色村镇"，"支持有条件的乡村建设以农民合作社为主要载体、让农民充分参与和受益，集循环农业、创意农业、农事体验于一体的田园综合体"。2020年中央一号文件强调，要坚持以习近平新时代中国特色社会主义思想为指导，全面贯彻党的十九大和十九届二中、三中、全会以及中央经济工作会议精神，全面建成小康社会，坚决打赢脱贫攻坚战。持续抓好农业稳产保供和农民增收，推进农业高质量发展，保持农村社会和谐稳定，提升农民群众的幸福感、安全感，确保脱贫攻坚战圆满收官，确保农村同步全面建成小康社会。2022年中央一号文件强调，要做好"三农"工作，接续全面推进乡村振兴，确保农业稳产增产、农民稳步增收、农村稳定安宁。牢牢守住保障国家粮食安全和不发生规模性返贫两条底线，突出年度性任务、针对性举措、实效性导向，充分发挥农村基层党组织领导作用，扎实有序地做好乡村发展、乡村建设、乡村治理等重点工作。

（二）"三农"工作取得的成效

1.粮食总产量年年丰收

根据国家统计局数据，2004—2015年，我国粮食生产实现了12年连续增产。虽然2016年的全国粮食总产量（61625万吨）较2015年的全国粮食总产量（62144万吨）有所降低，但降低得并不多。2017年全国粮食总产量是61791万吨，虽然在总量上没有超过2015年的62144万吨，但是较2016年的61625万吨还是有所提升的。总体来讲，从2004年到2017年，我国粮食总产量虽然没有形成"十四连增"，但却是"十四连丰"，全国粮食自21世纪以来每年都是丰收的状态。

2.农村居民人均纯收入快速增长

根据国家统计局数据，2012年农村居民人均纯收入7917元，实际增长10.7%，高于国内生产总值增速（2012年国内生产总值增速为7.7%）。2016年农村居民人均可支配收入12363元，实际增长6.2%，低于国内生产总值增速（2016年国内生产总值增速为6.7%），但是2017年农村居民人均可支配收入实际增长又大于国内生产总值增长。

3. 脱贫攻坚取得显著成效

2013年以来，全国每年减少贫困人口1000万人以上。党的十八大以来，已基本完成580多万人的易地扶贫搬迁建设任务。第三次全国农业普查主要数据公报显示，截至2016年年底，全国有99.3%的村通公路，村内主要道路有路灯的村占全部村的比重是61.9%，全国通电的村占全部村的比重是99.7%，91.3%的乡镇集中或部分集中供水，90.8%的乡镇生活垃圾集中处理或部分集中处理，73.9%的村生活垃圾集中处理或部分集中处理，17.4%的村生活污水集中处理或部分集中处理，53.5%的村完成或部分完成改厕。从农户来看，10 995万户的饮用水为经过净化处理的自来水，占47.7%；使用水冲式卫生厕所的农户有8339万户，占全部农户的比重为36.2%，也就是说，三分之一以上的农户已经使用水冲式卫生厕所。

（三）"三农"工作面临的形势

"十三五"时期，我国农业农村发展的外部条件和内在动因正在发生深刻变化，既存在不少有利条件，又面临很多困难和挑战。

从有利条件来看，一是中央高度重视"三农"工作，加快补齐农业农村短板已经成为全党全社会的共识，我国发展仍处于可以大有作为的重要战略机遇期，经济长期向好的基本面没有改变，强农、惠农、富农政策体系将更加完善。二是粮食等主要农产品供给充足，城乡居民消费结构加快升级，新一轮科技革命和产业变革正在孕育兴起，为农业转方式、调结构、拓展发展空间提供了强有力的支撑。三是农村改革和城乡一体化深入推进，将进一步激发农村发展活力，为促进农民增收和农村繁荣提供持续动力。四是全球经济一体化进程加快以及"一带一路"等战略的实施，有利于更好地统筹利用两个市场两种资源，缓解国内资源环境压力，优化国内农业结构。

从困难挑战来看，一是农业供给侧结构性改革任务艰巨，玉米等农产品库存积压和优质化、多样化、专用化农产品供给不足并存，农业生产成本持续上升，农业生产效益低而不稳，农业基础设施建设滞后，农产品质量安全风险增多，农业面临的国际竞争压力加大。二是农业资源环境问题日益突出，水土资源紧张，部分地区耕地基础地力下降明显，面源污染加重，拼资源、拼消耗的生产方式难以为继，农村劳动力老龄化加速，专业型、技术型、创新型人才和青壮年劳动力缺乏，谁来种地的问题逐步显现，实现农业持续发展任重道远。三是我国经济发展进入新常态，经济增速放缓，持续大幅增加财政"三农"投入空间有限，促进农民工外出就业和工资增长难度加大。四是城乡二元结构问题突出，城乡资源要素平等交换和均衡配置仍存在体制性障碍，农村基础设施和公共服务依然薄弱，缩小城乡差距任务繁重。"十一五"时期我国农业农村发展机遇与挑战并存，希望与困难同在，实现农业稳定发展、农民持续增收的任务非常艰巨。必须牢固树立强烈的短板意识，坚持问题导向，不断创新工作思路，凝聚各方力量，落实新发展理念，破解发展难题，合力开拓农业农村工作新局面。

二、乡村振兴战略内涵

（一）产业兴旺是乡村振兴的核心

新时代推动农业农村发展的核心是实现农村产业发展。农村产业发展是农村实现可持续发展的内在要求。从中国农村产业发展历程来看，过去一段时期内主要强调农业生产发展，其主要目标是解决农民的温饱问题，进而推动农民生活向小康迈进。从生产发展到产业兴旺，这一提法的转变，意味着新时代党的农业农村政策体系更加聚焦和务实，主要目标是实现农业农村现代化。产业兴旺要求从过去单纯追求产量向追求质量转变、从粗放型经营向精细型经营转变、从不可持续发展向可持续发展转变、从低端供给向高端供给转变。城乡融合发展的关键步骤是农村产业融合发展。产业兴旺不仅要实现农业发展，还要丰富农村发展业态，促进农村一、二、三产业融合发展，更加突出以推进供给侧结构性改革为主线，提升供给质量和效益，推动农业农村发展提质增效，更好地实现农业增产、农村增值、农民增收，打破农村与城市之间的壁垒。农民生活富裕的前提是产业兴旺，而农民富裕、产业兴旺又是乡风文明和有效治理的基础，只有产业兴旺、农民富裕、乡风文明、治理有效有机统一起来才能真正提高生态宜居水平。中国共产党第十九次全国代表大会（以下简称"党的十九大"）将产业兴旺作为实施乡村振兴战略的第一要求，充分说明了农村产业发展的重要性。实施乡村振兴战略必须要紧紧抓住产业兴旺这个核心，作为优先方向和实践突破点，真正打通农村产业发展的"最后一公里"，为农业农村实现现代化奠定坚实的物质基础。

（二）生态宜居是乡村振兴的基础

习近平同志在党的十九大报告中指出，加快生态文明体制改革，建设美丽中国。美丽中国的起点和基础是美丽乡村。乡村振兴战略提出要建设生态宜居的美丽乡村，更加突出了新时代重视生态文明建设与人民日益增长的美好生活需要的内在联系。乡村生态宜居不再是简单强调单一化生产场域内的"村容整洁"，而是对"生产、生活、生态"为一体的内生性低碳经济发展方式的乡村探索。生态宜居的内核是倡导绿色发展，是以低碳、可持续为核心，是对"生产场域、生活家园、生态环境"为一体的复合型"村镇化"道路的实践打造和路径示范。绿水青山就是金山银山。乡村产业兴旺本身就蕴含着生态底色，通过建设生态宜居家园实现物质财富创造与生态文明建设互融互通，走出一条中国特色的乡村绿色可持续发展道路，在此基础上真正实现更高品质的生活富裕。同时，生态文明也是乡风文明的重要组成部分，乡风文明内涵则是对生态文明建设的基本要求。此外，实现乡村生态的良好清理是实现乡村有效治理的重要内容，治理有效必然包含着有效的乡村生态治理体制机制。从这个意义而言，打造生态宜居的乡村必须要把乡村生态文明建设作为基础性工程扎实推进，让乡村看得见未来，留得住乡愁。

（三）乡风文明是乡村振兴的关键

文明中国根在文明乡风，文明中国要靠乡风文明。乡村振兴想要实现新发展，彰显新气象，传承和培育文明乡风是关键。乡土社会是中华民族优秀传统文化的主要阵地，传承和弘扬中华民族优秀传统文化必须要注重培育和传承文明乡风。乡风文明是乡村文化建设和乡村精神文明建设的基本目标，培育文明乡风是乡村文化建设和乡村精神文明建设的主要内容。乡风文明的基础是重视家庭建设、家庭教育和家风家训培育。家庭和睦则社会安定，家庭幸福则社会详和，家庭文明则社会文明；良好的家庭教育能够授知识、育品德、提高精神境界、培育文明风尚；优良的家风家训能够弘扬真善美抑制假恶丑，营造崇德向善、见贤思齐的社会氛围。积极倡导和践行文明乡风能够有效净化和涵养社会风气，培育乡村德治土壤，推动乡村有效治理；能够推动乡村生态文明建设，建设生态宜居家园；能够凝人心、聚人气，营造干事创业的社会氛围，助力乡村产业发展；能够丰富农民群众的文化生活，汇聚精神财富，实现精神生活上的富裕。实现乡风文明要大力实施农村优秀传统文化保护工程，深入研究阐释农村优秀传统文化的历史渊源、发展脉络、基本走向；要健全和完善家教、家风、家训建设工作机制，挖掘民间蕴藏的丰富家风、家训资源。让好家风、好家训、内化为农民群众的行动遵循；要建立传承弘扬优良家风、家训的长效机制，积极推动家风、家训进校园进课堂活动，编写优良家风、家训通识读本，积极创作反映优良家风、家训的优秀文艺作品，真正把文明乡风建设落到实处，落到细处。

（四）治理有效是乡村振兴的保障

实现乡村有效治理是推动农村稳定发展的基本保障。乡村治理有效才能真正为产业兴旺、生态宜居、乡风文明和生活富裕提供秩序支持，乡村振兴才能有序推进。新时代乡村治理的明显特征是强调国家与社会之间的有效整合，盘活乡村治理的存量资源，用好乡村治理的增量资源，以有效性作为乡村治理的基本价值导向，平衡村民自治实施以来乡村社会面临的冲突和分化。也就是说，围绕实现有效治理这个最大目标，乡村治理技术手段可以更加多元、开放和包容。只要有益于推动实现乡村有效治理的资源都可以充分地整合利用，而不再简单强调乡村治理技术手段问题，而忽视对治理绩效的追求和乡村社会的秩序均衡。党的十九大报告提出，要健全自治、法治、德治相结合的乡村治理体系。这不仅是实现乡村治理有效的内在要求，也是实施乡村振兴战略的重要组成部分。这充分体现了乡村治理过程中国家与社会之间的有效整合，既要盘活村民自治实施以来乡村积淀的现代治理资源，又要毫不动摇地坚持依法治村的底线思维，还要用好乡村社会历久不衰、传承至今的治理密钥，推动形成相辅相成、互为补充、多元并蓄的乡村治理格局。从民主管理到治理有效，这一定位的转变，既是国家治理体系和治理能力现代化的客观要求，也是实施乡村振兴战略，推动农业农村现代化进程的内在要求。而乡村治理有效的关键是健全和完善自治、法治和德治的耦合机制，让乡村自治、法治与德治深度融合、高效契合。例如，积极探索和创新乡村社会制度内嵌机制，将村民自治制度、国家法律法规内嵌入村规民约、乡风民俗中，通过乡村自治、法治和德治的有效耦合，推动乡村社会实现有效治理。

（五）生活富裕是乡村振兴的根本

生活富裕的本质要求是共同富裕。改革开放四十多年来，农村经济社会发生了历史性巨变，农民的温饱问题得到彻底解决。生活富裕不富裕，对于农民而言有着切身感受。长期以来，农村地区发展不平衡不充分的问题无形之中让农民感受到了一种"被剥夺感"，农民的获得感和幸福感也随之呈现出"边际现象"。也就是说，简单地靠存量增长已经不能有效提升农民的获得感和幸福感。生活富裕相较于生活宽裕而言，虽只有一字之差，但其内涵和要求却发生了非常大的变化。生活宽裕的目标指向主要是解决农民的温饱问题，进而提高农民的生活水平，而实现农民生活宽裕主要依靠的是农村存量发展。生活富裕的目标指向则是农民的现代化问题，要切实提高农民的获得感和幸福感，消除农民的"被剥夺感"，而这也使得生活富裕具有共同富裕的内在特征。如何实现农民生活富裕？显然，靠农村存量发展已不具有可能性。有效激活农村增量发展空间是解决农民生活富裕的关键。而乡村振兴战略提出的产业兴旺则为农村增量发展提供了方向。

第二节 乡村振兴战略的重要意义

党的十八大以来，在以习近平同志为核心的党中央坚强领导下，我们坚持把解决好"三农"问题作为全党工作的重中之重，持续加大强农、惠农、富农政策力度，扎实推进农业现代化和新农村建设，全面深化农村改革，农业农村发展取得了历史性成就，为党和国家事业全面开创新局面提供了重要支撑。5年来，粮食生产能力跨上新台阶，农业供给侧结构性改革迈出新步伐，农民收入持续增长，农村民生全面改善，脱贫攻坚战取得决定性进展，农村生态文明建设显著加强，农民获得感显著提升，农村社会稳定和谐。农业农村发展取得的重大成就和"三农"工作积累的丰富经验，为实施乡村振兴战略奠定了良好基础。

农业农村农民问题是关系国计民生的根本性问题。没有农业农村的现代化，就没有国家的现代化。当前，我国发展不平衡不充分的问题在乡村最为突出，主要表现在：农产品阶段性供过于求和供给不足并存，农业供给质量和效益亟待提高；农民适应生产力发展和市场竞争的能力不足，新型职业农民队伍建设亟须加强；农村基础设施建设仍然滞后，农村环境和生态问题比较突出，乡村发展整体水平亟待提升；国家支农体系相对薄弱，农村金融改革任务繁重，城乡之间要素合理流动机制亟待健全；农村基层党建存在薄弱环节，乡村治理体系和治理能力亟待强化。实施乡村振兴战略，是解决人民日益增长的美好生活需要和不平衡不充分的发展之间矛盾的必然要求，是实现"两个一百年"奋斗目标的必然要求，是实现全体人民共同富裕的必然要求。

在中国特色社会主义新时代，乡村是一个可以大有作为的广阔天地，迎来了难得的发展机遇。我们有党的领导的政治优势，有社会主义的制度优势，有亿万农民的创造精神，有强大的经济实力支撑，有历史悠久的农耕文明，有旺盛的市场需求，完全有条件有能力实施乡村振兴战略。必须立足国情农情，顺势而为，切实增强责任感、使命感和紧迫感，举全党全国全社会之力，以更大的决心、更明确的目标、更有力的举措，推动农业全面升级、农村全面进步、农民全面发展，谱写新时代乡村全面振兴新篇章。

党的十九大报告提出实施乡村振兴战略，具有重大的历史性、理论性和实践性意义。从历史角度看，它是在新的起点上总结过去，谋划未来，深入推进城乡发展一体化，提出了乡村发展的新要求新蓝图。从理论角度看，它是深化改革开放，实施市场经济体制，系统解决市场失灵问题的重要抓手。从实践角度看，它是呼应老百姓新期待，以人民为中心，把农业产业搞好，把农村保护建设好，把农民发展进步服务好，提高人的社会流动性，扎实解决农业现代化发展、社会主义新农村建设和农民发展进步遇到的现实问题的重要内容。

（一）实施乡村振兴战略是解决发展不平衡不充分矛盾的迫切要求

中国特色社会主义进入新时代，这是党的十九大报告作出的一个重大判断，它明确了我国发展新的历史方位。新时代，伴随社会主要矛盾的转化，对经济社会发展提出了更高要求。新时代我国社会主要矛盾已经转化为人民日益增长的美好生活需要和不平衡不充分的发展之间的矛盾。改革开放以来，随着工业化的快速发展和城市化的深入推进，我国城乡出现分化，农村发展也出现分化，目前最大的不平衡是城乡之间发展的不平衡和农村内部发展的不平衡，最大的不充分是"三农"发展的不充分，包括农业现代化发展的不充分，社会主义新农村建设的不充分，农民群体提高教科文卫发展水平和共享现代社会发展成果的不充分等。从决胜全面建成小康社会，到基本实现社会主义现代化，再到建成社会主义现代化强国，解决这一新的社会主要矛盾需要实施乡村振兴战略。

（二）实施乡村振兴战略是解决市场经济体系运行矛盾的重要抓手

改革开放以来，我国始终坚持市场经济改革方向，市场在资源配置中发挥越来越重要的作用，提高了社会稀缺配置效率，促进了生产力发展水平大幅提高，社会劳动分工越来越深、越来越细。随着市场经济深入发展，需要考虑市场体制运行所内含的生产过剩矛盾以及经济危机等问题，需要不断扩大稀缺资源配置的空间和范围。解决问题的途径是实行国际国内两手抓，除了把对外实行开放经济战略、推动形成对外开放新格局，包括以"一带一路"建设为重点加强创新能力开放合作，拓展对外贸易、培育贸易新业态新模式、推进贸易强国建设，实行高水平的贸易和投资自由化便利化政策，创新对外投资方式、促进国际产能合作，加快培育国际经济合作和竞争新优势等作为重要抓手外，也需要把对内实施乡村振兴战略作为重要抓手，形成各有侧重和相互补充的长期的经济稳定发展战略格局。由于国际形势复杂多变，相比之下，实施乡村振兴战略更加安全可控、更有可能做好和更有福利效果。

（三）实施乡村振兴战略是解决农业现代化的重要内容

经过多年持续不断的努力，我国农业农村发展取得重大成就，现代农业建设取得重大进展，粮食和主要农产品供求关系发生重大变化，大规模的农业剩余劳动力转移进城，农民收入持续增长，脱贫攻坚取得决定性进展，农村改革实现重大突破，农村各项建设全面推进，为实施乡村振兴战略提供了有利条件。与此同时，在实践中，由于历史原因，目前农业现代化发展、社会主义新农村建设和农民的教育科技文化发展存在很多突出问题，迫切需要解决。面对未来，随着我国经济不断发展，城乡居民收入不断增长，广大市民和农民都对新时期农村的建设发展存在很多期待。把乡村振兴作为党和国家战略，统一思想，提高认识，明确目标，完善体制，搞好建设，加强领导和服务，不仅呼应了新时期全国城乡居民发展新期待，而且也将引领农业现代化发展和社会主义新农村建设以及科技文化进步。

（四）实施乡村振兴战略是解决新时代我国社会主要矛盾的重要路径

马克思主义唯物辩证法认为，矛盾是事物运动发展的源泉和动力。准确把握社会主要矛盾和次要矛盾的特质性，及时处理和辨析二者的关联性，是辩证唯物主义和历史唯物主义的基本要求。中华人民共和国成立70多年来，世情、国情、党情、民情在发展中不断出现新变化，在社会生产力快速发展、人民生活水平不断改善、人民对美好生活需求不断提高、发展不平衡不充分问题日益凸显的背景下，我国社会主要矛盾随着经济社会的不断发展而不断变化。从中国共产党第八次全国代表大会提出的"人民对于经济文化迅速发展的需要同当前经济文化不能满足人民需要的状况之间的矛盾"到1979年邓小平同志指出的"我们的生产力发展水平很低，远远不能满足人民和国家的需要，这就是我们目前时期的主要矛盾"，到1981年《关于建国以来党的若干历史问题的决议》提出的"在社会主义改造基本完成以后,我国所要解决的主要矛盾是人民日益增长的物质文化需要同落后的社会生产之间的矛盾",再到党的十九大提出的"我国社会主要矛盾已经转化为人民日益增长的美好生活需要和不平衡不充分的发展之间的矛盾"都是我国社会主义矛盾不断发展变化的体现。改革开放40多年来我国经济社会取得的巨大成就,也进一步印证了我国之所以能够创造人类历史上的发展奇迹,其根本在于准确抓住了我国社会主要矛盾。党的十九大报告指出,经过长期努力,中国特色社会主义进入了新时代,这是我国发展的新的历史方位。中国特色社会主义进入新时代,我国社会主要矛盾已经转化为人民日益增长的美好生活需要和不平衡不充分的发展之间的矛盾。人民的需求和区域的协调,对经济社会发展提出了更高的要求。改革开放40多年来取得巨大发展成就的同时,城乡发展水平出现分化趋势。进入新时代,加快推动乡村振兴战略,就是要按照党中央的总要求,夯实农村发展产业基础、推动设施建设与城市同步、促进农民增收致富、改善农村生态环境,实现城乡融合发展。因此,在我国发展进入新时代背景下,实施乡村振兴战略,既是解决新时代我国社会主要矛盾的重要路径,也是实现城乡融合发展的重要举措。

(五)实施乡村振兴战略是补齐全面建成小康社会短板的战略选择

党的十八大确立了全面建成小康社会的重大历史任务。党的十九大提出,到2020年全面建成小康社会,是我们党向人民、向历史作出的庄严承诺。习近平总书记强调,"全面建成小康社会,最艰巨最繁重的任务在农村,特别是在贫困地区。没有农村的小康,特别是没有贫困地区的小康,就没有全面建成小康社会"。真正的小康,是让广大农村地区居民与城市居民一起共享经济社会发展成果,共同迈向社会主义现代化。解决好"三农"问题,推动全面建成小康社会,依然面临着农产品阶段性供过于求与供给不足并存、基础设施建设滞后、农村生态环境问题日益突出、科技引领农业发展能力还不强等问题。这些问题归结起来就是农业、农村、农民问题,是关系国计民生的根本性问题,是贯穿中国现代化过程的基本问题,也是全面建成小康社会所必须解决的问题。乡村振兴战略的提出,与我国发展的阶段性特征和中国特色社会主义进入新时代的历史方位要求相契合,旨在建立健全城乡融合发展体制机制和政策体系,统筹推进农村经济建设、政治建设、文化建设、社会建设、生态文明建设和党的建设,加快推进乡村治理体系和治理能力现代化,加快推进农业农村现代化,走中国特色社会主义乡村振兴道路，让农业成为有奔头的产业，让农民成为有吸引力的职业，让农村成为安居乐业的美丽家园，不断增强乡村居民的幸福感和获得感。这些重大举措的相继实施和深化，为补齐农业、农村、农民发展短板，全面建成小康社会提供了重要保障。

（六）实施乡村振兴战略是全面建设社会主义现代化强国的重要保障

党的十九大在科学审视国内外形势尤其是国内经济社会发展状况的基础上，提出在21世纪中叶建成社会主义现代化强国的战略部署。社会主义现代化强国建设是整体性建设，是在全面协调推进经济建设、政治建设、文化建设、社会建设、生态文明建设和党的建设中，不断地促进物质文明、政治文明、精神文明、社会文明和生态文明协同发展的社会整体文明进步过程，也是促进城市与乡村融合发展的过程。实现农业和农村现代化、农民增收致富，是建设社会主义现代化强国的重要内容，在社会主体现代化强国建设中具有至关重要的作用。我国广大农村地区人口众多、发展基础薄弱、振兴难度较大。可以说，社会主义现代化能否整体实现，农业农村现代化、农民实现增收致富是其首要指标，也是全面建成小康社会的首要指标。实施乡村振兴战略是新时代做好"三农"工作的总抓手，事关整个社会主义现代化建设大局。实施乡村振兴战略，推动广大乡村地区快速发展，实现产业兴旺、生态宜居、乡风文明、治理有效、生活富裕，不仅能够为农业农村现代化的顺利实现提供坚实的物质基础，而且能够为全面建设社会主义现代化国家提供保障。

第三节 乡村建设概念与分类

一、美丽乡村建设概念

美丽乡村建设是新时期我国的一项策略和任务，但是就学术意义来看，必须针对"乡村"的基本特点，对美丽乡村的内涵和目标进行剖析，明确美丽乡村建设范围和实质。

（一）"乡村"概念的界定

1."乡村"概念

乡村是区别于城市的概念。目前学术界对乡村的理解比较泛化，主义包含以下三种理解形式。

（1）"乡村"即"乡"和"村"，"乡"是指乡（镇）政府驻地的镇，也就是小城镇，"村"是指周边村庄。基于这种理解，乡村建设是城镇化和美丽乡村建设的结合体。

（2）"乡村"即"农村"，农村不同于城市、城镇，是从事农业的农民聚居地，即以从事农业生产为主的劳动者聚居的地方。相对于城市而言，指农业区域，有集镇、村落，以农业产业（自然经济和第一产业）为主，包括各种农场（畜牧和水产养殖场）、林场（林业生产区）、园艺和蔬菜生产等。跟人口集中的城镇相比，农村地区人口呈散落居住。在进入工业化社会之前，社会中大部分人口居住在农村。以从事农业生产为主的农业人口居住的地区，是同城市相对应的区域，具有特定的自然景观和社会经济条件，也叫乡村。目前，我国开展的"美丽乡村"建设，即是基于第二种概念的"乡村"。

（3）农村同城市相比有其特点：①人口稀少，居民点分散在农业生产的环境之中，具有田园风光；②家族聚居的现象较为明显；③工业、商业、金融、文化、教育、卫生事业的发展水平较低；④地方习俗较浓厚，多数农村有本地的一些约定俗成的风俗习惯；⑤交通不发达，相对城市的交通来说，农村的道路多为乡间小路。

（二）"美丽乡村"概念

随着我国农村经济的发展，村办企业、商业在农村经济中的比重越来越大，但是农业仍然是我国农村的主导产业，我国农业大国的现实决定了不可能要求所有的农村都走城镇化道路，前农业部部长韩长赋说过，城镇化要带动美丽乡村建设，而不能取代美丽乡村建设，搞所谓"去农村化"。以农村和农业为基础开展美丽乡村建设，将工作重点聚焦在村庄和周边附属于村庄的农业产区，清晰地与城镇化建设形成了区别，符合我国农村实际情况和区域管理的特点，更能体现农村特色，更能留住"乡愁"，避免农村和城市、城镇同质化。因此，乡村发展和美丽乡村建设，将默认为农村经济是以农业经济为主体。

目前，尚没有一个美丽乡村的准确定义，对美丽乡村的通常理解是我国农村发展的愿景和追求，多数停留在对乡村发展未来的一种感性认识上，充满理想主义和浪漫主义。例如，《桃花源记》中描述的"夹岸数百步，中无杂树，芳草鲜美，落英缤纷""土地平旷，屋舍俨然，有良田、美池、桑竹之属"；现代人描述的"农夫山泉有点甜"的田园风光，健康的食品，休闲的劳作等。这些乡村发展愿景缺乏理性思考，是在社会重压之下产生的消极避世想法，人们希望逃离纷杂的社会，追求自给自足、与世无争和个人解脱。

在现代经济高速发展，农民生活水平逐步提高，农村环境压力不断加大的情况下，我国农村发展走向何处，一直是我国社会管理者和研究人员思考的问题，需要以理性思维综合考虑农民、农业和农村的发展需求，深入思考农村发展方向和目标。党的十六届五中全会提出了建设"生产发展、生活宽裕、乡风文明、村容整洁、管理民主"的社会主义新农村的目标。随着城乡差距逐步缩小，农民对改善自身生活质量，提升生活水平的诉求不断增强，对农村产业发展模式、生产生活条件和农村管理方式的要求不断提高，美丽乡村建设需要提质、升级，是提出美丽乡村概念的大前提。2007年浙江省在《安吉县建设"中国美丽乡村"行动纲要》中提出把安吉县所有的乡村都打造成为"村村优美、家家创业、处处和谐、人人幸福"的"中国美丽乡村"。农业部市场经济与信息司司长唐珂用"四个美"简洁概括美丽乡村就是"产业美、环境美、生活美、人文美"。

《美丽乡村建设指南》（GB/工32000—2015）中将"美丽乡村"定义为：经济、政治、文化、社会和生态文明协调发展，规划科学、生产发展、生活宽裕、乡风文明、村容整洁、管理民主，宜居、宜业的可持续发展乡村（包括建制村和自然村）。

美丽乡村之美包含自然美和社会美，是能够引起人们的愉悦、舒畅、振奋或使人感到和谐、圆满、轻松、满足或让人产生爱（或类似爱）的情感或有益于人类、有益于社会的客观事物的一种特殊属性；"美丽"是所有一切能够使人产生美好心情或身心舒畅的事物；"乡村"是农民集聚定居的空间形态、是农民生产生活的聚集地、是农村经济社会发展的基本载体。

因此，"美丽乡村"内涵可表述为：美丽乡村是依托农村空间形态、遵循社会发展规律、坚持城乡一体发展、农民群众广泛参与、社会各界关爱帮扶、注重自然层面和社会层面、形象美与内在美有机结合、不断加强农村经济、政治、文化、社会和生态建设，不断满足人们内心感受又不断实现其预期建设目标的一个循序渐进的自然历史复合体，至少包括以下要点：空间区域在乡村、建设活动有组织、建设时序有规划、建设发展有规律、建设内容全方位、建设主体是农民、建设过程无止境、建设重点阶段性、建设要求具体化、建设目标是美的感受和收获。

（三）乡村建设政策演进

由于经历过长期封建统治，我国绝大多数乡村地区曾十分闭塞落后。新中国成立后，我国的乡村面貌发生了翻天覆地的变化。特别是改革开放后，乡村建设越来越受到重视，投入也日益增加，乡村经济状态逐渐好转。近年来，政府高层先后制定并出台了解决"三农"问题、新农村建设以及美丽乡村建设等多项相关政策，并在每年的中央一号文件中对乡村建设做出具体年度部署。

1. "三农"问题

"三农"问题，包括农村、农业、农民三大问题，是长期存在于我国社会主义现代化进程中，并在社会转型时期表现得尤为严重的问题。既是举国关注的热点问题，又是制约社会发展的难点和瓶颈所在。党的十六大以来，中央提出了以人为本、统筹城乡发展、工业反哺农业、构建和谐社会的发展理念，为解决"三农"问题提供了新的思路。在对"三农"问题的理解上，普遍认为"三农"问题的核心是农民问题。因此，将千方百计提高农民收入作为国家治理"三农"问题的首要目标，由此开启了我国乡村建设的新篇章。

2. 新农村建设

中共中央十六届五中全会做出了加快"社会主义新农村建设"的重大决定。提出实施以"生产发展、生活宽裕、乡风文明、村容整洁、管理民主"为内容的新农村建设战略。"社会主义新农村建设"是党和国家在新的历史时期为解决"三农"问题而出台的一项重大战略举措。其中，生产发展是新农村建设的中心环节，是实现其他目标的物质基础。在这样的政策背景下，我国的广大乡村地区正轰轰烈烈地开展一切有利于乡村发展的生产活动，首次对乡村环境面貌提出"村容整洁"的要求，以展现我国乡村新貌，为乡村地区提供更好的生产、生活以及生态环境条件。中国共产党第十七届中央委员会第三次全体会议（以下简称"中共中央十七届三中全会"）通过了《关于推进农村改革发展若干重大问题的决定》，又一次把乡村建设开发提到新的政治高度。

3. 美丽乡村建设

党的十八大第一次提出了"美丽中国"的全新概念，强调必须树立尊重自然、顺应自然、保护自然的生态文明理念，明确提出了包括生态文明建设在内"五位一体"的社会主义建设总布局。"美丽中国"既不是山清水秀但贫穷落后的面貌，又不是强大富裕却污染环境的状态。只有实现经济、政治、文化、社会、生态的和谐、持续发展，才能真正实现"美丽中国"的建设目标。然而，要真正实现"美丽中国"的目标，对"美丽乡村"的建设是不可或缺的。2013 年 2 月，中华人民共和国农业农村部发布《关于开展"美丽乡村"创建活动的意见》，正式在全国启动"美丽乡村"创建工作。一场关乎我国亿万农民"中国梦"的大幕徐徐拉开。

为了响应国家号召、贯彻"五位一体"的国家战略、加快城乡一体化进程以及推进新农村建设，各级政府采取一系列行动大力开展美丽乡村建设，并已取得阶段性的成果。乡村面貌总体上获得一定改善，服务功能全面优化，农民主体地位提高，农业增产，农民增收，城乡差距逐渐缩小，广大农民群众切实体会到了幸福感，涌现出一批乡村建设典型模式。2014 年，中华人民共和国农业农村部发布美丽乡村创建的"十大模式"，分别是：产业发展型、生态保护型、城郊集约型、社会综合治理型、文化传承型、渔业开发型、草原牧场型、环境整治型、休闲旅游型、高效农业型。

二、美丽乡村建设分类

（一）分类

1. 按建设区域级别分类

按建设区域级别分类，分为国家级美丽乡村、省级美丽乡村、市县级美丽乡村等。

2. 按建设层面分类

按建设层面分类，分为美丽乡村示范村（打造具有示范带动效应的示范村）；重点整治村（以垃圾处理、污水治理、村道硬化、村庄绿化为重点，改善村庄环境景观面貌）；一般整治村（主要抓好生活环境整治，做到村容整洁、环境干净）。

3. 按区位分类

按区位分类，可分为沿海村、丘陵村、滨湖村、滨江村、山村以及城郊农村等。

4. 按所从事行业分类

按所从事的行业分类，分为农业村、渔业村、牧业村、矿业村等。

（二）美丽乡村构成要素

1. 经济要素

美丽乡村产业以农业为主，服务业（乡村旅游）、加工业为辅。经济要素主要包括种植业、畜牧业、水产业、林业、农村经济主体（如村办企业）及其兴办的加工业、采矿业、商业服务业、运输业，以及与农业生产密切联系的科技文化产业等非农产业。以上要素构成农业经济结构。

农业经济结构是指农业经济中诸要素、诸方面的构成情况与数量比例。主要包括农业经济关系结构与农业生产力结构。前者包括经济形式结构和再生产过程中的生产、分配、交换、消费关系结构；后者包括农业部门结构、农业技术结构、农业区域结构等。此外，农业经济结构按集约化程度划分为粗放型结构与密集型结构等；按照商品化程度划分为自给型、半自给型、商品型经济结构等。上述各种农业经济结构内部还可细分，如农业区域结构既可分为种植业区、林业区、牧业区、渔业区等经济结构，又可按地貌形态划分为山地、丘陵、高原、平原、盆地等农业经济结构。农业经济结构是一个多类型、多层次的经济网络结构，其形成和发展主要决定于社会生产方式，同时受资源条件、社会需要等因素的制约和影响。

农村产业结构是指农村经济结构中第一产业、第二产业、第三产业之间及其产业内部产品，在经济产出等指标上的量的比例和构成。

2. 自然环境要素

自然环境要素是由一切非人类创造的直接和间接影响到人类生活和生产环境的自然界中各个独立的、性质不同而又有总体演化规律的基本物质组成，包括水、大气、生物、阳光、土壤、岩石等。自然环境各要素之间相互影响、相互制约，通过物质转换和能量传递两种方式密切联系。这些要素影响美丽乡村生态环境的品质。

3. 景观要素

（1）聚落景观。由乡村建筑与乡村生活环境构成。主要包括农舍、古建筑、文化设施等。

（2）生态景观。主要指自然环境要素构成的自然环境景观，以及人工建设的防护绿地、公园绿地等。

（3）生产景观。主要指果园、田园、牧场、各类养殖场、加工作坊、民宿等。

（4）非物质文化景观。主要指民俗、传说、歌舞等。

4. 道路交通要素

道路交通要素主要指巷道、村道、乡道、县道、公交车站（点）、码头等。

5. 社会文化要素

社会文化要素主要包括：

（1）地理位置。社会地缘关系，如毗邻关系、村落、乡镇、城市。

（2）人口。包括人口的数量与质量、人口的年龄、性别关系、血缘关系等。

（3）群体要素。包括地位、角色、职位、规范、家庭、小组、邻里、朋友、团体、部门等。

（4）政治要素。包括公共设施、村级管理组织、村民自治组织等。

（5）文化要素。包括文化特质与文化模式，语言、文字符号等沟通方式，风俗、习俗、礼仪、生活方式、道德、法律、教育、婚姻、艺术、价值观念等。

6. 管理要素

管理要素主要指管理制度、村民公约等。

第四节　乡村建设内涵及意义

一、乡村建设内涵

乡村是以农业生产为主体的地域，从事农业生产的人就是农民，以农业生产为主的劳动人民聚居的场所就是乡村。乡村建设就是在这样的地区充分利用当地的自然和社会资源，因地制宜地进行规划，从乡村经济、乡村治理、乡村生态、乡村文化等方面来建设，使之成为有别于城市风貌的，经济、生态、文化共生共存的独特的地域，最终满足社会发展需求和人类自身发展的需求。正如梁漱溟所指："乡村建设，实非建设乡村，而意在整个中国社会之建设，实乃吾民族社会重建一新组织构造之运动。"[1]

（一）乡村建设的主体

美丽乡村建设应当以乡村为中心，以农民为主体。政府任何政策与制

---

[1] 梁漱溟. 乡村建设理论[M]. 上海：上海人民出版社，2011：89.

度都只是外源性的助力。要想真正改变乡村的面貌，可持续性地发展乡村，真正的内源性动力应当来自农民。要强化农民对乡村的认同感和归属感，满足农民的利益诉求，使其愿意扎根农村，直接参与建设，为美丽乡村建设献计献策是当务之急。

（二）乡村建设的内容

乡村是一个有别于城市的地理区域、产业区域及文化区域。乡村对国家与社会的作用是不可替代的。我们不能按照城市建设的那套规划思维去建设乡村，城乡统筹并不等于城乡统一。需要深入剖析农业功能、乡村价值、乡土情怀，将乡村真正建设成山美水美、宜居宜乐、农业现代、秩序井然的美丽乡村。所以说，美丽乡村建设是一个内容丰富的建设项目，包括了产业升级、生态环境、基础设施、教育文化、乡村治理等诸多方面，涉及政治、经济、社会的诸多领域，需要各界有识之士、各领域专业人才的通力合作才能完成。

（三）乡村建设的根本

尽管乡村建设的内容很多，但是最根本的还在于文化建设。文化看似虚无缥缈，实则影响巨大。文化具有包容、同化、规范、自我修复的功能。乡村文化是我中华民族优良的基因库。然而，在经历近百年的剧烈冲击和破坏后，乡村文化荒漠化，人际情感疏离，精神文化的贫穷成为真正的贫穷。究其原因有二：一是传统文化无法继续适应现代经济和社会发展的方式而淡出乡村生活；二是由于西方或城市强势文化的冲击和影响，导致对传统文化的全盘抛弃。美丽乡村建设不仅要让乡村经济得到发展，乡村生态环境得到改变，而且应该让新文化得到重塑，让新文化的功能得以发挥，否则，经济发展的成果将不会得到维系，甚至会给整个中华民族的伟大复兴梦造成严重的阻碍。

（四）乡村建设的基础

农业的升级优化是乡村建设的基础。乡村和城市的区别在于农业生产，乡村文化和城市文化的区别在于农耕文明。农业具有提供安全农产品、提供工业原材料的经济功能；具有保持生物多样性、改善自然环境的生态功能；具有维持社会稳定，提供基础保障的社会功能；具有审美、休闲、文明教育的文化功能。可以看出，农业是促进乡村复合生态系统的基础，对其他方面的建设有强烈的支持作用。因此，建设美丽乡村要突出农业的基础地位和特色，要将乡村生活环境的改善和农业的升级优化协调统一起来。

二、乡村建设意义

美丽乡村建设是美丽中国建设的重要组成部分，是全面建成小康社会的重大举措，是在生态文明建设全新理念指导下的一次农村综合变革，是顺应社会发展趋势的升级版的新农村建设。它既秉承和发展了"生产发展、生活宽裕、乡风文明、村容整治、管理民主"的宗旨思路，又顺应和深化了对自然客观规律、市场经济规律、社会发展规律的认识，使美丽乡村的建设实践更加关注生态环境资源的保护和有效利用，更加关注农业发展方式转变，更加关注农村可持续发展，更加关注保护和传承农业文明。

（一）美丽乡村建设是一事一议财政奖补转型升级的主攻方向

一事一议财政奖补第一次直接将着眼点放在村级公益事业上，弥补了公共财政对村级基础设施的投入空白，为破解村级公益事业难题提供了一剂良方。各地开展村级公益事业一事一议财政奖补工作以来，大大改善了农村村容村貌和基础设施条件，在一些地方解决了村内道路、小型水利、垃圾处理等农民最迫切、最现实、最急需的公益事业，赢得了广大基层干部和农民群众的衷心拥护。

2013年中央一号文件明确提出，要推进农村生态建设、环境保护和综合整治工作，努力建设美丽乡村。据此，中央财政依托一事一议财政奖补政策平台启动了美丽乡村建设试点，在全国选择7省市重点推进。

（二）美丽乡村建设是实现美丽中国的重要内容，是实现农村生态文明目标的重要举措

党的十八大提出，要把生态文明建设放在突出地位，融入经济建设、政治建设、文化建设、社会建设各方面和全过程，努力建设美丽中国，实现中华民族永续发展。生态文明建设是中国特色社会主义事业的重要内容，关系人民福祉，关乎民族未来。在此基础上所提出的建设美丽中国的发展目标是凝聚了生活美、社会美、环境美、时代美、百姓美的生态和谐之美。而美丽中国的奋斗目标在农村的体现和实施就是美丽乡村建设，这是农村生态文明建设的目标和最终归宿。美丽乡村建设中蕴含着深刻的生态意蕴，是以生态现代化全新建构建出一条现代化与环境友好、协调、和谐之路，通过生态治理改善村庄人居环境，处理好农村建设中人与自然的关系，从而突破农村生态文明建设中的生态危机瓶颈，并通过生态文明促进农村经济发展、政治民主、社会和谐。

（三）美丽乡村建设是解决三农问题的重要抓手，是提高农村居民生活品质的重要手段

美丽乡村建设是人与自然、物质与精神、生产与生活、传统与现代、农村与城市融合在一起的系统工程，不仅涉及生态环境、基础设施等问题，更涉及历史、文化、生产、生活等方方面面，受益的不仅是农村和农民，同样为城市建设和城区居民拓展了发展空间与生活空间，也是解决城市发展难题的有效办法。建设美丽乡村是促进农民增收、持续改善民生的重要途径。美丽乡村建设一方面通过发挥农村的生态资源、人文积淀、块状经济等优势，积极创造农民就业机会，促进都市农业的转型升级，加快发展农村休闲旅游等第三产业，拓宽农民增收渠道；另一方面，通过完善道路交通、医疗卫生、文化教育、商品流通等基础设施配套，全面改善农村人居环境，着力提升基本公共服务水平，解决农民群众最关心、最直接、最现实的民生问题。

第二章　美丽乡村基本要求

第一节　乡村建设整体思路

一、美丽乡村建设的依据

（一）理论依据

1. 实现城乡一体化

实现城乡一体化，建设美丽乡村，是要给乡亲们造福，不要把资金花在不必要的事情上，如"涂脂抹粉"，房子外面刷层白灰。不能大拆大建，特别是古村落要保护好。即使将来城镇化达到70%以上，还有四五亿人在农村。农村绝不能成为荒芜的农村，留守的农村。

2. 改善人居环境

改善人居环境承载了亿万农民的新期待，各地区、各有关部门要从实际出发，坚持农民的主体地位，尊重农民意愿，突出农村特色，弘扬传统文化，有序推进农村人居环境综合治理，加快美丽乡村建设。

（二）实践依据

1. 闻名于世的大寨村

位于山西省昔阳县的大寨村只有200余户人家500多口人。1949年前，该村自然环境较差，土地全部斜挂在一面面山坡上，群众生活十分艰苦。1949年后，他们自力更生，改天换地，成为全国农业战线上的一面红旗。1964年，毛主席发出"农业学大寨"的号召，大寨村走向了全国，闻名于世。如今经历涅槃般痛苦转型，适应市场经济规律，已形成建材制造、煤炭发运、旅游开发、饮品加工、服装制作等产业，产品达30多个品种。大寨集团所控股、参股、合作的企业达20家。随着虎头山上2000多亩土地绿化、大寨展览馆、狼窝掌梯田、陈永贵故居、人民公社旧址等一系列景点的相继开放，大寨已成为容山水秀丽与人文传统为一体的优美的山村公园、国家4A级景区，年接待游客20多万人次，年门票收入500万元左右，综合旅游收入3000多万元，全村有近200人从事个体旅游业，每户年均收入达到2万多元。

2. "长在深山人未识"的山水村

东临文峪河、西倚龙山的山西省交城县的山水村，位于庞泉沟自然保护区。山光水色，风景如画。但人们生活艰难。在市政府的带领下，人们逐步开发旅游项目，经过2011年、2012年紧张建设，初步完成首期工程，基本建成金蝉湾景区、金蝉湾漂流、九龙沟原生态景区以后，小小山水村便火起来。2013年涌入山水村景区的游客达5万多人。交城山水旅游开发公司不仅吸纳了山水村弱势群体的绝大多数人员，还有邻近村子的人员。公司用工近70人，仅有10%来自平川，其余都是本乡的山里人。2013年一位村民和已出嫁的女儿在景区摆摊卖衣服、卖玩具，五个多月就赚了5.6万元，还买了10多万元的新轿车。

3. 沟清水秀的营坊沟

依沟而建、沟清水秀、独具特色的山西省大同县的营坊沟，全村仅360多户人家，常住人口400多人。民风淳朴，民情友善。改革开放以来，村里变化翻天覆地，新农村建设方兴未艾，各项事业长足发展，先后荣获"山西省生态文明村""山西农村环境连片整治示范村""山西最美旅游村"荣誉称号。村年平均经济总收入1500万元左右。2013年，全村人均纯收入达7428元。

4. 美莫若水的畲族

处于赣江支流孤江沿岸的江西省永丰县的畲族，依山傍水，风景旖旎，是江西省水利厅对口帮扶乡镇。经几年努力，2012年该乡已跻身国家生态乡镇，成为"中国最美丽畲族乡"。近几年他们治理孤河，坚持生态治河理念；考虑畲民生产生活，设置台阶、码头、亲水平台、休闲设施、人文景观等场所；完善乡规民约，封山育林，大力植树造林；加强河道管理，确保工程发挥生态效益；开展生态宣传，使每个村庄、每个家庭、每个畲民，都加入到生态型清洁小流域建设的行列中来，从而使畲族居民的生活环境更加优美秀丽，提升了畲乡群众的幸福指数。

二、美丽乡村建设的思路

党的十八大提出"五位一体"的总体布局，将生态文明建设融入经济建设、政治建设、文化建设、社会建设的各方面和全过程。在建设美丽中国的背景下，美丽乡村建设是新农村建设的升级版，但又不仅仅是"生产发展、生活宽裕、乡风文明、村容整洁、管理民主"理念的简单复制，在生产、生活、生态和谐发展的思路中，"美丽乡村"包含的是对整个"三农"发展新起点、新高度、新平台的新期待，即以多功能产业为支撑的农村更具有可持续发展的活力，以优良的生态环境为依托的农村重新凝聚起新时代农民守护宜居乡村生活的愿望，以耕读文化传家的农村实现文明的更新，融入现代化的进程。

（一）明确建设美丽乡村的目标要求

以科学发展观为指导，以促进农业生产发展、人居环境改善、生态文化传承、文明新风培育为目标，加强工作指导，从全面协调、可持续发展的角度，构建科学、量化的评价目标体系，建设一批天蓝、地绿、水净，安居、乐业、增收的"美丽乡村"，树立不同类型、不同特点、不同发展水平的标杆模式，推动形成农业产业结构、农民生产生活方式与农业资源环境相互协调的发展模式，加快我国农业农村生态文明建设进程。

（二）把握建设美丽乡村的基本原则

以人为本，强化主体。明确并不断强化乡村在创建工作中的主体地位，把农民群众利益放在首位，发挥农民群众的创造性和积极性，尊重他们的知情权、参与权、决策权和监督权，引导发展生态经济，自觉保护生态环境，加快建设生态家园。生态优先，科学发展。按照人与自然和谐发展的要求，遵循自然规律，切实保护农村生态环境，展示农村生态特色。规划先行，因地制宜。充分考虑各地的自然条件、资源禀赋、经济发展水平、民俗文化差异，差别性制定各类乡村的创建目标，统筹编制"美丽乡村"建设规划，形成模式多样的"美丽乡村"建设格局，贴近实际，量力而行，突出特色，注重实效。典型引路，整体推进。强化总结提升和宣传发动，向社会推介一批涵盖不同区域类型、不同经济发展水平的"美丽乡村"典型建设模式，发挥示范带动作用，以点带面，有计划、有步骤地引导并推动"美丽乡村"创建工作。同时，鼓励各地自主开展"美丽乡村"创建工作，不断丰富创建模式和内容。

第二节 乡村建设重点工作

一、美丽乡村建设的重点工作

(一)制定美丽乡村目标体系

广泛组织开展调研,充分考虑不同区域类型和经济发展水平,从农村经济发展、农业功能拓展、农民素质提升、农业技术推广、乡村建设布局、资源开发利用、生态环境保护、乡村文化建设等方面,研究制定"美丽乡村"目标体系。

(二)组织美丽乡村创建试点

采取创建乡村申请,县级农业行政主管部门审核,省级农业行政主管部门复核,中华人民共和国农业农村部审定的方式。基于不同资源条件、经济发展水平和产业类型等因素,遴选基础条件较好、领导班子得力、创建愿望强烈、有望较快取得成效的乡村先期开展工作。各地要因地制宜,制定工作方案,尽快组织实施。

(三)推介美丽乡村创建典型

按照客观公正、公开透明的原则,以群众参与、社会评选为主要方式,挖掘、评选一批美丽乡村建设典范,推出一批科技之星、沼气之星、环保之星、致富之星、文明之星和农民满意的农技人员的典型人物,发挥典型引路、示范带头的积极作用,依托新闻单位,加大宣传力度,扩大社会影响。开展美丽乡村典型模式收集与调研,总结提炼一批美丽乡村典型模式与技术体系,适时向社会推介发布。

(四)强化美丽乡村建设的科技支撑

针对目前农业资源与环境、农村能源发展中存在的制约因素和技术瓶颈,加大关键技术研发力度,加强农业科技合作交流与协同创新,尽快产出一批生态农业建设、农业面源污染防治、农产品产地污染修复、农业清洁生产等新技术、新成果。围绕美丽乡村创建需求,加快总结和筛选一批轻简、低耗、配套的实用技术模式,依托农技推广体系,推进技术成果进村入户,大力发展绿色、有机和无公害农产品,提高科技水平和产品附加值。扎实开展农民培训,在美丽乡村创建试点乡村全面开展农民培训,提高农民素质和务农技能，培育一批综合素质高、生产经营能力强、主题作用发挥明显、适应发展现代农业需要的新型职业农民。

（五）加大农业生态环境保护力度

在美丽乡村建设过程中，大力发展生态农业、循环农业，引导农民采用减量化、再利用、资源化的农业生产方式。实施农村清洁工程，推进人畜粪便、生活垃圾、污水等农村废弃物资源化利用，探索农村废弃物资源循环利用的新型农村清洁模式。加强农产品产地土壤重金属污染综合防治，加大农业清洁生产示范，推广一批节肥、节约、节水、节能的绿色农业生产技术，突出抓好畜禽养殖污染减排，防治农业面源污染。加大农业野生植物资源保护力度，切实做好外来入侵生物防治工作。

（六）推动农村可再生能源发展

坚持"因地制宜、多能互补、综合利用、讲求效益"的方针，结合不同区域的资源禀赋、气候特点、经济条件、生活习俗，根据农民需求，推广沼气、省柴节煤灶、高效低排生物质炉、架空炕连灶、太阳能热水器、太阳灶、小型风电等技术和产品，系统解决炊事、采暖、洗浴、照明等需求，增加清洁能源供应，提升生活用能质量，保护和改善农村生态环境，推进农村生态文明建设。

（七）大力发展健康向上的农村文化

大力发展积极向上的农村文化，挖掘当地传统文化，发扬光大团结友爱、互帮互助、尊老爱幼等中华传统美德。倡导资源节约型、环境友好型生产方式和生活方式。推动农村书屋、农民书架、文化大院等文体设施建设工作。大力普及科学技术，破除封建迷信，引导广大农民养成爱科学、学技术的良好习惯。

第三节　乡村建设总体目标

一、美丽乡村建设的目标

（一）总体目标

按照生产、生活、生态和谐发展的要求，坚持"科学规划、目标引导、试点先行、注重实效"的原则，以政策、人才、科技、组织为支撑，以发展农业生产、改善人居环境、传承生态文化、培育文明新风为途径，构建与资源环境相协调的农村生产生活方式，打造"生态宜居、生产高效、生活美好、人文和谐"的示范典型，形成各具特色的美丽乡村发展模式，进一步丰富和提升新农村建设内涵，全面推进现代农业发展、生态文明建设和农村社会管理。

（二）分项目标

1. 产业发展

产业形态：主导产业明晰，产业集中度高，每个乡村有一两个主导产业；当地农民（不含外出务工人员）从主导产业中获得的收入占总收入的80%以上；形成从生产、贮运、加工到流通的产业链条并逐步拓展延伸；产业发展和农民收入增速在本县域处于领先水平；注重培育和推广"三品一标"，无农产品质量安全事故。

生产方式：按照"增产增效并重、良种良法配套、农机农艺结合、生产生态协调"的要求，稳步推进农业技术集成化、劳动过程机械化、生产经营信息化，实现农业基础设施配套完善，标准化生产技术普及率达到90%；土地等自然资源适度规模经营稳步推进，适宜机械化操作的地区（或产业）机械化综合作业率达到90%以上。

资源利用：资源利用集约高效，农业废弃物循环利用，土地产出率、农业水资源利用率、农药化肥利用率和农膜回收率高于本县域平均水平；秸秆综合利用率达到95%以上；农业投入品包装回收率达到95%以上；人畜粪便处理利用率达到95%以上；病死畜禽无害化处理率达到100%。

经营服务：新型农业经营主体逐步成为生产经营活动的骨干力量；新型农业社会化服务体系比较健全，农民合作社、专业服务公司、专业技术协会、涉农企业等经营性服务组织作用明显；农业生产经营活动所需的政策、农资、科技、金融、市场信息等服务到位。

2. 生活舒适

经济宽裕：集体经济良好，"一村一品"或"一镇一业"发展良好，农民收入水平在本县域内高于平均水平，改善生产、生活的愿望强烈且具备一定的投入能力。

生活环境：农村公共基础设施完善、布局合理、功能配套，乡村景观设计科学，村容村貌整洁有序，河塘沟渠得到综合治理；生产生活实现分区，主要道路硬化；人畜饮水设施完善、安全达标；生活垃圾、污水处理利用设施完善，处理率达到95%以上。

居住条件：住宅美观舒适，大力推广应用农村节能建筑；清洁能源普及，农村沼气、太阳能、小风电、微水电等可再生能源在适宜地区得到普遍推广应用；省柴节煤炉灶等生活节能产品广泛应用；环境卫生设施配套，改厨、改厕全面完成。

综合服务：交通出行便利快捷，商业服务能满足日常生活需要，用水、用电、用气和通讯生活服务设施齐全，维护到位，村民满意度高。

3. 民生和谐

权益维护：创新集体经济有效发展形式，增强集体经济组织实力和服务能力，保障农民土地承包经营权、宅基地使用权和集体经济收益分配权等财产性权益。

安全保障：遵纪守法蔚然成风，社会治安良好有序；无刑事犯罪和群体性事件，无生产和火灾安全隐患，防灾减灾措施到位，居民安全感强。

基础教育：教育设施齐全，义务教育普及，适龄儿童入学率100%，学前教育能满足需求。

医疗养老：新型农村合作医疗普及，农村卫生医疗设施健全，基本卫生服务到位；养老保险全覆盖，老弱病残贫等得到妥善救济和安置，农民无后顾之忧。

4. 文化传承

乡风民俗：民风朴实、文明和谐，崇尚科学、反对迷信；明礼诚信、尊老爱幼、勤劳节俭、奉献社会。

农耕文化：传统建筑、民族服饰、农民艺术、民间传说、农谚民谣、生产生活方式、农业文化遗产得到有效保护和传承。

文体活动：文化体育活动经常性开展，有计划、有投入、有组织、有设施，群众参与度高、幸福感强。

乡村休闲：自然景观和人文景点等旅游资源得到保护性挖掘，民间传统手工艺得到发扬光大，特色饮食得到传承和发展，农家乐等乡村旅游和休闲娱乐得到健康发展。

5. 支撑保障

规划编制：试点乡村要按照美丽乡村创建工作的总体要求，在当地政府指导下，根据自身特点和实际需要，编制详细、明确、可行的建设规划，在产业发展、村庄整治、农民素质、文化建设等方面明确相应的目标和措施。

组织建设：基层组织健全、班子团结、领导有力，基层党组织的战斗堡垒作用和党员先锋模范作用充分发挥；土地承包管理、集体资产管理、农民负担管理、公益事业建设和村务公开、民主选举等制度得到有效落实。

科技支撑：农业生产、农村生活的新技术、新成果得到广泛应用，公益性农技推广服务到位，村有农民技术员和科技示范户，农民学科技、用科技的热情度高。

职业培训：新型农民培训全覆盖，培育一批种养大户、家庭农场、农民专业合作社、农业产业化龙头企业等新型农业生产经营主体，农民科学文化素养得到提升。

第三章 美丽乡村人居环境建设

第一节 建设乡村人居环境

一、乡村人居环境

(一) 人居环境

人居环境科学的最初释意是由希腊学者道萨蒂亚斯的人类聚居学理论所启示得来。道氏理论对其广义定义为人类为自身所做出的地域安排，是人类活动的结果。其主要目的是满足人类生存的需求，并根据人口规模和土地面积的对数比例，将其划分为 15 个单元和三大层次。道氏指出，人类聚居由自然、人类、社会、建筑、支撑网络五种基本要素组成。20 世纪 80 年代初，中国吴良镛院士提出构建以人与自然的协调为中心的人居环境科学，它分为五大系统，即自然系统、人类系统、社会系统、居住系统、支撑系统。这五大系统相互联系、综合存在，共同影响着人居环境的发展。

(二) 农村人居环境

长期以来，人们对人居环境建设的研究主要关注点在城市领域，农村人居环境的研究始终处于薄弱环节，而且这一研究所涉及的科学领域较多，因此对农村人居环境的定义，一直以来并没有统一的结果。笔者认为，农村人居环境建设包含大部分农村基础设施建设、公共产品与公共服务供给、以及制度建设，是社会主义新农村建设的重要内容。它从环境、物质、精神、制度四方面为建设美丽乡村提供保障。建设美丽乡村与建设农村人居环境互为辅佐，其内容有很多相似之处，二者相互促进、共同发展。中国自 2005 年提出"建设社会主义新农村"以来，农村人居环境得到很大改善，为建设美丽乡村提供了基础。而基于"建设社会主义新农村"

发展目标之上提出的"美丽乡村"概念，对农村人居环境建设提出了更新更高的要求。

二、美丽乡村与农村人居环境建设的关系

（一）农村人居环境建设为建设美丽乡村提供自然基础

由于城市化与工业化发展，中国农村人居环境建设的首要目标是污染治理与资源保护。工业、生活污染是农村生态环境的主要威胁。大范围的植被退化和资源过度开发也使生态圈岌岌可危。过去十年间中国农村环境保护工作卓有成效，这为建设美丽乡村提供了可以发展的生态背景。

（二）农村人居环境建设为建设美丽乡村提供物质基础

改善农村人居环境需要建设规范完善的住宅、道路交通系统，安全的饮水设施，稳定的供电网络，排水系统等基础设施。这些设施是保障农村居民生活便利，能够生活在安全、洁净的环境里的物质基础。这与社会主义新农村建设目标中的"村容整洁"不谋而合。

（三）农村人居环境建设为建设美丽乡村提供精神基础

建设良好的农村人居环境需要丰富农民的精神生活，提高农民的文化素养，需要营造人与自然、人与社会、人与人之间和谐相处的文化环境。在这种"乡风文明"的环境下农民能够感到生活幸福，丰富多彩的娱乐活动激励人追求美的体验。在这样的环境下，农民才会有动力从精神之美、自然之美的角度思考建设美丽乡村。

（四）农村人居环境建设为建设美丽乡村提供制度基础

建设农村人居环境包括发展基层民主制度，营造公平、公开、公正的社会环境，使政府、人民行事有法可依、有法必依。完善民主监督机制，保障农民的权益，增强农民对政府的信任，使农民对未来生活充满希望。制度完善是"管理民主"的重要因素，为农村居民安居乐业，共创美好家园提供长效保障。

第二节 治理乡村垃圾污水

一、生活污水的收集与处理

随着我国经济的快速增长，城市化进程的加快，农村生活水平的不断提高以及农村畜禽养殖、水产养殖和农副产品加工等产业的快速发展，村镇的生活污水产生量与日俱增。而这些污水大部分未经任何处理被直接就近排放到河道、湖泊，使得水体污染越来越严重，民众要求对此加强控制与治理的呼声越来越高。在此背景下，我国"十一五"规划中提出了建设社会主义新农村的重大历史任务，而加强农村生活污水的处理，是社会主义新农村建设的重要内容和农村人居环境改善需要迫切解决的问题。

我国村镇地域广且分散，社会组织结构、经济发展状况、生活水平、生活习惯等千差万别，这不仅决定了村镇生活污水的来源、水质、水量的多样性，而且增加了其处理工艺选择、工程建设与投资、运行管理模式等方面的复杂性。因此，如何控制与治理我国农村生活污水，是一个需要不断进行理论探讨与实践探索的过程。

（一）农村生活污水的特点和综合处理的必要性

1. 我国农村生活污水的特点和垃圾排放特点

（1）污水和垃圾分散且面广。农村和城市相比，占地面积大，人口不集中，相对分散。有的十户二十户就是一个村，人口几十人到上千人不等，污水和垃圾产生的量和区域大小也不等，所以污水和垃圾相当分散，排放面也较广。

（2）污水间歇排放、排放量波动较大。农民没有固定的上下班作息时间和相对稳定的生活习惯，因而农村生活污水的排放是不均匀排放；人们生活习惯，养殖业发展程度又决定了一个地区粪污垃圾的产生量。

（3）水质特点。农村生活污水的来源主要有厨房洗涤污水、洗衣污水、洗浴污水、冲洗卫生间的粪便污水等。调查中发现，在各类型的生活用水中，洗衣用水量最大，在人口较少的家庭，则以厨房用水为主。另外，农户洗澡的污水普遍直接排到地下污水管中。农村生活污水主要有以下特点：①分布广泛且分散，污水处理率低；②浓度低、水质波动大，但性质相差不大，水中基本不含重金属和有毒有害物质，含有一定量的氮、磷，其可生化性强；③厕所和畜禽养殖排放的污水水质较差。农村生活污水含有机物质、氮、磷营养物质、悬浮物及病菌等污染成分，各污染物排放浓度一般为：COD 为 250～400 mg/L，氨为 40～60 mg/L，总磷为 2.5～5 mg/L。

（4）水量特征。农村人口居住分散，供水量相对较少，相应地产生的生活污水量也较少。但随着农村生活水平的提高及生活方式的改变，生活污水的产生量逐渐增加。由于居民生活规律相似，导致农村生活污水排放量早晚比白天大，夜间排水量小，甚至可能断流，水量日变化系数和季节性变化系数大。

2. 综合处理的必要性

近年来，随着国家经济的迅速发展，人民生活水平的不断提高，农村地区用水量也日益加大，生活污水排放量也越来越大。但由于广大农村地区缺乏足够的资金和专业的污水处理技术等原因，90% 以上的生活污水未经任何处理，直接就近排入江河湖泊。污水中含有大量的有机物和氮、磷元素，使得河流湖泊的环境容量和生态承载能力不堪重负，生态系统受到严重破坏，水污染问题日益加剧，由此引发大范围的蓝藻和水华现象，造成水质恶化，严重影响农村地区的生态环境，并对人们的身体健康构成了极大的危害。因此，重视与加强农村地区的水污染治理工作，防止对农村及周边地区的水体、土地等自然环境造成污染，是改善和提高当前农村人居环境工作中最重要的内容之一。

（二）农村生活污水的处理原则和排放标准

1. 农村生活污水的处理原则

农村污水处理技术必须具有实用性强、效果好、成本低、维护管理方便等特点。根据村庄所处区位、人口规模、集聚程度、地形地貌、排水特点及排放要求、经济承受能力等具体情况，采用适宜的污水处理模式和处理技术。

（1）城乡统筹。靠近城镇区且满足市政排水管要求的村子，宜就近接入市政排水管网，将村庄生活污水纳入城镇生活污水收集处理系统。

（2）因地制宜。对人口规模较大、集聚程度较高、经济条件较好、有非农产业基础、处于水源保护区内的村庄，宜通过铺设污水管道收集生活污水并采用生态处理、常规生物处理等无动力或微动力生活污水处理技术集中处理后排放。对人口规模较小、居住较为分散、地形地貌复杂以及尾水主要用于施肥灌溉等农业用途的村庄，宜通过分散收集单户或多户农户生活污水，采用简单的生态处理后排放。

（3）资源利用。充分利用村庄地形地势、可利用的水塘及废弃洼地，提倡采用生物生态组合处理技术实现污染物的生物降解和氮、磷的生态去除，以降低污水处理能耗，节约建设和运行成本。结合当地农业生产，加强生活污水的源头削减和尾水的回收利用。

（4）经济适用。优先选用工程造价低、运行费用少、低能耗或无能耗、操作管理简单、维护方便且出水质稳定可靠的生活污水处理工艺。

2.农村生活污水排放标准

污水的最终去向是制定农村生活污水处理标准的一个重要依据。污水资源化应是农村生活污水治理的方向。根据污水处理后不同的去向执行不同的排放标准，污水处理后排入地表水体时，污水排放应按《城镇污水处理厂污染物排放标准》（GB 18918—2002）中一级B标准执行；用于农业灌溉时，应按《农田灌溉水质标准》（GB 5084—2005）执行；用于渔业用水时，应按《渔业水质标准》（GB 11607—89）执行；作其他用途时，还应符合相关标准。

（三）农村生活污水的收集与处理体系建设

1.农村生活污水收集方法

与城市相比，农村具有人口密度低、分布分散，生活污水排放面广，污水日变化系数大特点，因此不宜采用城市污水集中收集模式，必须根据农村实际情况，采用适合农村特点的收集方式。我国农村现有的生活污水收集方式可分为3类：市政统一收集模式、镇村集中收集模式、住户分散收集模式，其技术概况和适用条件如表3-1所示。

表3-1 生活污水不同收集方式比较

污水收集模式	技术概况	适用条件
市政统一收集模式	镇村统一铺设污水管网，污水收集后，接入附近的市政管网，进入污水处理厂统一处理	镇村内有市政污水管道直接穿过，或依靠重力流次排入市政管网
镇村集中收集模式	镇村统一铺设污水管网，污水收集后，进入镇村污水处理站集中收集	地势平缓，居住集中
住户分散收集模式	划分不同区域，单户或邻近几户铺设污水管网，各自收集、处理、排放污水	地势高低错落，住户分散

在上述三种收集方式中，我国目前采用的均是传统的重力排水方法。

2.农村生活污水处理体系建设

农村生活污水的收集与排放是实施污水处理的基础性工作，村庄排水体制的选择和排水管网的建设质量直接影响生活污水收集率和处理设施的运行效果。

（1）排水体制选择。

村庄排水体制的选择应结合当地经济发展条件、自然地理条件、居民生活习惯、原有排水设施以及污水处理和利用等因素综合考虑确定。新建村庄、经济条件较好的村庄，宜选择建设有污水排水系统的不完全分流制或有雨水、污水排水系统的完全分流制。经济条件一般且已经采用合流制的村庄，在建设污水处理设施前应将排水系统改造成截流式合流制或分流制，远期应改造为分流制。常见的排水体质如图3-1所示。

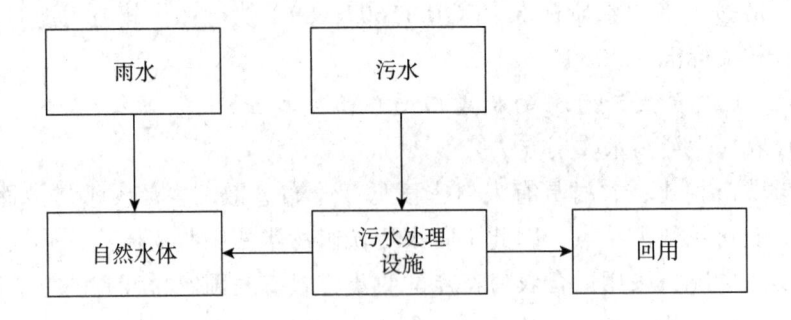

（a）完全分流制

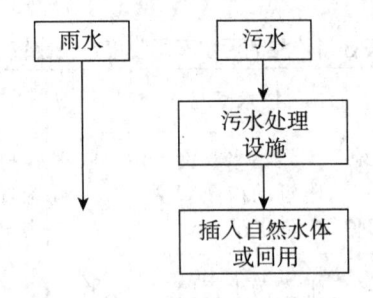

（b）不完全分流制

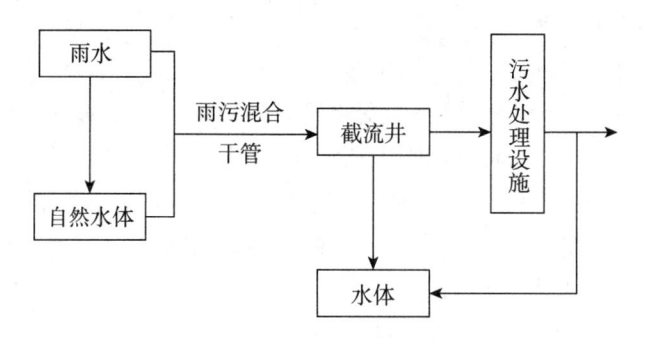

（c）截流式合流制

图 3-1 常见排水体制

完全分流制具有污水和雨水两套排水系统，污水排至污水处理设施进行处理，雨水通过独立的排水管渠排入水体；不完全分流制则只有污水系统而没有完整的雨水系统。污水经污水管道进入污水处理设施进行处理：雨水自然排放；截流式合流制是在污水进入处理设施前的主干管上设置截流井或其他截流措施。晴天和下雨初期的雨污混合水输送到污水处理设施，经处理后排入水体；随着雨量增加，混合污水超过截流干管的输水能力后，截流井截流部分雨污混合水直接排入水体。

（2）排水管网。

①雨水管道。雨水应就近排入水体，选择沟渠排放时宜采用暗沟形式，断面一般采用梯形或矩形，排水沟渠的纵坡不应小于0.3%，沟渠的底部宽度一般在 200～300 mm，深度一般在 250～400 mm。

选择管道排放时雨水管宜根据地形沿道路铺设，行车道下覆土不应小于 0.7 m。雨水管道管径一般为 300～400 mm，管道坡道不应小于0.3%，每隔 20～30 m 应设置雨水检查井，雨水检查井距离建筑外墙宜大于 2.5 m，距离树木中心大于 1.5 m。

②污水管道。污水管道管径一般为 150～300 mm，每隔 30～40 m 应设置污水检查井，其他要求同雨水管道设计要求。生活污水接户管应接纳厨房污水和卫生间冲厕、洗涤污水。生活污水接户管埋深不宜小于 0.3 m；卫生间冲厕则排水管径不宜小于 100 mm，坡度宜取 0.7%～1.0%；生活洗涤水排放管管径不宜小于 50 mm，坡度不宜小于 2.5%；厨房污水宜接入化粪池，并设存水弯，防止气味溢出。

（四）农村生活污水处理技术

1. 技术选择原则

针对村镇污水分散、量小、变化量大的特点，在选择处理技术时应充分考虑到以下几个方面：处理工艺运行稳定，能够使污水稳定达标排放，出水可实现直接回用于生活用水或景观、灌溉用水；技术的一次性投资建设费用相对较低，应在镇、乡、村的现有财政能力可承受范围之内；运行费用少，不使用化学药剂，电耗低，设备的运行费用必须与村镇地区居民的承受能力匹配，在对当地村镇技术员进行培训后能使之正常运营和维护；应结合当地的自然地理条件，如利用当地废塘、涂滩、废弃的土地，同时注意节省占地面积，特别是不占用良田；运行和管理较简单，设备对用户的操作水平要求不高，因此要求设备具有较高的自动控制水平，依托农村地区薄弱的技术和管理能力便能够进行处理设施的管理维护工作。

2. 技术方法

目前，我国的农村生活污水处理技术种类很多，按其原理可分为3类：生物处理技术、生态处理技术和物化处理技术。

（1）生物处理技术。

①好氧生物处理技术。根据污泥的状态，好氧生物处理技术可分为活性污泥法和生物膜法两大类。其中，活性污泥法的运行成本较高，还存在污泥膨胀问题，因此不适合在农村地区使用。相比较而言，生物膜法更易于维护管理，且无污泥膨胀问题，可在用地受限时考虑采用，具体包括以下几种方法：

●生物接触氧化法：在生物滤池的基础上，通过接触曝气形式改良而演变出的一种生物膜处理技术。生物接触氧化池操作管理方便，比较适合农村地区使用。

●好氧生物滤池：一般以碎石或塑料制品为滤料，将污水均匀地喷洒到滤床表面，并在滤料表面形成生物膜。污水流经生物膜后，污染物被吸附吸收。好氧生物滤池可分为普通生物滤池、高负荷生物滤池和塔式生物滤池三类。其中，塔式生物滤池处理效率高、占地面积小，且可通过自然通风供氧节省能耗，因此更适用于处理农村生活污水。塔式生物滤池由顶部布水，污水沿塔自上而下流动，在自然供氧的情况下，使好氧微生物在滤料表面形成生物膜，去除污水中呈悬浮、胶体和溶解状态的污染物质。

●蚯蚓生物滤池：根据蚯蚓具有提高土壤通气透水性能和促进有机物

质的分解转化等功能而设计，是一种既可高效、低耗去除污水中的污染物质，又可大幅度降低污泥产率的污水处理技术。

②厌氧生物处理技术。厌氧生物处理技术无须曝气充氧，产泥量少，是一种低成本、易管理的污水处理技术，能够满足农村生活污水处理的技术要求，具体包括以下几种方法。

● 污水净化沼气池：由沼气池和厌氧生物滤池串联而成，可几户合建或单户修建，布置灵活，在我国四川、江苏、浙江等省农村地区均有应用。

● 厌氧生物滤池：其构造类似好氧生物接触氧化池，不同之处在于池顶密封，其工程投资、运行费用低，对维护人员的要求不高，已在我国农村应用。

● 复合厌氧处理技术：厌氧活性法和厌氧生物膜法相结合的处理方法。上海市政工程设计研究总院自主开发的复合厌氧反应器由轻质滤料层、悬浮厌氧污泥床等组成，经厌氧活性污泥和生物膜的双重协同作用，污染物去除效率极大提高。此外，通过在反应器中设置特殊轻质滤料层，防止污泥流失，提高了反应器的容积负荷和处理效果。

（2）生态处理技术。

①人工湿地。人工湿地处理系统源于对自然湿地的模拟，主要利用自然生态系统中植物、基质和微生物三者的协同作用实现水质的净化。人工湿地主体由土壤和按一定级别充填的填料等组成，并在床表面种植水生植物而构成一个独特的生态系统。人工湿地处理系统净化效果好、工艺设备简单、维护管理方便、运行费用低、生态环境效益显著，但进水负荷要求较低、占地面积较大，因此适用于远离城市污水管网、资金少、技术人才缺乏、有土地可利用的中小城镇和农村地区。

②土地处理。土地处理技术是在人工调控下利用土壤—植物—微生物复合生态系统，通过一系列物理、化学、生物作用，使污水得到净化并可实现水分和污水中营养物质回收利用的一种处理方法。根据水流运动的流速和流动轨迹的不同，土地处理系统可分为4种类型：慢速渗滤系统、快速渗滤系统、地表漫流系统和地下渗滤系统。

③稳定塘。稳定塘是经过人工适当修整后设围堤和防渗层的污水池塘。其净化原理类似自然水体的自净机理，通过微生物（细菌、真菌、藻类、原生动物等）的代谢活动，以及相伴的物理、化学、物化过程，使污水中污染物进行多级转换、降解和去除。稳定塘建造投资少、运行维护成

本低、无须污泥处理，但负荷低、占地大、受气候影响大、处理效果不稳定。为进一步强化处理效果，国内外相继推出了许多新型塘和组合塘。如装有连续搅拌装置的高效藻类塘、利用水生维管束植物提高处理效率的水生植物塘、多个好氧和厌氧稳定塘相连的多级串联塘以及高级综合塘等。

（3）物化处理技术

污水的物化处理方法主要包括混凝、气浮、吸附、离子交换、电渗析、反渗透和超滤等。在各种物化处理技术中，仅混凝技术相对符合农村要求，其最大优点是能够根据污水中污染物的性质，选取合适的絮凝剂，保证污染物质的高效去除。混凝技术对悬浮物、金属离子、胶体物质和无机磷去除效果好，但对有机物和氮的去除能力相对较弱，且运行过程中需要连续投加药剂，故运行成本较高。在我国农村地区，混凝技术主要用作生态处理系统的前处理措施或化学除磷，如上海市崇明区前卫村在人工湿地之前采用混凝强化处理技术，降低人工湿地处理负荷和保证处理效果。

二、农村垃圾的收集与处理

我国农村生活固体垃圾的排放量不断增长，主要构成成分也逐渐复杂化，从而使得农村固体生活垃圾的治理难度不断加大。为了提高我国农村地区生活固体垃圾的治理水平，首先要设立乡镇级环境管理机构，完善法规制度，加大政府投资力度；其次要建立健全村级保洁制度，发动群众参与，并引入市场运作机制；最后还需要实行源头分类收集。

（一）农村垃圾的特征和处理的必要性

1. 农村垃圾的特征

随着我国农村经济与农民收入水平的快速提高，农村固体生活垃圾的产生与排放数量快速增加，已经严重影响了农村环境、农民健康和农业可持续发展，成为我国建设社会主义新农村必须面对和尽快解决的问题。归结起来，我国农村生活固体垃圾的排放具有以下几方面的特征：从生活固体垃圾的排放量来看，农村生活垃圾的数量与日俱增，且呈现逐年上涨趋势；从排放的生活固体垃圾的构成来看，我国农村生活垃圾排放呈现复杂化与高污染化的特征；从生活固体垃圾处理状况来看，由于村落布局不合理、垃圾处理设施不完善，村民环保意识差等原因，导致农村生活固体垃圾处理率低、排放无序。

2. 农村垃圾处理的必要性

近年来，我国经济一直保持着较快的增速，而城乡之间的差距也在逐渐拉大。经济上的落差正随着政府积极政策的推进有所改善，然而由于城乡公共服务的不同，农村的垃圾处理建设长期以来落后于城市，而且存在差距越来越大的倾向。因此，加强农村垃圾处理是缩小城乡差距的需要。此外，加强农村垃圾处理是改善农村人居环境的需要，是提高农村人民生活质量的需要，是促进农村经济可持续发展的需要，是维护农村生态系统平衡的需要。

目前，我们缺乏关于农村生活固体垃圾的统计数据，很多研究都是基于研究者自己的实地调研而估计的。尽管如此，从已有文献中我们还是不难发现农村生活固体垃圾的数量在不断增长，人均排放量逐渐接近城镇的水平。因此，农村垃圾处理不仅是全社会必须正视并重视的一个问题，而且是建设和谐美好农村必须解决的问题。

（二）农村垃圾收集处理的原则与要求

1. 加强源头分类

对于距离垃圾收集点较近的住户鼓励他们自觉地将自家产生的垃圾进行简易分类并投放到指定收集点。对于距离较远的住户，应先将自家产生的垃圾进行简易分类，同时在每家或几家住户门前设立小型垃圾箱，由拖拉机、三轮车等源头收集车辆统一收集并运送到每村的垃圾收集点。将垃圾收集点设在敏感目标缓冲区外，从而将环境污染降到最低。垃圾收集备选点应定在交通条件较好、利于垃圾收集车进入的道路上。考虑经济、人口、社会等多方面因素对备选点进行灵活调整，以适应不同地区的特殊情况。

对于有垃圾压缩车的地区可采用与其配套的可移动式大型垃圾箱作为垃圾收集点容器，条件较差的地区可采用防渗式露天垃圾池，同时应结合地域气候差异设计不同的垃圾收集点，如常年大风地区应对垃圾收集点进行防风处理，防止垃圾污染周边环境；多雨地区应加固防渗措施，防止污染地下水及土壤。实践表明，建立了收集转运设施的农村，生活垃圾所带来的污染问题基本能得到很好的解决，同时收运过程中产生的噪声、臭气、压滤液对当地环境影响较小。因此，在农村地区建立完整的垃圾收集转运处理模式对垃圾的收集处理起到非常重要的作用，可以把生活垃圾对环境的影响降到最小。建议在每一个自然农村、村屯建立垃圾收集站，采用直接转运模式或一级转运收运模式。

2. 因地制宜开展

农村生活垃圾污染防治应立足于农村实际，充分考虑不同地区的农村社会经济发展水平、自然条件及环境承载力等差异，遵循城乡统筹、因地制宜的原则，统筹城乡生活垃圾污染防治基础设施建设，实现农村生活垃圾污染处理及资源化基础设施城乡共建共享、村村共建共享，推动农村生活垃圾污染防治工作。

3.加大资金和基础设施投入

（1）设立生活垃圾治理的专项资金。农村生活垃圾处理与管理是一项耗资巨大的工程，各级政府须加强对农村生活垃圾处理的资金投入，逐步规范村、乡（镇）、县（市）三级投入和补助标准，做到生活垃圾处理费用专款专用。由农村基层行政部门领导居民共同设立专项资金，居民按照"谁污染谁收费"原则来承担生活垃圾处理责任，一方面可以减少居民生活垃圾的产生量，另一方面也为生活垃圾治理提供了资金保障。

（2）加强农村生活垃圾处理基础设施建设。积极探索适合不同区域特征的城乡统筹环境基础设施建设的道路，提高农村环保技术装备水平。在城乡接合部和近郊区经济基础较好的农村地区，可考虑和城市一起统一规划、统一处理的原则，纳入市处置系统进行统一处置。推进城乡垃圾一体化收集处置体系建设，加快乡（镇）垃圾中转设施，城镇或区域生活垃圾无害化集中处理设施建设，积极开展现有生活垃圾处理设施的无害化改造或封场，确保集中收集的农村生活垃圾得到无害化处置。偏远农村建设分类收集、就地处理，有机垃圾和无机垃圾分类收集，同时加强农村有机垃圾资源化基础设施资金投入力度，完善农村垃圾处理设施建设。

4.加大科研投入和成果转化

（1）加强生活垃圾处理污染防治技术研究。当地政府及各级科技主管部门应将生活垃圾处理技术纳入相关科技计划，加大支持力度。投入专项经费开展农村生活垃圾处理处置的专项研究，研究开发实用性强、小型灵活且适合农村地区的生活垃圾处理处置的新技术与设备。

（2）提高农村生活垃圾处理技术设施水平。针对农村垃圾的特点开展工程示范。加强技术集成，加快农村生活垃圾设施标准化、现代化和国产化水平。

（三）农村垃圾收集处理体系建设

我国农村生活固体垃圾基本上处于"无序"状态。此外，不少地区还存在城市垃圾向乡镇转移的现象。[①] 近些年来，随着新农村建设和乡村清

---

① 罗如新.农村垃圾管理现状与对策[J].中国环境管理丛书，2006(04): 23-26.

洁工程的推进，一些地区在农村生活垃圾的管理方面逐渐摸索出一些新的模式。其中一个重要的模式是推行城乡环卫一体化管理，即把城市垃圾管理体系延伸到农村，对农村垃圾实行统一管理、集中清运和定点处理。也有些区域借鉴城市社区垃圾管理办法，根据不同村镇经济实力选择自觉收集、义务清扫、有偿包干和物业管理相结合的农村多样化保洁制度。[①] 自觉收集就是要求每个农户将生活垃圾装入垃圾袋，方便统一运送与管理。还有些地区针对农村生活固体垃圾的特点，摸索出了就地减量化分类处理的管理模式。总之，农村生活固体垃圾处理体系建设因地制宜，最终使得农村生活固体垃圾处理在有序的管理体系下进行。

（四）农村垃圾收集与处理技术

1. 垃圾处理模式

（1）城乡一体化处理模式。一些经济发达的农村地区或城镇周边的农村地区，采用有机垃圾和无机垃圾分类收集方式。无机垃圾可结合城市生活垃圾管理体系，执行"村收集—镇运输—县（市）处理"的垃圾收集运输处理系统，实施城乡一体化管理。厨余等有机垃圾分开收集堆肥，分类收集的有机垃圾可采用静态堆肥或能源型生态模式（如秸秆气化、沼气发酵）处理。

（2）源头分类集中式处理模式。对于我国大部分平原型农村，经济一般、与县市距离在20公里以上的农村，可考虑集中力量建立覆盖该区域周围村庄的垃圾收集、转运和处理设施，实现垃圾的分类收集、集中处理。要求村民将每天产生的生活垃圾进行分类，将垃圾内的有机物、废金属、废电池、废橡胶、废塑料以及泥沙等进行分离，可回收部分由废品回收人员收购，厨余等有机垃圾集中式堆肥，不可回收垃圾进入村镇垃圾处理场集中填埋处理。村镇垃圾处理场可利用区域废弃土地建设简易填埋场，但场地应具有承载能力，符合防渗要求，远离水源。

（3）源头分类分散处理模式。对于我国部分山区农村、远郊型农村和经济欠发达、交通不便、人口密度低、距离县市20公里以上的农村可考虑源头分类分散处理模式。该模式要求村民先要对生活垃圾进行源头分类，可回收垃圾由废品回收人员收购，厨余垃圾、灰土垃圾（占农村生活垃圾总量的60%以上）不出村或镇就地消纳，可以大大减少传统模式的垃圾收集、运输和处理过程中的固定设施投入和运营成本，并且杜绝了对环

---

① 任伟方. 农村垃圾处理的实践与探索 [J]. 宁波通讯, 2006(11): 50-51.

境的二次污染。剩余的少部分不可回收垃圾进入分散式村镇垃圾处理场填埋处理。分散式村镇垃圾处理场要避开地下水位高、土壤渗滤系数高、农村水源地或丘陵地区。

2.生活垃圾处理技术

国内外有关生活垃圾处理技术的理论研究和工程实践中较为成熟且常用的生活垃圾处理技术主要有填埋、高温堆肥、焚烧。

（1）填埋。填埋技术作为生活垃圾的最终处理方法是解决生活垃圾出路的最主要方法。填埋法可分为简单填埋法和卫生填埋法。简单填埋设施简单，只有土堤围坝压实填埋，投资小，工艺简单，缺点是没有污染防治设施，垃圾产生的废液和废气对水体和大气环境容易造成污染危害，也是鼠、蝇滋生地，已不提倡使用。卫生填埋是利用工程手段，采用有效技术措施，防止渗漏液及有害气体对水体和气体的污染，并将垃圾压实至最小，隔段时间用土覆盖，是一种无害化处理垃圾的方法。其缺点是投资大、占地多，存在渗漏液继续渗出污染环境的危险等。

（2）高温堆肥。中国常用的生活垃圾堆肥技术可分为简易高温堆肥和机械高温堆肥。前者工程规模较小，机械化程度低，采用静态发酵工艺，环保措施不齐全，投资及运行费用低，一般在中小城市应用。后者工程规模大，机械化程度高，一般采用间歇式动态好氧发酵工艺，有较齐全的环保措施，投资及运行费用较高。

（3）生活垃圾焚烧技术。焚烧法适合用于平均低位热值高于5000 kJ/kg的生活垃圾，可以将垃圾燃烧产生的热量用于供热或发电。其缺点是投资大，垃圾所需低位热值较高，燃烧过程可能产生二次污染。

三、我国农村污水和垃圾处理的主要模式

根据我国农村生活污水和垃圾排放特点，科学合理地选择污水和垃圾的处理模式，关键是要适合农村的实际情况，不仅要达到国家排放标准，而且还要建设投资省、运行费用低，所以农村污水和垃圾的处理不能照搬大中型城市污水和垃圾的处理模式，应根据各个地区农村具体现状、特点、风俗习惯以及自然、经济与社会条件，因地制宜地选择运行稳定、经济、维护管理方便的处理模式。目前，我国农村污水和垃圾处理的主要模式有不接入城市管网模式、接入市政管网模式和人、畜粪污垃圾资源化模式。

（一）不接入城市管网模式

1.污水和垃圾分散处理模式

每个区域污水和垃圾单独处理，宜采用小型污水和垃圾处理设备、自然处理等工艺流程。该处理模式具有布局灵活、施工简单、管理方便、出水水质有保障、垃圾处理及时、运输成本低等特点，适用于村镇分散、规模小、地形复杂、污水不易集中收集、垃圾不容易外运或垃圾处理后即可返田利用的村庄污水和垃圾处理，故在我国较为分散的中西部地区广泛采用。

2.污水和垃圾集中处理模式

即收集所有农户产生的污水和垃圾，利用统一的设施处理。污水处理采用自然处理、常规生物处理等工艺形式，垃圾采用资源化利用的形式。该模式具有占地面积小、抗冲击能力强、运行安全可靠、出水水质好、垃圾资源化利用成本低等特点。故该处理模式适用于村镇布局相对密集、规模大、经济条件好、村镇企业或旅游业发达、处于水源保护区内的单村或联村。此模式在我国村镇分布密集、经济基础较好的东部和华北地区可广泛采用。

（二）接入市政管网模式

主要是指收集农村污水接入市政污水管网，利用市政污水处理厂处理农村污水，垃圾统一运输到城市垃圾处理厂，采用焚烧发电或其他处理方式。该处理模式具有投资省、施工周期短、见效快、统一管理方便等特点，适用于距离市政污水管网较近（不超过 5 km）、靠近城市、经济基础较好，具备实现村镇污水和垃圾处理由"分散治污"向"集中治污"转变条件的农村地区。

（三）人、畜粪污垃圾资源化模式

主要是指以猪、羊、牛为主的畜类规模化养殖场，因其排污量大，污染负荷高，采用沼气工程治理模式或建议返田处理模式，实现粪污资源化。该模式针对不同的养殖对象和养殖规模，构建畜禽养殖粪污处理的生态环境，不仅完全实现"零排放"，并且通过生态链进行增值，循环利用，将生态种养殖和生物质能利用相结合，超过畜禽养殖的利润，不仅具有较高的经济效益，而且符合绿色产业发展的理念。该模式结构紧凑，占地少、动力消耗少、运行成本低，污泥量少，没有二次污染。

第三节　创建乡村绿色美化

一、乡村绿化基础理论

（一）乡村绿化

乡村绿化规划是一门涉及面广、发展空间广的新学科。18世纪，风景园林学最初由美国学者弗雷德里克·罗·奥姆斯提出，发展到20世纪80年代，我国将它引进研究学习，翻译为"风景园林"。现在风景园林已经发展为四个方向：一是土地规划；二是城市可持续发展道路的探索；三是自然资源的保护和管理；四是现代科学技术在其领域的应用。而风景园林学在乡村环境绿化美化中的应用，主要体现在规划设计过程中。乡村绿化景观规划和设计应该体现"因地适宜"和"适地适树"的原则，遵循"团结、和谐、平衡和节奏"的原则，充分考虑各种景观元素（人文地理、水文、气候、土壤和植被）之间的关系。

乡村人居环境包括村落形成的历史背景、生产生活方式、发展变迁和存在问题。从古至今，随着社会的变革发展，乡村在不同时期构成因素也在随之变化。因此，我们对乡村人居环境学的研究，能了解到我国乡村的构成现状和突出问题，并作为乡村绿化景观规划设计的基础素材。

（二）绿化景观生态学理论

绿化景观生态学于20世纪40年代在欧洲初步形成，80年代迅速发展。主要是对景观结构、功能、规划与管理进行系统研究，协调处理人与自然环境的关系。

绿化景观是由多种生态系统构成的基本像素，是由不同的绿化景观要素构成的。根据绿化景观要素的形态和状态，可分为斑块（嵌块体）、走廊（廊道）、本底（基质）三类。美国生态学家奥德姆提出，在城市扩建发展的过程中，除公园和社区的建设，绿地建设还应当包含森林岛屿和绿色走廊的建设、加强绿色走廊的建设，强化绿色斑块之间的连通性，改善城市环境的空间异质性，改善城市生态环境，构建"斑块—廊道—本底"的绿色生态模式。

在乡村绿化景观设计中，依据绿化景观生态学的基础理论，通过合理地规划绿地模式，实现不同绿地之间的生态融合，提出了最适合的设计方案。因此，景观生态学理论的研究为乡村绿化设计提供了基本的理论基础和全面的设计方法。

（三）绿地系统规划理论

针对绿地则有多重定义，有的认为"不论是天然植被还是后期人工植被，凡是生长植物的土地都可称为绿地"而有的则认为绿地是指"与环境相配合，创造自然条件，栽植多种植物并且达到一定面积的绿化地面或区域"。所以，在满足人们对生存生活环境需求的必备条件下，绿色系统设计应运而生。绿色布局的调整和重建为基本手段，把已有的绿色版图做一些调整，并引入新的绿色景观，用来提高服务功能，力求把人类生活生产对绿色自然生态景观的影响降到最低。

二、乡村绿化存在问题

（一）模式单一化，重点不突出

在整个乡村绿化美化的建设过程中，我们要注重村落原始的地理位置和地形地貌，除对本地自然环境的关注以外，落后的历史文化、村民的意识以及文化属性等也要充分考虑，不能以固定单一的方法来构建绿化模式。在铜川乡村的绿化建设过程中，发现经济发展比较进步的乡村绿化建设缺少独立创新，致使周边乡村绿化建设实施过程中随便利用拿来主义，盲目模仿，忽略了各自的独特优势，这种复制粘贴的施工方法最终会出现更加严重的危害，如浪费资源、群众消极参与、设计规划不科学、预期效果难以达到等。此外，在整体的施工过程中没有遵循科学的、系统的指导，使得工程整体可操作性不高，各项指标无法达到预期效果。长此以往，只会使乡村绿化建设偏重于表面，而并不全面，导致历史文化遗失，缺少自身特色，在建设模式上显得单一。让人有了"走遍一村又一村，村村都相同"的感觉。最为严重的是，由于缺少科学的前期规划设计，整体布局往往因个别因素而被大大破坏。

（二）缺少绿化建设资金

目前，很多地方政府还没有设立专门的乡村绿化美化资金，很多地区的造林绿化资金来源只有靠林业部门微弱的植被恢复费，杯水车薪，作用不大。省、市支持力度不够，新农村建设资金中用于造林绿化的资金不足10%，乡村绿化美化资金缺乏，很多建设中造林绿化美化工程不能够按规划实施，实施后的绿化美化工程缺乏后续维护，致使绿化工程杂草丛生，失去了绿化美化的意义。

（三）绿化意识薄弱，整体发展不平衡

大部分村庄都重视基础设施建设，轻视了环境绿化建设。近年来，各级政府都重视民生基础建设、公共场所建设和乡村公路建设，注重住宅的重建、壁画、广场建筑、体育建筑材料，轻视绿化环境、生活环境的投入。村民整体绿化意识不强，不能充分意识到农村绿化的重要性和必要性。村级领导往往是拍脑袋工程，照搬城市绿化，南方的银杏、樱花等外来树木比当地的乡土树木更受欢迎，绿篱草坪比本地灌木植被更重要。与此同时，树木日常管理和抚育技术的缺乏，往往导致植树造林"零"，绿化水平难以提高。全市整体发展不平衡，而且差距较大。

（四）树种规划配置不合理

乡村绿化美化树种规划配置不合理。有些地方只种乔木不种灌木，乔、灌木搭配不科学；很多进村路两旁、农田林网的树种选择了速生树种，树冠过大，影响了农作物生长；庭院绿化中缺少高大乔木，绿化遮阳效果差；只种植常绿树种，忽视了落叶树种植，常绿树种和落叶树种配置不科学；没有根据实际情况种植速生树种和慢生树种，还有些乡村的树种规格选择太小，造成造林绿化效果慢的情况。

（五）乡村绿化美化工程建设质量不高

在乡村绿化美化建设工程施工过程中，大家对绿化美化工程质量认识不足，对绿化美化建设工程的质量没有引起足够重视。在绿化美化工程施工过程中，缺乏监督管理，很多造林绿化工程都没有按照设计方案进行，如造林备耕中杂物、杂草清除不干净，造林穴过小，基肥少或不施基肥，造林后无人管护，造林质量差，导致绿化美化工程杂草丛生，苗木枯死或病死，影响造林成活率，种植后树木生长慢，乡村环境没有得到充分的改善。

（六）缺少山水田园特色

乡村绿化建设跟城市绿化建设有一定的差异性，并不能照搬照抄，还需要根据当地发展情况选择有针对性的绿化美化建设方案。但是目前一部分乡村学习效仿了城市中园林绿地的建设特点，导致乡村中的绿化美化建设缺失了当地本身的山水林田特色，盲目跟风城市发展绿化手段，乡村自身的文化特色丢失，同时也影响乡村绿化美化建设效果。

（七）缺少地方特色，盲目跟风

绿化环境方式过于片面。例如，大规模种植草坪和名贵花卉等，追求城市园林基础设施建设，不遵循自然规律，盲目跟风种植一些珍稀苗木，

毫无针对性，不切合实际；非科学、合理地处理景观大树、灌木、草坪，导致农村绿化建设失去了其独特的大气自然和淳朴简洁，致使建设的绿化景观和农村文明不匹配，浪费资金的同时，加重了农民负担。经验总结，乡土树种和经济树种是建设新农村环境绿化的首选树种。

（八）村民爱护绿色意识不足

群众对植树造林的重要性认识不足。受经济利益的驱使，一部分村民过于重视经济发展利益，忽视了在日常生活中种植绿色、爱护绿色的行为，新造林绿化美化工程得不到较好的维护，有的地方原房屋前后种植的树木几乎都砍伐一空。据调查，目前很多村庄当中，老树几乎砍伐殆尽，20年以上树龄的树木更是凤毛麟角。乡村绿化美化出现以上几个问题，结合当前实际进行深入分析，得出以下几点原因：一是因乡村绿化美化建设的资金不足，缺少了资金的支持，没有足够的人力、物力、财力支撑，没有高素质的绿化建设规划和施工团队，乡村绿化美化建设工作的开展受到限制；二是在乡村地区的发展过程中，针对乡村的绿化美化工作开展没有形成科学合理的工作规划，导致乡村绿化美化建设工作开展无章可循，影响了乡村绿化美化建设可持续发展机制的形成；三是一部分乡村地区对绿化建设工作的开展本身存在错误的认知，认为绿化工程建设不合格，顶多就是没有多种几棵树，这算不上是大错误；四是很大一部分乡村地区盲目的跟风发展，没有结合乡村实际发展情况，就照搬照抄城市化园林绿化方案，影响了乡村绿化建设效果；五是村民缺乏"绿水青山就是金山银山"的理念，爱绿护绿意识不足，对乡村发展前景缺少长远目光。是导致出现以上问题的主要因素。

三、乡村绿化美化建设有效措施

振兴乡村战略，就是在发展过程中要优先发展农业农村地区，建立完善的城乡融合发展体制和相关政策体系，让农村地区产业发展更加兴旺，生活更加富裕，农村地区生态环境更加适宜人们居住，从而促进我国农业农村的现代化发展。乡村绿化美化是新农村建设的重要组成部分，为了能够让乡村的绿化工程建设更好地进行，避免出现各种问题，需要结合乡村地区实际发展特点，针对性选择有效的优化措施，来提升乡村绿化建设工作质量。

（一）筹集资金促进乡村绿化的发展

资金是决定乡村绿化美化成败的主要因素，只要有了足够的建设资金，就可以在乡村绿化美化建设的过程中，高标准规划、种植、维护和后续管理，就能够确保绿化美化建设工程持续健康发展。因此，当地政府要在财政上安排专门绿化建设资金，争取林业部门能够给予绿化建设资金支持，发动乡贤老板、群众积极筹集绿化建设资金，确保绿化美化项目的健康发展。

（二）合理编制乡村绿化建设规划

科学合理的绿化规划，是乡村绿化美化成功的关键。因此，乡村绿化美化建设工程的开展，必须制订科学合理的近期规划、中期规划和远期规划，才能确保乡村绿化美化工程建设能够可持续进行。乡村绿化美化的规划必须有当地特色，不能生搬硬套城市绿化建设规划，要根据不同的人民地理，风土人情和农村特色规划建设方案。尽量保留乡土树种，适当引进外来优质树种，做到乔灌搭配，大小搭配，高矮搭配，花草搭配。挖掘当地文化特色，融入乡村田园山水元素，做到经济适用、科学引领。乡村绿化建设规划需要有一定的深度，从当地的绿化工作开展，到后期种植过程中选择的树木以及苗木的种植规格，最后的工程质量监督和养护管理工作开展，都需要进行详细的规划，这样才能在工作中做到有章可循，指导乡村绿化建设工作的有效开展。

（三）强化绿化工程质量监督

绿化工程的开展跟其他建筑项目类型的工程建设不同，绿化工程的施工工程质量监督和后期的生长养护管理工作同样十分重要，既需要做好工程建设的质量监督工作，又需要完善后期的养护管理，确保工程建设的质量。乡村地区可以聘请拥有专业园林绿化知识的工作人员，能够按照国家规定的乡村绿化工程建设规划和建设技术要求，结合不同绿植的生长特性，进行后期的养护管理。

（四）强化爱护绿植意识

乡村地区要加强对绿化工作的认识和支持，引导村民不要随意地破坏绿地植物，并且能够主动制止破坏绿地的行为。通过各种有效的形式来加强对绿化建设工作的宣传，让村民认识到绿化建设工作对乡村发展起到的重要作用，从而积极参与到爱护绿地行动中去。

乡村绿化建设工作是一项长期的系统工程，不是一朝一夕就能完成的，需要长期持续的工作。只要我们不断地努力，乡村绿化美化建设指日可待。

第四章　美丽乡村生态环境建设

第一节　乡村环境的成因

一、我国农村环境现状与问题

改革开放以来我同农民的收入有了明显提高，居住条件得到不断改善，但在城市环境日益改善的同时，农村环境问题的解决却不尽人意，农村环境污染已经在一定程度上阻碍农村的社会发展和农民的福利改善。当前农村环境问题十分突出，生活污染加剧，面源污染加重，工矿污染凸显，饮水安全存在隐患，直接影响农村人民群众的生产生活和身体健康。特别值得注意的是部分地区的环境状况不仅没有改观，污染反而更趋严重。解决农村环境污染问题已成为各级政府的当务之急。目前我国农村环境污染问题主要表现在以下六个方面：

（一）农村生态破坏严重

目前，我国农村存在挖河取沙、毁田取土、陡坡垦殖、围湖造田、毁林开荒等行为，很多地区农业生态系统功能遭到严重损害。全国水土流失面积356万平方公里，占国土总面积的37.08%。其中，水蚀面积165万平方公里，占国土总面积的17.18%；风蚀面积191万平方公里，占国土总面积的19.9%。总体来看，农村生态破坏在局部有所控制和改善，但情况仍然不容乐观。

（二）畜禽养殖污染不断加剧

畜禽养殖污染，是指在畜禽养殖过程中，畜禽养殖场排放的废渣，清洗畜禽体和饲养场地、器具产生的污水及恶臭等对环境造成的危害和破坏。随着畜禽养殖业的迅速发展，畜禽粪便所带来的环境污染问题也越来越突出。根据国家第一次污染源普查公报，全国畜禽养殖业粪便产生量2.433亿吨，尿液产生量1.63亿吨，畜禽养殖业主要水污染物排放量达化学需氧量1268.26万吨，总氮102.48万吨，总磷16.04万吨，铜2397.23吨，锌4756.94吨。目前，80%的规模化畜禽养殖场没有污染治理设施，畜禽养殖不仅带来地表水的污染和水体富营养化，而且能产生大气的恶臭污染和地下水污染，同时畜禽粪便中所含病原体也对人群健康造成了极大威胁。

（三）农村生活污染和工矿污染叠加

据测算，全国农村每年产生生活垃圾约2.8亿吨，生活污水约90多亿吨，人粪尿年产生量约2.6亿吨，绝大多数没有经过处理，便被随意倾倒、排放。

乡镇企业布局分散，工艺落后，绝大部分没有污染治理设施，也是造成农村环境严重污染的原因。由于经济发展不平衡，在工业发展和产业转型过程中城市工业污染"上山下乡"现象加剧，出现污染由东部向中西部转移、城市向农村转移的现象。另外，全国因城市和工业固体废弃物堆存而被占用和毁损的农田面积已超过200万亩。乡镇企业布局不合理，污染物处理率低，我国乡镇企业废水COD和固体废物等主要污染物排放量已占工业污染物排放总量的50%以上。

（四）农业农村面源污染日益突出

随着农村经济的发展，农民在施肥观念上越来越重视化肥，轻视有机肥，化肥的长期大量使用在一定程度上改变了土壤原来的结构和特性，局部出现土壤板结、酸化、有机质含量下降等现象。化肥中的氮、磷流失到农田之外，会使湖泊、池塘、河流、水库和浅海水域水体富营养化，导致水体缺氧，鱼虾死亡。近年来我国不少江河湖泊出现了不同程度的富营养化，部分地区的水体营养化十分严重。

化肥的不合理使用还会直接污染地下水源，使地下水的总矿化度、总硬度、硝酸盐、亚硝酸盐、氯化物和重金属含量逐渐升高。农药的大量使用同样对农业系统的生态平衡带来严重影响，而且对农产品和环境带来严重污染，一些有机化学药品会残留并积累在农产品中，致使人食用后在体内聚积并引发疾病。被有机农药污染的水难以净化，威胁人类饮用水的安全。

（五）土壤污染程度加剧

土壤污染被称作"看不见的污染"，所有污染（包括水污染、大气污染在内）的90%最终都要归于土壤。当前，我国土壤污染日趋严重，耕地、城市土壤、矿区土壤均受到不同程度的污染，而且土壤的污染源呈多样化的特点。土壤污染的总体情况可以用"四个增加"来概括：土壤污染的面积在增加，土壤污染物种类在增加，土壤污染的类型在增加，土壤污染物的含量在增加。据国家环保总局有关负责人介绍，土壤污染的总体形势相当严峻，已对生态环境、食品安全和农业可持续发展构成威胁。一是土壤污染程度加剧。据不完全调查，目前全国受污染的耕地约有1.5亿亩，污水灌溉污染耕地3250万亩，同体废弃物堆存占地和毁田200万亩，合计约占耕地总面积的10%以上，其中多数集中在经济较发达地区。二是土壤污染危害巨大。据估算，全国每年遭重金属污染的粮食达1200万吨，造成的直接经济损失超过200亿元。土壤污染造成有害物质在农作物中积累，并通过食物链进入人体，引发各种疾病，最终危害人体健康。土壤污染直接影响土壤生态系统的结构和功能，最终将对生态安全构成威胁。三是土壤污染防治基础薄弱。目前，全同土壤污染的面积、分布和程度不清，导致防治措施缺乏针对性。防治土壤污染的法律还存在空白，土壤环境标准体系也未形成。资金投入有限，土壤科学研究难以深入进行。有相当一部分群众和企业对土壤污染的严重性和危害性缺乏认识，土壤污染日趋严重。

导致土壤污染的主要因素有：①工业排放的废气、废水、废渣未经处理或处理不当直接排放，污染环境，并最终归于污染土壤。②不少地区用污水灌溉农田，且多数污水未经处理，所含重金属及有毒、有害物质会在土壤中累积，造成严重后果。③许多地区单纯地为了提高粮食产量，大量使用农药、化肥等化学制品，造成土壤过酸，使土壤的团粒结构遭到破坏，导致土壤板结。④由于非降解农膜的大面积使用，残留在土壤中的农膜阻碍了土壤水分和气体的交换，破坏土壤的物理性状，使土壤地力普遍下降，土壤结构被破坏，导致农产品的产量和质量下降，最终危害人体健康。

（六）农膜污染

我国的塑料地膜覆盖技术是1978年由日本引入的，虽然起步较晚，但发展势头迅猛，目前农膜覆盖技术在我国农业生产中得到了广泛应用，农膜覆盖栽培已成为我国农业生产中增产、增收的重要措施之一。但是由于局部使用量大、使用方法不当等原因，其导致的环境问题也日趋严重。随着塑料地膜使用量的不断扩大以及使用年数的增长，农田中残留塑料地膜不断积累。由于塑料地膜是一种由聚乙烯加抗氧剂、紫外线而制成的高分子碳氢化合物（聚氯乙烯），具有分子量大、性能稳定的特点，在自然条件下很难降解，在土壤中可以残存 200～400 年。目前，我国主要使用 0.012 mm 以下的超薄地膜，这种地膜强度低、易破碎、难以回收。据中华人民共和国农业农村部调查显示，目前我国地膜残留量每亩一般在 12～18 kg。据估计，聚乙烯塑料在自然界分解需要几百年的时间，而我国农膜的残留量为 30 多万吨，占农膜使用量的 40% 左右，残膜对农田的污染被称为"白色污染"。

二、农村环境污染严重的原因

导致农村环境污染越来越严重的原因很多，概括起来包括以下六个方面：

（一）农村环境政策法规、标准、管理机构不健全

我国有关农村生态环境的立法还不健全，如对于农村养殖业污染、塑料薄膜污染、农村饮用水源保护、农村噪声污染、农村生活和农业污水污染、农村环境基础设施建设等方面的立法基本是空白。

目前的诸多环境法规，如《环境保护法》《水污染防治法》等，对农村环境管理和污染治理的具体困难考虑不够。例如，目前对污染物排放实行的总量控制制度只对点源污染的控制有效，对解决面源污染问题的意义不大；对规模普遍较小、分布较为分散的乡镇企业的污染排放监控，也由于成本过高而难以实现。

（二）农村环境保护意识淡漠，环境管理体系薄弱

由于农民整体受教育程度不高，及其自身习惯的影响，难以适应农村环境形势变化的需要。一般认为，农村车辆少，各种工业废料少，而面积又大，污染情况不是很严重。特别是基层政府，为了发展经济，引进项目，容易忽略环境污染问题，环境管理体系相对薄弱。同时，农村居民对环境保护的意识也没有城市居民强，反对破坏环境行为的呼声也没有城市居民高。

由于受传统观念影响，温饱即足，只顾眼前利益，没有长远打算，农民的环境意识和维权意识普遍不高，对环境污染和破坏的危害性认识不足；即使认识到环境的危害性，也不知自己拥有何种权利、如何维护自己的权益。

（三）经济发展和生态建设不和谐

许多地方只注重经济建设，片面追求经济效益，忽视生态建设和环境质量的改善，甚至不惜牺牲生态环境谋求经济发展，导致农村生态环境恶化。当前，农村社区生态环境保护面临的矛盾越来越突出，主要体现在：

生态环境退化与自然资源短缺导致的局部利益与全局利益、眼前利益与长远利益之间的矛盾，粗放型增长方式与有限的生态承载能力之间的矛盾，人民对生态环境质量的要求不断提高与生态环境日渐恶化的矛盾，国家对生态环境保护监管水平的要求越来越高与实际监管能力严重滞后的矛盾。

特别是我国矿山、能源基本在农村山区，不加保护地竭泽而渔式开采，已经在大量破坏着植被等环境。大量掠夺式的采石开矿、挖河取沙、毁田取土、陡坡垦殖、围湖造田、毁林开荒等行为，使很多生态系统功能遭到严重损害。

（四）资金投入严重不足，导致农村环境污染治理不力

过去我国污染防治投资几乎全部投到工业和城市，而农村从财政渠道却几乎得不到污染治理和环境管理能力建设资金，也难以申请到用于专项治理的排污费。对城市和规模以上的工业企业污染治理，制定了许多优惠政策，如申请财政资金贷款贴息、排污费返还使用，城市污水处理厂建设时征地低价或无偿、运行中免税免排污费。而对农村各类环境污染治理却没有类似优惠政策，导致农村污染治理基础滞后，难以形成治污市场。乡镇和村一级行政组织普遍财源不够，难以建设污染治理基础设施。由于投入不足导致农村处理污染物能力较差，是造成污染的另一个原因。据测算，全国农村每年产生生活污水约80亿吨，生活垃圾约1.2亿吨，大多放任自流。

（五）农村环境政策的城市思维

我国的环境政策存在以城市导向为主的问题，这些城市导向的环境政策经常忽视农村居民的利益，并且这些决策经常会建立在对实际情况的误解基础上。事实证明，单从城市的角度来理解农村是不行的。前几年北京沙尘暴时，有人说要"杀掉山羊保北京"，因为他们认为山羊对草原的破坏很严重，如山羊会把草根吃掉，而绵羊则不会，所以山羊是导致沙漠化的罪魁祸首，为了北京的绿色奥运，应当禁止养山羊。事实上，在不同的环境下山羊对草原的影响是不同的。在相对沙漠化的环境中，由于草料不够，山羊的确会啃食草根、树枝和灌木丛，从而破坏植被，促进沙漠化，以灌木为主的地区尤为严重。但在一般的草甸草原中，草的密度大的地方，山羊对环境的破坏极小，而且比喜欢集体活动的绵羊的破坏力更小。甚至在有些地方，山羊会吃掉影响草甸生长的灌木丛而促进草原的生长，在这些地方，山羊不仅不会破坏环境，而且对草甸保护非常有利。

三、加强农村环境保护的对策措施

（一）扩大宣传提高对农村环境保护工作的认识

按照"生产发展、生活宽裕、乡风文明、村容整洁、管理民主"的要求，在建设社会主义新农村的过程中，农村环境保护面临着重大的机遇，也存在着严峻的挑战。

加强农村生态环境保护是落实科学发展观、构建和谐社会的必然要求；是促进农村经济社会可持续发展、建设社会主义新农村的重大任务；是建设资源节约型、环境友好型社会的重要内容；是全面实现小康社会宏伟目标的必然选择。

在新世纪新阶段，各级地方政府和有关部门应高度重视农村环境问题，把农村环境保护作为"三农"问题的一个重要内容，采取措施，予以认真解决，并树立长期作战的思想，坚持不懈地抓好农村环保工作，推动农村走上生产发展、生态良好、生活富裕的文明发展道路。

1. 以科学发展观为引领，改善农村人居环境

贯彻落实科学发展观，实现以人为本的可持续发展，就必须以解决好农民群众最关心、最直接、最现实的环境问题为着力点，把改善农村人居环境作为社会主义新农村建设中解决环境问题的突破口，以清洁水源、清洁家园、清洁能源为切入点，从办得到的事情抓起。组织农民开展村容村貌综合整治，突出抓好改水、改路、改厕、改灶、改圈等工作，推进农村废弃物综合利用，引导农民变"三废"（畜禽粪便、农作物秸秆、生活垃圾）为"三料"（肥料、饲料、燃料）。

2. 以舆论为导向，加强农村环保宣传

农民群众环保意识的提高需要舆论引导，特别是要充分运用广播、电视、报纸、网络等新闻媒体，加强对各级领导和农民群众的环保教育，宣传环保法律法规和知识，提高干部群众对环境保护的认识，增强环境保护责任感，树立"保护环境、人人有责"的环保意识，争做环境保护的主人。通过多层次、多形式的宣传教育活动，引导农民群众树立生态文明观念，提高环境意识。开展环境保护知识和技能培训，广泛听取农民对涉及自身利益的发展规划和建设项目的意见与诉求，尊重农民的环境知情权、参与权和监督权，维护农民的环境权益。

3. 以创建环境优美乡镇和文明生态村为载体，规范村民环境行为

在村容村貌综合整治的基础上，通过开展这一创建活动，高起点、高

标准建设新农村。发动农民从自身做起，改变不良生产生活习惯，如建垃圾固定存放点以改变农民乱堆垃圾的习惯；建沼气池以改变农民烧柴的习惯；引导农民科学合理施用化肥、农药，减轻对土壤的污染；引导农民治理规模化畜禽养殖污染，控制污染源；地方政府和有关部门应切实抓好农村环境保护规划编制工作，认真实施农村环境综合整治规划。鼓励各地积极创建环境优美乡镇、生态村，加大农村地区资源开发监管力度，有计划地扶持一些有利于改善农村环境的建设项目，提高农民共建美好家园的积极性和自觉性，着力保护农村自然生态。

（二）充分发挥政府在农村环境整治中的主导作用

1. 科学制定乡村环境保护规划

规划是龙头，地方政府和有关部门应在认真调研的基础上，科学制定当地乡村建设规划，把农村环境保护作为重要内容纳入其中；抓紧编制国家农村小康环保行动计划实施规划，并将这两个规划有机结合，且分步组织实施。这些规划既应立足当前，又应着眼长远。规划中应明确农民生产生活产生的各类污染物的收集和处理等与环保有关的各项内容，这样地方政府和有关部门及乡村干部和群众都知晓农村环保工作如何开展、怎样开展，且目标明确，使农村环保工作有序进行。

2. 充分发挥中央农村环保专项资金的引导作用

对农村沼气推广、道路硬化、生活垃圾收集等方面，国家和地方政府分级负责给予财政投入或补贴或者以奖代补，引导农民积极建设与环境保护有关的设施，做好与环境保护有关的事情，逐步推动农村环保工作。

3. 抓好示范以点带面

在解决农村环境问题上，应注重以示范带动，以典型引路，供农民学习借鉴。坚持量力而行和尽力而为相结合，在示范的基础上，地方政府和有关部门支持、帮助农民实施具体的环保工作。

4. 建立农村环保的长效运行机制

农村环保工作是一项长期艰巨的任务。应建立政府领导、有关部门协调推进、乡村两级具体落实、农民群众广泛参与的机制。明确政府和相关部门的有关职责，定期研究解决农村环境问题，形成工作制度，促使农村环保工作有计划、有目标、有步骤地进行。

5. 强化农村环境监管

环保等有关部门应加强环境监管力量和力度，建立和完善农村环境监测体系，定期公布全国和区域农村环境状况。积极推动环保机构向县以下延伸，逐步建立覆盖农村的环境管理组织体系。加大对农村环保的支持力度，全面开展环境监测、环境执法、环境管理"三下乡"活动。配合立法部门，抓紧研究拟订有关土壤污染防治、畜禽养殖污染防治等方面的法律法规。在加强对工业企业服务的同时，应严肃查处环境违法行为以起到震慑作用；加强排污单位的现场监管，并发动群众举报环境违法行为；严格执行各级政府有关招商引资的规定，坚决杜绝引进高能耗、高污染的项目；加强工业污染防治，尤其强化在农村地区兴起的工业园区的环境管理，防止工业污染向农村转移。

（三）调动社会资源共同推进农村环保工作

农村环境保护工作是一项复杂的系统工程，需要靠全社会的力量共同推进。

1. 广开渠道多方筹措农村环保资金

采用市场机制的办法，多渠道、多层次筹集资金，解决农村环境问题。除政府财政投入外，还应有部门支持、农民和农村集体组织在承受能力内自筹等措施，争取多方支持，建立长效、稳定的多种投入保障机制。

2. 充分调动农民群众建设清洁村庄、清洁家园的积极性

农村环境保护涉及千家万户，农民群众是保护自身生活生存环境的主体，因此保护农村环境需要广泛发动群众，充分调动农民群众建设清洁村庄、清洁家园的积极性，形成全社会、全体农民群众自觉维护村落环境的良好社会氛围。

3. 发挥高校与科研院所优势，依靠科技进步解决农村环境问题

农村环境问题的解决不仅需要资金的保障，还需要技术的支持。由于农村环境污染与生态破坏的问题涉及面广、问题复杂，针对农村特点的污水、垃圾处理、污染土壤修复、饮用水源保护的技术性很强，这就需要充分发挥高等学校、科研院所的人才技术优势，依靠科技进步来解决农村环境综合整治的相关技术难题。

（四）强化农村环境综合整治的财政机制建设

农村环境综合整治是一项长期、系统的工作，财政部门要充分发挥职能作用，进一步建立健全与农村环境保护相关的财政体制机制建设，切实保证农村环保资金来源长期稳定，资金使用管理规范高效，进而推动农村环境综合整治目标的有效实现。

1. 合理构建成本多方分担的运营机制

在积极发挥政府主导作用的同时，建立完善政府、村组、村民、企业、

民间组织、社会公众等多方参与机制，多渠道筹集农村环保资金。有条件的地区可从城乡维护建设费中提取一定比例资金，建立农村环境综合整治准备金制度，用于补贴农村环境综合整治工程的后期管理与维护，通过市场化经营与财政补贴相结合的方式，形成长效管理机制。切实推进环保投资PPP模式（公私合作），通过制度创新充分发挥市场机制与政府干预各自的优势。积极利用清洁发展机制（CDM）促进农村环保筹资和投资。努力寻求开发性金融机构对农村环境基础设施建设的资金支持。不断强化工业园区和乡镇企业治污责任意识，建立企业环境治理与生态恢复责任共担机制。

2. 合理构建长效稳定增长的投入机制

优化财政结构，确保财政支出不断向农村环保倾斜，建立稳定的农村环保经费增长机制，并逐步提高农村环保投入占整个环保投入的比重，从制度上保证农村环保投入拥有稳定的增量资金来源。在加强相关部门间协调配合的基础上，统筹安排不同层面分散管理的农村环保专项资金，积极整合农村环保存量财力资源，使既有财政性资金的使用效能得到最大限度发挥。同时，积极争取社会赞助，并吸引世界银行等国际组织贷款向农村环保领域倾斜。

3. 合理构建长期可持续的管理机制

科学划分政府间农村环境保护事权范围，在此基础上，结合"乡财县管"改革，强化合理的财力匹配机制建设。建立"以奖代投"机制，对治污取得较大成效、农村群众生产生活条件明显改善的地区给予财力奖励代替财政投入，充分调动基层政府和农村群众参与环境综合整治工作的积极性，实现农村环保综合整治的良性循环。加强横向转移支付制度建设，完善生态补偿机制。对农村环保基础设施受益范围存在交叉的情况，鼓励相邻乡镇之间共建、共享，提高投资规模效益，节约建设成本，确保农村环保工作的长期可持续性发展。

4. 合理构建安全高效的资金使用制度

确立农村环保支出的优先和重点保障地位，在预算安排和执行环节要严格相关制度和操作规程，确保农村环保预算资金安全、有效地用于农村环保支出。加强对农村环保资金使用的绩效评价和监督检查，确保上级专项资金和转移支付资金切实运用到环保项目支出上。积极采取报账制，杜绝任何形式的截留、挪用。建立责任追究制度，形成制度性约束。加强相关政策的宣传教育，保证资金使用公开透明，切实保障广大农民的知情权，形成民众广泛参与监督的良好氛围，提高农村环保资金的使用效率。

(五)加快农村环境保护的立法与制度保障

应建立农村环境保护的全国或地方性法规和规章。地方政府和有关部门应制定关于农村环境保护的规范性文件，并抓好落实，规范影响农村环境的各种行为，做到农村环境保护有章可循。特别应尽快制定出台农村环境污染治理相关规章制度，依照环境保护及卫生、农业、畜牧业等法律法规，结合实际情况，制定保护农村环境的长效管理机制，做到有章可循，明确各级各部门职责，用法律及行政手段保护和改善农村环境。

第二节 维护乡村生态环境

一、乡村生态环境

(一)生态环境治理

对于生态环境的内涵，学术界还没有一致的定义，一般是从生态系统的视角来研究。生态，是指生物存在的生活状态。生态一词来自于古希腊语，意为"家"或"我们的环境"。简而言之生态学是指所有生物的生存条件以及它们与环境之间的相互联系。生态学的概念是由德国生物学家E.恩斯特·海克尔在1866年最先提出的，这是一门研究动植物及其环境、动植物之间的关系以及它们对生态系统的影响的学科。[1]环境则是指周围所存在的条件，是以某一事物为中心的。农村主体为农民，则农村生态环境主要是针对农民而言，是农民生存的一种状态，是对该种状态造成影响的因素的总和。影响因素包括自然环境和社会环境。农村自然环境主要包括土壤环境和水环境，而社会环境主要是农业环境和生物环境。这些影响因素是存在制约关系的，只要其中一个因素发生变化，都有可能引起其他方面的变化。农村生态环境治理本质上包括评估和实施可持续的环境政策，并在人与自然之间建立强有力的互动关系，要理解其本质，就必须将其与政府进行比较。农村生态环境治理是指农村人居生活环境、大气环境、水环境、土壤环境等社会环境和自然环境的系统治理，即治理生活垃圾污染、水污染、农业面源污染、洁水洁厕、大气污染、绿化美化、改善村容

---

[1] 吕军，侯俊东，庄小丽.两型社会农村生态环境治理机制研究[M].武汉：中国地质大学出版社，2016：6.

村貌和创建良好的农村生态环境。也就是解决农民生存条件和生态状态受到了破坏所产生的问题。本文主要探讨农村生活垃圾治理、污水处理、禽畜污染整治、工业污染治理、农业面源污染治理等方面。

（二）农村生态环境治理在"美丽乡村"建设中的意义

我国农村经过长久以来的粗放型发展，积累了诸多环境问题。由于资金有限、生态环保意识淡薄，我国农村地区的生态环境问题比较突出。为了解决这一问题，中国广大农村地区正在积极开展美丽乡村建设实践。农村生态环境治理有助于加快美丽乡村建设的进程，具体表现在以下四个方面。

第一，农村生态环境治理有助于实现人民群众的"生活美"。农村生态环境治理可以创造和维护良好的人居环境，使我国农村生活污水、垃圾危害、工业污染等得到改善，提高农村生活环境质量，提高村民的生活舒适度，满足群众的健康环境需求。

第二，农村生态环境治理对保持农村的"生态美"发挥着重要作用。我国农村地区生态保护的任务繁重，农村生态环境治理可以维护农村生态系统，保护资源，促进农村生态环境的改善，促进农村可持续发展目标的实现。

第三，农村生态环境治理可以为农村的"生产美"提供助力。农村生态环境治理有助于农村的资源利用，帮助推动农村产业的发展，促进农村第一产业和第二、第三产业的协调发展，在保护环境的前提下发展生产，提高农村群众收入。

第四，农村生态环境治理能促进实现农村的"人文美"。农村生态环境治理的规划、设计可以参考当地的人文风情和历史底蕴，农村生态环境治理能够体现出农村的人文内涵和精神特质，有助于美丽乡村建设目标的实现。

二、维护农村生态环境治理的对策

（一）大力培育生态文化，提高生态文明意识

1.拓展宣传形式，提升民众环保意识

以福建省武平县岩前镇为例，针对其环保宣传方式比较单一的问题，可通过拓展宣传形式，增强民众对环境保护的认识，从而提高他们的环保意识。习近平总书记指出："要把党的政策用生动通俗的形式宣传好，让广大群众听得懂、能理解。"[1] 可以积极采用以下宣传形式。

---

[1] 徐锦庚.村里的变化可大了（总书记来过我们家）[N].人民日报，2020-02-18(3).

利用媒体展开宣传,如利用电视、报纸、广播电台、官方微信、微博等新媒体平台和门户网站,发布环境保护工作动态,及时应对环境保护热点难点的问题,以及对环境保护知识的广泛宣传等。同时注重加强与公众在线沟通和互动,提高公众知晓度,参与满意度,打造一个传递环境政策、发布环保工作信息、环境知识和公众参与在环境保护工作中的重要阵地。

环保部门进行现场宣传。环保部门现场进行环保法律法规咨询,环保执法、监测设备展示;发放环保宣传单、环保布袋、知识手册及环保法规宣传资料等;号召全社会行动起来,共同关心、支持、参与环保事业,传播绿色消费理念,践行绿色生活,以及节约资源和保护生态环境,为建设美丽中国、美丽岩前做贡献。环保部门开展环保设施公众开放日活动,组织公众参观环境监测站的大气环境自动监测站,介绍大气环境质量,让群众了解辐射、噪声等便携监测设备、应急监测装备、环境监测实验室、空气质量自动监测仪器设备等,进一步增强公众对环保设施的认识。环保部门开展环保志愿者服务活动,组织环保志愿者服务队开展主题户外环保文明实践活动;通过实际行动践行环保意识,为营造绿色生活、保护大自然贡献自己的一份力量;经常组织志愿者走上街头、村落、面对面为社会公众普及生态环境知识。

2. 以人为本,培养正确的生态价值观

生态价值观是生态治理的引领,生态文化体系的核心是生态价值观,生态价值观的核心理念是节约生态环境资源、保护生态环境,主要以生态道德为内核。[①]一要从"高"处着眼,"实"处着手,全面开展以提高民众文明素质和乡村文明程度为目标,以各种群众性创建活动为载体,以践行社会主义核心价值观为主要内容的教育实践活动,努力构建新时代文明和谐新风尚。大力促进村风文明,提高农民文明素质,着力培育文明乡风、良好家风、淳朴民风。二要持续抓好精神文明建设。运用群众喜闻乐见的形式,持续开展农村精神文明创建活动,推进新时代文明实践中心建设,打造群众精神家园,营造乡村孝敬、友善、节俭、诚信的文明氛围,持续深化移风易俗工作。三要教育引导群众自觉养成良好的卫生习惯,让垃圾分类成为农村新时尚。因此,生态环境治理必须以生态价值观为指导,加

---

① 龚天平,饶婷. 习近平生态治理观的环境正义意蕴 [J]. 武汉大学学报(哲学社会科学版), 2020, 73(1): 6.

强农村思想道德教育。思想道德素质的提高，在于正确的思想引导，制度的保障以及实践的培养。树立正确的生态价值观，有利于全民团结，有利于生态环境保护和治理工作的开展，有利于加快美丽乡村建设的进程。

3.树立绿色政绩观

该镇基层干部的传统GDP政绩观，影响了生态环境的治理进程。因此要转变基层干部的治理理念，树立不以GDP论英雄的绿色政绩观，树立绿色发展理念，正确处理好经济发展与生态环境保护的关系，同时将绿色发展视为农村发展的基本取向。具体而言，一方面，可以从构建社会参与机制着手，主动接受公众监督。要积极推动环境信息公开透明。政府通过媒介如电视、报纸、公众号向民众公开相关的环境数据与信息，提升公众对政府环境治理工作的了解程度，对政府环境治理绩效满意度会产生显著的积极效应。另一方面，可以采取科学绩效考核的模式，对生态建设成效好的村庄，及时给予奖励，并作为干部考核晋升的重要依据，来调动基层干部治理的积极性和主动性。

（二）完善农村生态环境治理制度法规

1.完善农村生态环境治理制度

第一，完善环境治理政策。根据《环境保护法》《畜禽养殖业污染物排放标准》《水污染防治法》《环境噪声污染防治法》以及《固体废弃物污染防治法》等法律法规，制定符合岩前镇实际的农村水污染、农业面源污染、垃圾污染、乡镇企业污染等领域的政策意见，以完善农村环境防治的制度体系，填补基层农村环境治理条例不健全的状况。

第二，因地制宜，完善规划。规划是农村生态环境治理的迫切要求，合理的规划是农村生态环境治理的前提。根据调查得知，该镇存在政策落实不到位的情况，主要是顶层设计的环境治理项目不合实际，以及一些治理的措施缺乏整体性规划，治标不治本等方面造成的。美丽乡村的生态环境治理是一个复杂的工程，坚持先规划、后施工。在生态环境治理的规划过程中，要因地制宜，要根据每个乡村不同的地理位置进行布局，不能一刀切。在正确把握每个村个性的同时也要及时归纳它们之间的共性。一要凸显个性设计，结合各村地理区位、资源禀赋、产业发展、村民实际需要等，对村庄进行梳理分类，实施差异化指导，坚持个性化塑造，充分挖掘地方特色，营造田园风光与乡土风情，努力打造我县品牌和特色。岩前镇每个村都有不同的特色，比如三河村，伏虎村，宁洋村等是在国道旁边的村落，在进行生态环境治理时，要注意避免尘废、噪声污染，也要充分利用交通的便利。如双坊村、上墩村、龙井村等这些沿河村落，在进行环境治理时，要注意河水的保护，也要利用好丰富的水资源。二要突出产业支撑。把环境改善与资源开发相结合，做大、做强、做优特色产业，以带动村集体经济发展，促进农民创业增收。三要在项目的投资建设方面，应对项目进行划定区分。对农村生态环境不造成破坏的建设项目，我们要给予极大支持；对农村生态环境破坏较小的项目，我们需要对其进行规范和引导，尽量减轻损害程度，还可以通过异地造林，实现我国生态环境的损补平衡。四要增强规划的实用性和可操作性，防止片面追求"高、大、上"，推进规划落实到位。规划要深入实地调查，坚持问题导向，发动农民充分参与，做到符合村情村貌，满足村民需求，并与土地利用总体规划等规划相衔接；规划成果要通俗易懂、简单管用，主要项目要达到可直接实施的深度，并履行法定报批程序。

2.建立健全农村生态环境法律法规

在农村环境治理过程面临诸多挑战的当下，尽快加强环保执法部门队伍建设、完善相关的法律法规以及加强执法力度，在治理过程中让一切有法可依，有据可循，才能真正实现建设美丽乡村生态环境的美好愿望。

第一，政府应加强环保执法人员队伍建设。一是增加环保执法人员数量。在镇的环境站，配备一至两名环境执法人员，负责对乡镇环境执法的监督。二是加强环境执法人员的法律素质教育，提高环境执法人员的政治素质，转变执法观念。三是从人治的概念到法治的概念，加强对新法规的学习，不断更新法律知识结构，提高执法水平。

第二，完善农村生态环保法律法规。在立法方面，针对岩前镇农村具体的实际情况，应当根据不同的污染类型，污染程度，来完善各项法律条规，应该重点关注目前岩前镇农村环境治理需要解决的突出问题，如何规范现有的生猪养殖业，具体奖惩措施，如何有效控制乡镇企业造成的污染，制定什么样的措施才能有效遏制污染源等问题。

第三，坚持铁腕治污，推进生态环境司法联动。法律实施的关键在于不要让法律成为一纸空文，而要让法律能够被实施，能够有效地处理当前的环境问题。建立生态环境部门与公安局、检察院、法院信息共享、案情通报、案件移送等制度，联合开展"环保专项执法行动"等专项行动，推进生态环境公益诉讼和专门化审判。

(三)建立健全农村生态环境治理体制机制

1. 要加强组织领导,强化激励考核机制

基于当地基层干部工作积极性不高,重建设、轻管理以及政策落实不到位的情况,要强化激励考核机制,提高他们的工作积极性。

第一,构建多元有效的激励机制。坚持严管和厚爱结合、激励和约束并重,切实提高农村干部待遇,落实工资补助标准;加大从优秀村居干部中招录乡镇公务员和事业编制人员力度,符合条件的优秀村党支部书记可以进入镇领导班子,切实让干得好的农村干部有盼头、有奔头。

第二,将乡村生态环境治理纳入督察范围,压紧压实责任。一是地方各级政府要把思想统一到科学发展上来,要充分认识农村环境保护的重要性,抓好环境的重点和难点,积极引导和鼓励相关的企业和组织对节能减排项目的投资和支持。二是各级政府要严格控制农村新建高耗能项目的审批,建立相应的项目审批问责制,确保农村生态环境的良好保护。将节能减排目标纳入到地方政府的工作任务和干部考核体系中,对按期达到节能减排的政府予以表扬和鼓励,对不能按期达到减排目标的地方政府要予以批评和再教育,以及严禁为实现节能减排目标而任意实行牺牲人民利益的突击节能行为。三是各级政府要强化督查考评,持续跟踪推动重点问题整改。出台生态环境保护及污染防治攻坚战考核办法,对各村落实生态环境保护目标及污染防治攻坚战实施情况进行考评,考评结果作为党政领导班子综合评价的重要依据,纳入相关单位的绩效考核内容。

2. 坚持环境治理工作常态化运行,实行长效监管机制

第一,抓好防止畜禽养殖回潮工作。进一步加大宣传力度,全面防止畜禽养殖回潮,严格落实实施方案,建立健全巡查反馈机制,落实常态化管理。

第二,抓好排污口排查整治工作。进一步加大溪流排污口排查整治力度,建立监督管理工作机制,对有污水直排的及时跟进截污整改方案。

第三,抓好问题责任清单健全工作。建立健全溪流、垃圾、工农业等污染问题责任清单,进一步明确责任分工,限期落实问题整改,将污染问题"抓早、抓小、抓了",致力于建设美丽岩前。

第四,建立健全巡查台账及举报机制,形成职责明确、层层落实、执法有力的长效监管机制。要建立和完善节能减排监测体系,要充分调动全社会力量来加紧对污染环境的监督,发挥媒介的作用,对污染企业及时进行曝光,与此同时要加快淘汰农村落后产能,控制污染源头。

第五，学习借鉴东留镇"垃圾兑换超市"经验。东留镇实行可回收垃圾在"垃圾兑换超市"可兑换成不同面值的兑换券的政策，兑换券可购买牙刷、牙膏、肥皂等各种生活用品。"垃圾兑换超市"不仅变废为宝，也进一步增强了村民对垃圾分类的认识。因此，岩前镇可以通过"政府引导、属地管理、因地制宜、全民参与"的工作原则开展垃圾分类治理试点。

第三节 乡村振兴战略下的生态环境建设路径

一、生态住宅建设

（一）生态住宅

目前对生态住宅未有标准的定义，但国际上公认有三大标准，即以人为本，呵护健康舒适；资源的节约与再利用；与周围生态环境相协调与融合。在优秀的"生态住宅"设计中，应具有良好的室内空气条件和较强的生态气候调节能力，使人、建筑与生态环境之间形成一个良性循环系统。

乡村住宅，又称农村住宅或农舍。通常是指以自然村为单位的住宅区和经过科学规划的乡镇住宅区，它体现了自身久远的历史演进过程、地缘地貌特征、地域风土以及住宅主人的生活习惯和生产方式等。当前一些农村地区生态环境遭到严重破坏，造成乡村住宅环境的持续恶化。这些促使人们意识到人居环境和生态环境密不可分，必须要共同建设发展。生态住宅建设可以从6个方面进行：使用绿色的材料，采用结合当地风俗习惯和气候条件的住宅单体造型，利用可再生能源，采用立体绿化美化，利用处理水的循环发展生态经济庭院和发展生态庭院经济。

（二）村落环境

建筑与周围的环境是相对独立的个体又是相互依存的联系体，住宅也是有生命的，一个没有环境的住宅是不可能持续发展和生存下去的。在我国的住宅建筑事业快速发展的过程中，无论是在过去还是现在，都拥有大量的优秀建筑和文化遗产。我国湖南的凤凰古城是个非常优秀的生态环保建筑群，古城拥有完善的总体规划、广场布局、商业网络、水系桥梁、道路系统、环水民居、曲折弄堂以及民族风格、景观小品等，住宅与原生态水系环境和谐地融合在一起，共同构成了居民们购物、文娱、玩赏、交流等活动的步行区。我们已经意识到了只有综合开发才能共生发展，乡村住宅环境建设也应参照古建筑的生态环保系统来建设。但从目前的情况看，要发展住宅与生态大环境需要进一步地做出研究与努力。

村落环境在乡村生态住宅建设中具有重要意义，村落环境可为居民提供休闲娱乐、公共活动与交流的场所。其空间布局、环境质量、文化氛围都影响到居民的生活质量和心理健康，在建设中要注意强调村落的合理布局、保持乡村风貌、提高绿化率、规范道路交通等几个方面。

道路的设计是景观设计中较基础也是较容易被忽视的部分。乡村的景观设计应在保持生态自然面貌的前提下，提高道路设计的科学性。这样不仅可以使景观分布更加合理，也有益于生态建设。

一般的硬质道路对生态环境具有负面影响。道路数量的增加会影响其与周围环境的协调程度，造成景观分布破碎化，也会给原有的生态造成负担。为减少道路带来的消极影响，道路的建设应与周围环境协调发展，尽量避开珍惜植被和生态价值较高的地方。同时，路面设计应采用透气透水的材料，道路两旁要种绿化，根据道路等级和车流量，合理规划道路铺装方法。

二、发展乡村生态产业

（一）生态农业

生态农业最早兴起于1924年的欧洲，20世纪三四十年代在瑞士、英国、日本得到发展；60年代欧洲的许多农场开始转向生态耕作，70年代末东南亚地区开始研究生态农业；至20世纪90年代，世界各国均有了不同程度的发展。中国在20世纪80年代初引入了生态农业概念。

1. 生态农业的概念

"生态农业"的概念最早由美国土壤学学者威廉姆·奥尔布雷克特于1970年提出。英国农业学家佩特森于1981年明确了生态农业的定义，指出生态农业是一种小型农业，经济上具有生命力和活力，生态上做到低输入、可以自我推荐，在审美、伦理及环境方面能够为社会所接受。目前我国生态农业的定义是，以保护和改善生态环境为目标，以现代科技和工程管理为基本手段，以生态学及经济学原理为理论基础，在传统农业技术经验建立的集约经营，生态效益的现代农业。

2. 生态农业的主要特征

（1）持续性。生态农业的基本特征就是可持续性，所谓可持续性是指人类自身发展与自然生态环境能力的相互协调，体现在生态可持续、经济可持续、技术可持续和社会发展可持续等4个方面：①生态农业的生态可持续，可以使农业生产在现有农业资源的基础上，很好地与自然环境相适应，使自然资源得到可持续利用；②生态农业的经济可持续，可以使农、林、渔、牧、加工业等产业之间得到良好协调，从而提高生产效率；③生态农业的技术可持续，可以使农业生产出更多的有机产品，对自然环境没有造成危害；④生态农业的社会可持续，可以使人类粗放型的发展方式得到转变，提高食品安全，以人为本，实现人的全面发展。

（2）高效化。生态农业的高效化主要表现在两个方面：一是经济效益，生态农业有着广阔的市场发展空间，有机产品具有明显的优质、高产、生态、安全的特征，随着"有机"消费者的不断增加，对有机农产品的需求也越来越大。二是社会效益，生态农业提倡的是一种绿色技术革命理念，改善农产品供给结构，满足农产品市场出现的结构性生产过剩问题，从而实现可持续发展。

（3）集约化。"集约"二字主要体现在资本集约、技术集约、劳动集约三个方面，而恰好生态农业正好具备了这三种集约。生态农业的资本集约，主要体现在产业化经营，资本向农业生产流进；生态农业的技术集约，主要表现为改变农业生产要素，完善农业生产方法，提高生产效率和产业化经营管理水平；生态农业的劳动集约，最为明显地表现在中国丰富的劳动力资源，通过推进生态农业的生产经营，使得劳动者得到技术水平和劳动效率的提高。

3. 生态农业的发展模式

（1）城镇近郊区生态农业发展模式。在大中型城市的近郊主要以培育多功能生态农业模式为主。多功能都市生态农业产业模式，就是围绕城镇居民物质、精神、文化生活的需要尤其高品质生活的需要，来打造集精品优质农产品生产、集约农业、低碳农业、休闲农业、体验农业、农业文化产业为一体的，能提供多种产品和服务的生态农业模式。一是着重打造现代生态农业产业园区，如花卉业、特种优质农产品业及优质精品果蔬业应该成为都市生态农业的主导产业。二是注重多种产业功能的复合，如在城市郊区或者更远一些距离的乡村，发展起的无公害或有机农产品种养殖业要与采摘、休闲、农耕体验等相结合，形成复合型生态农业产业系统，以便满足都市人高质量生活的需求。将都市生态农业与赏花、品果、节庆展览、农耕体验、农业文化的传承相结合，来打造地域特色的都市生态农业品牌。

（2）农产品主产区规模化生态农业发展模式。在传统的农产品主产区尤其农业生产基础条件较好的地区，来发展规模化、专业化、特色化及社会化生态农业运营模式。在这些地区，着重打造大宗农产品的无公害生产基地，如蔬菜基地、水果基地、棉花基地、优质粮食基地、禽蛋基地、奶源基地、淡水渔业基地等。要以两个助推力来着力促进农产品主产区规模化、多功能生态农业模式的良性发展。加快培育特色农产品生产基地。在农业基础条件优良、距离城镇较近、交通便利的地方，着手打造蔬菜、水果、畜禽蛋等农副产品生产基地；在传统粮食主产区，着力培育规模化的高产、优质、无公害商品粮生产基地；在天然湖泊密集和水资源丰富的地区，着力打造规模化、集约化渔业生产基地等。

4. 农业基础条件较差地区生态农业的发展模式

农业生产基础条件相对较差的丘陵、山区、高原、干旱区等区域也往往是生态环境较为脆弱的经济区域，它较前两个区域在发展现代生态农业方面遇到的困难更大。如果依靠传统农业，大面积进行土地开垦、耕作，并不能带来太多的经济收益，反而会严重破坏当地的生态系统平衡。但是这些地方往往蕴含着农业生产增值的巨大空间，往往有着大片有待开发的土地资源，远离城镇污染少，自然生态保持较好，优质特色农产品资源丰富，这些条件为发展适度规模化、无公害和有机农业奠定了基础条件。因此，可以发展优质绿色有机特色农产品、保健食品与生态旅游农业为主，建立无公害、绿色或有机的优质特色农产品生产基地。

（1）大力发展用材林、经济林果生态农业模式。在丘陵与山区，利用大片山地栽种用材林或经济林果。在适宜的地方，可以大量地种植苹果、梨、桃、柑橘、核桃、红枣、板栗等，并严格制定生产的标准，按照无公害的甚至有机的要求来安排生产全过程，建立特色无公害水果或坚果生产基地。

（2）发展各具特色的复合生态农业模式。在丘陵、山区，无公害林果业可以进一步向复合生态农业体系拓展。例如，可以依托林果产业，打造林果—散养禽蛋—野生食用菌农业产业链。林木之下，散养鸡鸭等，生产无公害禽蛋，禽类粪便经处理作为林、果树的有机肥源，辅之培育野生天然食用菌。也可以利用无污染的农地生态环境，种植适于本地区生长环境的地道药材，培育中药材产业链也是发展生态农业的有效路径。

（二）生态旅游

1. 乡村生态旅游概念

乡村生态旅游是在乡村旅游和生态旅游这两个概念的基础上发展出来的新型旅游形式。乡村生态旅游在国内的研究历史较短，学术界对乡村生态旅游的定义从不同角度出发，并在乡村生态旅游发展的出发点、活动内容、活动形式以及乡村生态旅游的功能和目标等方面达成一定的共识。

王嘉学、明庆忠、杨世瑜认为，乡村生态旅游是在传统的"农家乐"和乡村旅游带来严重的旅游污染及全球生态环境保护热潮的背景下提出的一种协调型的新型旅游形式，它是以乡村为背景的，包含生态旅游内涵的一种综合性旅游。[1]

罗明义认为，乡村生态旅游是一种以农业和农村为载体的新型生态旅游业，它以生态旅游理念为指导，以良好的农村生态环境为旅游吸引物，以田园风光、农事参与、民俗体验为主要形式，融观光、体验、认知等旅游活动为一体，通过旅游发展使农村生态环境得到优化和提升，使当地社区和普通农户在经济上得到收益。[2]

苏珍、吕明祥（2007年）提出，乡村生态旅游是基于生态理念所提出的一种乡村旅游活动，是以乡村为背景，以乡村景观为旅游资源，并对环境负责的旅游和观光行为，主要通过对环境的保护达到使当地的生态环境得以良性发展的目的。[3]

从这些不同学者给出的定义中可以发现，乡村旅游、生态旅游和乡村生态旅游三者关系密切。乡村旅游与生态旅游存在相交部分，而这个体现两者共同点的相交部分，就是乡村生态旅游。由此可以将乡村生态旅游定义为：它是生态旅游发展理念与乡村旅游实践相结合的客观产物，是脆弱的乡村生态环境保护和乡村生态环境建设的客观要求。它以生态旅游理念为指导，以乡村为目的地，通过旅游的发展使乡村生态环境得到优化和提升。

2. 乡村生态旅游的意义

乡村生态旅游一方面强化了乡村旅游中的生态意识，使生态旅游真正

---

[1] 王嘉学，明庆忠，杨世瑜. 云南乡村生态旅游发展地域模式初步研究 [J]. 生态经济，2005(1): 95-97, 101.

[2] 罗明义. 世界旅游发展：2006年回顾与2007年预测 [J]. 桂林旅游高等专科学校学报，2007(2): 252-257.

[3] 苏珍，吕明祥. 安徽乡村生态旅游开发模式初探 [J]. 现代农业科技，2007(23): 200-201.

在农村起到经济可持续发展的引导作用,这是其提出的核心内因;更为关键的是符合我国经济发展转变的形势,目前我国经济发展的导向已从原来的以经济高速发展为目的而忽略环境治理转向以可持续发展为目的的生态经济之路,因此乡村旅游要从原来追求经济效率为目的转向现在以经济和生态效益为一体的乡村生态旅游,从而获得良好的社会效益,进而实现经济价值、生态价值与社会价值的有机统一。

3. 构建合适的乡村生态旅游经营管理模式

乡村生态旅游是有别于传统大众旅游的一种特殊的旅游活动,加上各地资源、经济社会发展程度等各有不同,因此其经营管理也应有特殊的模式,使乡村生态旅游业得到科学有效的管理,促进旅游业持续、协调、健康的发展,取得良好的经济、社会和生态效益。

另外,发展乡村旅游、建设新农村,规划要先行。完善的旅游整体规划是乡村生态旅游可持续发展的一个必要条件。没有可行的规划方案,对旅游区一味盲目地开发,最终会导致景区生态环境遭到严重破坏,甚至无法修复。因此,在旅游区开发前,必须经过专家的科学考察,以维护当地生态系统平衡为前提,最大限度地提高游客满意度为目标,制定出切实可行的规划方案,促进当地经济社会的发展。

三、建设山水田园生态环境

(一)营建山、林、田景观

1. 恢复

对裸露地表及被人为破坏的土地进行人工修复,以形成农林生态系统。恢复过程中需要结合周边的环境加大绿化力度。对于田间地头的废弃沼泽地、荒坡地带,种植合适的乡土地被植物,可考虑与生态、经济、景观效益相结合。

对裸露的农田进行绿色覆盖,提高裸露农田绿化率,也可以通过覆盖其他设施,结合项目区规划,如完善培育初期围栏及排水系统等辅助基础设施建设,确保修复过程的持续管理,并营造农田别样景观。在平原地区,将乔木、灌木、树篱配置在林地边缘,也可以营造一个更为自然的外观。在一些丘陵地区,林地栽植可以利用现有山坡边缘或河渠堤岸,作为林地边界。林地栽植要与农田毗邻,利于保护农作物。

河道林地的恢复需要沿着线性水体种植,岸边应保持 25 m 左右的绿化延伸带。在岸边种植一些乔木,一方面加固河岸,另一方面确保地表植物的苗壮成长，使林地结构多变，创建多样性的河道景观。在河道两侧的林地宽度应富有变化，形成自然的景观，注意林地与河道的距离，应使水体被阳光充分照射到，以维护良好的水体资源。

2. 维护

维护原有田块间用以分界并蓄水的线性景观，包含田埂、绿篱、作物边界带等景观要素。田埂应保持一定的宽度、比例、形状和连通性。丘陵地带，可采砌石及绿篱措施防止水土流失。修建梯田除因地坎特陡、特长或特短不适宜建造防护林而选择种植防护草外，应营造梯田田坎防护植物篱，以乡土耐旱根深植物为好。结合田埂形状和种植作物，合理营造田埂植被景观。适当种植蚕豆、波斯菊、油葵等相对较低的植物。较宽地带可结合坡地起伏和路边、村边等地带，配置乡土植物和野生景观物种，营造起伏多变的田园景观。

3. 提升

在主要突出农田防护的主导功能的前提下，与发展农村经济和形成多样化的田园风光相结合，对山、田景观进行生态提升。

在农田的迎风面种植树篱，形成长方形或方形的网格，主要依托主要道路、水系、沟渠、林地，营造许多纵横交错的林网，起到对农田景观的全面保护作用。这些防护林宜用马尾松、黑松、杉木、湿地松、相思树等。种植结构多样化，在果园或草地围栏、设施农业周围、菜田、道路两旁，可以种植观赏性植物篱，以增加景观多样性的视觉效果。

村庄或乡镇周边区域，树种应选择与当地景观联系在一起，根系发达，抗风能力强的乡土景观特色的树木，使景观趋于多样化。濒临道路的防护林，要求乔木树种干形通直，树形适合观赏。沟渠河道两侧，注意选择耐水性强的树种。

4. 生态林

乡村生态林是指为了保护良好的生态环境而特意保留或种植的树林，一方面可以维护乡村的生态环境，另一方面可以作为乡村林地景观。对于村落周边的生态林，可纳入美丽乡村建设的内容，作为迎宾林、风景林，形成一定特色的乡村绿化景观。

重视这些生态林的保护，对具有人文价值、景观价值的古树、名木要进行保护等级划分，统一挂牌、编号。要有专门的负责机构和个人对这些树木进行监护、浇水、管理。另外，通过大力宣传，倡导"保护生态林木，人人有责"，增强全体村民的保护意识。

（二）构筑水体生态景观

1. 整理

乡村的水资源相对比较丰富，主要包括河道、沟渠池塘、水库和湿地等，具有重要的生态、生产、景观、美学及社会功能。水体生态景观建设要按照生态和人工防护工程相结合的原则，尽量建设生态景观缓冲带。而滨水缓冲带建设是乡村景观建设非常重要的部分，是最富有活力的生态与景观区域，可以丰富乡村景观的观赏价值，为乡村提供良好的景观开放空间，成为乡村中最具魅力和特色的景区。

乡村水资源景观建设要保持原有的河流形态和生态系统，尽可能减少人为改造，保持其天然特性。人为增加的设计要满足河道流通、堤防安全的需求，结合河道特性来确定河面设计、缓冲带建设和绿化植物配置。另外，提倡使用生态护坡，根据水位变化范围，选择不同区域和部位种植湿生植物；尽量采用天然的材料，避免二次污染；防护坡建设规划应考虑到村民的亲水需求。不能遗失水域原有的文化。水源曾是决定人类迁徙和发展的主要因素，因此水域对地区生态有特殊的含义。乡村生态景观建设要结合当地文化特性，保留历史和地方文化的内涵，让景观和文化共生。

2. 恢复

（1）河道沟渠生态景观。河道绿化以及河道构筑设施应充分考虑防汛、抗旱和村民亲水的需求。对于不稳定的河床基础，以大石块和混凝土进行护底固槽，把砂石和石砾作为底下回填。注意在河道沟渠的特殊地段保留小池塘，保护生物栖息地和景观多样性。

应尽量保留和利用基地内原有的河流地貌，以水源涵养林和防护林为主，护岸坡一般设为1∶1.5以下。植物选择适应水陆坡度的变化。可根据水体生态修复的需求开展。适当布置浮水、沉水、浮叶植物的种植床、槽或生物浮岛等，避免植物体自由扩散。在设计上要优先考虑设计的生态性，设计规划要贯彻生态优先的原则，保护生物多样性，保留自然自我修复的能力。

岸坡的绿化应选择耐淹能力较强的植物种类，水位变动部分应选择挺水植物和湿生植物，以减缓水流对岸基的冲刷。水位变动区之上的部分，应种植养护成本低、固坡能力强的植物。

（2）农田湿地生态景观。水田是面积较大的人工湿地，与河道水渠、山林共同构成了生物多样性的栖息场所，因此以乡村水田为中心的湿地保护及生态修复也非常必要。

（3）生态水塘的保护。生态水塘一般位于村庄的中心地位，形状有方形、圆形、半月形、不规则形等。水塘对村庄生活用水、调节村庄局部湿度、观赏性亲水景观都有重要意义，应采取必要的措施保护其不受污染。

四、加强乡村人居生态环境保护

（一）保护并延续乡村生态景观的特色

乡村的自然环境要素有地形、地貌、土壤、大气、水系、湖泊、河流、湿地、古树、草甸等，这些要素构成了不同地域特色的乡村生态景观类型，并且对维系乡村的生态平衡具有重要的意义。我国国土面积广阔，地形地貌丰富，因此乡村生态景观类型丰富，主要有平原生态景观类型、山地生态景观类型和滨水生态景观类型。在乡村景观规划建设中，要充分考虑这些地域特征的景观特色，并保持和延续这些地域特色的景观。

（二）乡村生态环境景观保护对策

1. 加大环保宣传，提高环保意识

当地村民和游客既是乡村生态环境的最大受益者，也是保护工作的主力军。充分利用各种媒体，开展多层次、多形式的舆论宣传和科普宣传，通过加强指导、培训、宣传教育，积极引导游人、村民从自身做起，自觉培养环境忧患意识、增强环保理念、参加环保实践，这是乡村旅游中生态环境保护工作开展的基础。

2. 进行环境评价和监测，制定法规保护生态环境

通过制定生态环境保护法规来规范乡村旅游开发规划，并且对开发前期的生态环境影响进行科学的评价，对开发、经营过程进行持续的环境监测，对旅游区的地质环境、生物种群和涉及环境质量的各类因素进行认真的调查分析。这是预防资源和环境遭到破坏和旅游开发取得成功的重要保障措施。另外还要通过制定相关的生态环境法规来规范乡村生态环境保护的内容、措施，对任何形式的损害生态环境的开发都要给予相应的处罚。

3. 加快生态保护设施建设

生态设施主要包括雨洪管理系统、污水处理系统和能源利用系统。与城市相比，乡村有自己的生态优势，只需要适当加强雨洪管理系统即可。在实施上可以将屋顶的雨水、路面的雨水和硬化地面上的雨水就近排放至滞留塘、菜地和绿地里，将原有的土沟改造为生态沟渠，连接滞留塘和农田排水沟。污水处理优先选择建设生态污水处理设施。乡村还可建设生物沼气站，充分利用生物能源。

第五章　推动农业现代化措施

第一节　加强农业基础设施建设

一、改善现代农业发展的外部经济、社会环境

一方面是农业现代化的投入问题。除了政府的财政投入外，还要发动社会和民间的力量，尤其是调动农民的投资积极性。政府的财政投入要起到"四两拨千斤"的作用。同时，还要采取措施提高农民的抗风险能力，完善政府对农业的各种支持补贴，提高农民的积极性，增加农民收入。另一方面是深化农村的综合改革，提高现代农业政策贯彻效率的问题。主要包括农村的乡镇机构改革、财税体制改革、金融体制改革等。同时，还要积极化解乡村两级的债务，根据债务的形成原因及类型采取不同的对策。此外还要鼓励发展各种专业合作组织，以有效地维护农民的权益。

二、打造现代化农村，完善农业现代化的区域环境

农业现代化需要现代化的农村，因而必须要完善农村各项基础设施。考虑到我国农村目前的经济发展状况和农民的支付能力及支付意愿，政府应该通过财政拨款的方式完善农村的各项基础设施和公共产品，为各种现代生产要素的有效采纳提供良好的外部环境。同时，为了适应和提高农村的市场化程度，还应该健全农村的市场体系。现代农业是对农产品进行深加工和广泛参与市场交换的农业，这就要提高农村的信息化程度，积极培育各种市场参与主体，加强对农产品质量的安全监管，以便给城乡消费者提供有机、无公害、安全的绿色食品。

三、培育新型农民，提高农民的科学文化素质和组织化程度

农民是农业现代化的主体，农业现代化需要现代的农民。首先要提高农民的素质，主要是科学文化素质，改变农民传统的农业经营理念和经营方式，培养农民的市场意识、竞争意识，提高农民的生产技能和管理能力。其次还要加强对农民的培训，无论是对外出转移的农民还是对留守在农村的农民，都应该对其加强职业教育和技能培训。为了有效地提高农民的素质，还必须要利用政府财政的力量完善农村的各项社会事业，为提高农民素质创造一个良好的社区环境。为了有效地保护农民的权益，政府应该鼓励农村各种组织的发展，以提高农民的组织化程度。

四、挖掘农业的多种功能，提高科技在农业发展中的作用

农业现代化必须要全面考虑现代农业生产、生活、生态等多项功能，在保障粮食产量的基础上，大力发展养殖业，以更好地满足消费者的需求。同时，现代农业还是广泛采纳各种现代科技的高科技农业，这就要完善我国农村的科技推广、转化体系，在增加农业科研投入的同时，提高我国农业技术由科研机构向农户的传递速度，在此基础上，引导农户采纳各种先进适用技术，提高信息在农村的传递速度，让农民在生产过程中有一定的科技意识。

总之，农业现代化必须要从总体上系统推进，既要发展现代的农业，还要建设现代的农村、培育现代的农民。为了有效地促进农业现代化，除了要加强党对农村工作的领导，还必须尊重农民的意愿，防止地方政府打着发展现代农业的旗帜采取一些违背农民意愿的措施。同时还要防止基层政府在建设现代农业的过程中采取一些劳民伤财、急功近利的表面措施。农业现代化的目的是改善农民的生活水平，提高农业的生产能力，因此必须要充分尊重农民的意愿，调动农民的积极性，在紧紧抓住现代农业这一核心的基础上扎实有效地发展农村生产力，提高农业的综合生产能力。

第二节　推动农业产业化经营

一、农业产业化经营的问题

（一）龙头组织整体竞争力不强

一是规模小，竞争力不强。二是加工率低，粗加工多，精深加工少，项目单一、趋同，低水平重复建设，农业产业链条短，农产品加工率不到发达国家的50%。三是农产品加工增值少。发达国家农产品加工业产值与农业产值比重为3∶1，我国为0.8∶1。四是装备落后。我国农产品加工企业的技术装备水平80%处于20世纪八十年代的世界平均水平，15%左右处于九十年代水平，只有5%达到国际先进水平。五是龙头企业实力弱，牵引力不强，辐射带动面小，尚有70%的农户未参与农业产业化经营。

（二）参与农业产业化经营的程度低

全国还有近三分之二的农户未能通过参与农业产业化经营增加收入。农民专业合作经济组织发展缓慢，聚合效应差，中介桥梁作用没有很好发挥。目前，加入各类合作组织的农户仅占全国农户总数的2.5%，且其中有50%以上的农民专业合作经济组织是没有产权关系的松散型自我技术服务性团体，难以适应市场经济发展的经济全球化趋势。

（三）运行机制不完善

在农业产业化经营组织系统内，管理不规范，相当多的龙头企业产权关系不明晰，民营龙头企业中"一股独大"的问题十分普遍。龙头企业与农户的利益机制不健全，利益分配不合理，多数农户仍只享有出售原料的收入，而未享受农产品加工增值的利润，毁约现象时有发生。企业直接面对小规模分散经营的众多农户力不从心，而千家万户农民与企业合作常常处于不利的交易地位。

（四）政府扶持力度不够

农业产业化经营是关系到农村经济能否大发展的一场革命，它既是农村社会生产力配置和布局问题，又是农村经济的组织形式问题，既涉及生产力，又涉及生产关系。农业产业化经营组织是幼小的产业组织，要求打破地域、行业、所有制界限，对农村生产力配置进行重新组合和优化配置，这样大的一个系统工程，没有政府的宏观调控、正确引导和有力扶持是难以壮大的。政府对农业产业化经营的调控、支持力度不够，特别是财政、金融方面的支持力度，对农业产业化经营组织的指导方式不适应市场经济的要求，在工作指导和服务上还存在着部门分割、地域分割、管理体制不顺等问题。有的地方还仅仅把农业产业化经营做为一种时髦口号停留在口头上，没有切实制定扶持措施。有的政府机构干预农业产业化经营组织的具体生产经营活动，为政绩而盲目决策。这些做法严重损害企业、农户利益，使生产要素得不到优化配置，给农业产业化经营的发展产生了负面影响。

（五）农业产业化经营人才短缺

科学技术是第一生产力，科教兴农是我国实现农业现代化的根本途径和最佳选择，也是农业产业化经营的又一重要支撑。农业产业化经营是由传统农业向现代化农业转变、粗放经营向集约经营转变的重要组织形式，它的每一步发展都离不开科技进步和教育支撑，而要使科学技术转化为生产力，使科研成果得以尽快推广，都离不开高素质人才。而我国目前农民素质状况影响了科技进步的步伐，使得我国农业先进技术推广受到很大制约，主要表现在重大科技成果转化率低，农业生产经营一直呈粗放型增长，农产品品质差，竞争力弱等。

二、加快农业产业化经营推动现代农业的发展

（一）加快农产品市场建设

地方政府必须加快综合农产品市场的建设，解决农产品市场中农户与农产品信息不对称的局面。首先，各级政府要因地制宜、循序渐进地对当地的农产品市场进行统一规划，建设多层次、多类型、多功能的农产品市场；其次，要完善农产品市场的基础设施，完善农产品市场仓储、配送、网络、电子结算系统以及农产品质量检测系统等相关配套设施，逐步建立信息服务体系，为农民提供准确有效的市场信息、购销信息，解决农产品买卖难的问题。

（二）完善农业产业化经营的利益联盟机制

龙头企业和农户是农业产业化经营的利益共同体，农户通过农业专业合作社与企业进行谈判，签订合同，建立利益共享、风险共担的利益关系。"公司+基地+农户专业合作社"的模式是一种新型的组织模式，龙头企业为农产品贸易公司或者深加工企业，根据一种或者几种具有地方特色的农产品，将农产品生产基地与农户结合起来，实现农产品生产、加

工、运输、销售一体化经营,是实现农业现代化的根本。利益联结机制是实现农业产业化经营的内在动力,是实现各方利益的保障。在这种模式下,农户的利益和企业绑在一起,农户在与企业合作过程中,提高了市场意识和质量意识,并不断加强专业合作社的力量,提高与龙头企业合作过程中的话语权,在合作中获得更多的经济利益。农业产业化发展过程中,专业合作社也在不断发展,目前,我国专业合作社的力量还比较薄弱,需要政府积极引导和扶持,为农户提供政策、技术和市场信息,提高农业专业合作组织的抗风险能力,扭转农产品市场信息不对称的局面。

(三)积极发展培育具有一定规模的龙头企业

龙头企业是农业产业化经营的组织者、带动者和市场的开拓者,在农业产业化经营活动中主要是发挥带头示范作用,激发更多农户投入农业生产活动。目前,我国农业产业化经营活动中,发现具有一定规模的龙头企业比较少,由于企业自身的实力不足,企业与农户合作过程中,无法为农户提供技术、资金和市场方面的支持,甚至一些企业缺乏应对市场风险的机制,导致大量收购的农产品缺乏销售渠道。通过加快经济转型升级,培育壮大一批具有特色的品牌企业,提高农业产业化发展的经营水平。

第三节 健全农产品流通体系

一、农产品流通相关概念

(一)农产品

农产品一般是指农、林、牧、渔等农业产业生产出来的各种动物、植物的初级产品和初级加工品。其种类复杂,品种繁多,主要有粮食、油料、木材、肉、蛋、奶、棉、麻、烟叶、茧、茶、糖、畜产品、水产品、蔬菜、花卉、果品、干果、中药材、土特产品以及野生动植物原料等。

(二)流通

流通作为连接生产和消费的桥梁和纽带,对经济发展意义重大,因此,众多学者对流通进行了详细的研究,但到目前为止,学术界还没有对流通进行统一的界定。马克思认为流通是社会再生产的环节之一,是商品所有者全部相互关系的总和。西方学者对流通进行了大量研究,形成了三种主流定义，第一种把流通与营销等同起来，美国学者认为流通使纷繁复杂的分工成为可能，流通的主要作用是给生产者和消费者提供资源选择指向，并在这种指向引导下进行商品和服务交换。第二种观点从流通过程来定义，认为流通是生产向消费转化过程中人与商品转移的统一过程。第三种观点从流通功能角度出发界定流通，认为流通是产品和服务从生产者转移到消费者的时间、场所及所有权效用的活动。我国学者从不同视角出发对流通进行了界定，马龙龙从产业角度出发，认为流通是为生产与消费分离提供连接服务的企业集群，包括生产者利用自身流通能力为其他企业服务，并获得利益的行为。夏春玉认为流通概念有广义和狭义两种，广义的流通是指商品和生产要素的流动。狭义的流通是指商品流通，也就是商品所有权转移和商品实体转移过程。科学的概念既要把握本质，又要具有实际应用价值，综合以上观点，本文认为流通是促进商品和服务由生产向消费过渡的全部过程，在现代市场和科技条件下，流通是商流、物流、信息流、资金流等关系的统一。

（三）农产品流通体系

农产品流通体系是指与农产品流通相关的各个要素相互作用、相互联系而构成的一个有机整体，其建设过程主要是对整个农产品流通网络进行规划和理顺。现代农产品流通体系是利用现代高新技术，采取现代组织方式，为农产品流通提供服务的系统的总称。现代、高效的农产品流通体系，必须具备健全的法律规则、形式多样的市场主体、现代的流通网络信息体系和现代管理机制。

二、农产品流通体系优化

（一）优化的原则

农产品流通体系是连接农产品生产和消费的桥梁和纽带，如果农产品流通体系失去效率和公平，农产品生产和消费就不能健康、有序发展，因此，优化我国现有的农产品流通体系就显得尤为重要。该如何优化现有的农产品流通体系，使之高效运转，我们先要明确农产品流通体系优化的原则，以正确的原则指导农产品流通体系优化升级。农产品流通体系是一个复杂的运行系统，包括众多子系统，这些子系统通过价格、信息等连接在一起，各个子系统之间相互影响、相互制约，每个流通环节都有自己的利益诉求，本文认为优化我国农产品流通体系要遵循以下原则。

第五章 推动农业现代化措施

1. 自愿原则

农产品流通体系作为衔接农产品生产和消费的桥梁，对农业经济发展和农业产业结构升级意义重大，中央政府和地方政府对我国农产品流通体系优化和创新非常关注，吸引了大量劳动力和资金进入农产品流通领域，农产品流通体系作为一个系统，有众多的参与体，包括农户、农产品经济人、农业专业合作社、农产品批发市场、农产品加工企业、农产品流通中介组织、农产品销售终端、农产品消费主体等，如果再加上为这些农产品流通参与体进行服务和监管的流通载体、流通行业协会和相关政府部门，农产品流通体系中的相关要素可谓繁多，各方在农产品流通体系中所占的位置不同，掌握的流通资源不同，在农产品流通体系中拥有的话语权不同，这些主体通过利益、信用资金、物流等媒介连接在一起，互相交织，形成一个复杂的运行系统，他们之间的联系是在自愿的基础上建立的，如果我们以各方自愿原则之外的政府意识等外部条件支持各相关主体行为，那么这种联系一定是短期的、过渡性的、不稳定的，因此，在优化我国农产品流通体系过程中，必须本着各方自愿的原则进行。

2. 利益均衡原则

农产品流通体系中包含着众多的参与主体，如农户、农业专业合作社、农产品批发市场、销售终端等，把这些不同的流通参与主体连接在一起，最主要的纽带就是利益。在场经济条件下，利益最大化是每个农产品流通参与主体的目标，能否妥善处理好这些利益主体之间的关系，将利益在不同主体间进行合理分配，是农产品流通体系能否稳定、健康、有效发展的关键因素。农产品流通体系中的流通参与主体只有在投入与产出达到均衡时才能发展和壮大，只有各参与主体的利益分配达到均衡状态时，农产品流通体系才会长效、稳定。但流通相关主体在农产品流通中达到利益完全均衡是不现实的，完全平衡是一种理想状态，平衡与不平衡交替出现，围绕平衡点上下波动才是一种正常状态，因此，在优化我国现有的农产品流通体系过程中，应该随着利益格局的变化和流通模式的转变进行调整，使得各相关流通主体利益趋于平衡，建立合理的利益分配机制足优化农产品流通体系的内在要求，是整个农产品流通体系运行的核心问题。

3. 实事求是原则

实事求是原则是指在优化我国农产品流通体系过程中，要尊重我国经济发展水平所处的阶段，要适应我国农产品生产、流通、消费的特点和要求，在实际优化过程中，要考虑到现有资源和条件的约束，更要具有一定的前瞻性。约束条件包括技术约束、制度约束、资源约束、法律约束等等，前瞻性是指在优化过程中，要充分分析我国农产品流通体系现状和我国经济社会发展需要，在设计优化方案时既要考虑现实情况，又要对未来经济发展的新趋势做出合理、科学的判断，做到未雨绸缪。

4. 系统性原则

农产品流通体系本身就是一个由众多子系统和流通参与主体组成的庞大系统，本文认为农产品流通系统由流通主体、流通客体、流通载体、流通环境和流通模式五个子系统组成，每个子系统又由相关的流通参与方组成。因此，在优化我国农产品流通体系时，必须坚持系统性原则，系统性原则有两种解释，第一种解释是指我国农产品流通体系是整个国家国民经济和社会发展的一个子系统，因此在优化我国农产品流通体系过程中，必须考虑到整个国民经济和社会发展的需要，并在某些情况下服从国家利益。第二种解释是指我国农产品流通体系本身也是一个流通生态系统，包含了众多的子系统，因此在优化过程中，必须考虑到各个系统之间的协作和利益关系。

5. 整合与新建相结合原则

在优化我国现有的农产品流通体系时，要充分利用现有资源和优势，运用现代信息技术和先进管理手段，提高现有资源利用率，对农产品流通节点进行整合和优化，缩短流通时间，充分利用闲置的流通资源，这些闲置的资源包括交通基础设施、运输车辆、仓储中心等，与流通各参与主体进行协调，产生共赢局面。另外，要根据实际情况，适当投入资金，扩建现代化农产品流通设施，构建合理、完善的现代农产品流通体系。

6. 坚持政府引导与市场调节相结合原则

改革开放后，我国已经建立起较为完善的市场经济体制，市场成为资源配置的主要方式。因此，在我国农产品流通体系优化过程中，要确立市场经济的主导作用，以价格和收益等市场化手段，调节农产品流通体系中相关参与主体之间的关系，提高我国农产品流通效率。同时，我国经济取得多年快速发展与我国政府正确的调控密不可分，因此在市场调控为主导的条件下，要最大化发挥政府的指导作用，为我国现代农产品流通体系构建良好的外部环境和政策支持。因此在优化过程中，要协调好市场和政府调节经济之间的关系。

（二）优化的目标

1. 保证农产品质量和食品安全

近几年我国农产品质量已经有了大幅提高，但与发达国家相比，仍有一定的差距，农产品作为农产品流通的客体，对流通效率的提高具有重要的促进作用。随着我国居民人均收入的提高，人们生活水平稳步提升，农产品和食品的消费结构也在逐步升级。我国农产品虽然总量庞大，种类繁多，但是高品质的农产品数量较少，品种也不够丰富，更没有太多具有较高知名度的农产品品牌，造成生产和消费不能很好地契合，影响了农产品流通效率。此外，农产品安全和食品安全问题也是摆在我们面前的一大问题，有些农产品安全或者食品安全问题发生在生产领域，如过量使用化肥和农药，滥用杀虫剂等，有些农产品安全问题发生在农产品流通领域，特别是生鲜农产品流通领域，由于生鲜农产品具有不耐储存的特点，而且其产地和消费地距离往往较远，非常容易发生变质和损耗，为了延长保存时间，有些流通主体会用化学药品等非法手段处理农产品，给消费者的身体造成了一定程度的损害，因而在优化我国农产品流通体系过程中一定要以提高农产品质量，保证食品安全作为首要目标。

2. 保持农业生产稳定发展

农产品流通体系的高效运行，对农业发展意义重大，但如果我国的农业生产首先出现了问题，那么作为连接农产品生产和消费桥梁的农产品流通就无从谈起。近年来，由于"股市"和"楼市"投资热度下降，一些原本在资本市场游动的资金开始撤离，进入到农产品流通领域，对农产品，特别是生鲜农产品进行炒作，造成部分农产品价格出现大幅波动，农产品价格的大幅波动对农产品生产者和农产品消费者来说都是不利的。我国农业生产方式仍然以个体农户为主，农户资金实力较差，信息获取能力不强，往往根据以往的价格来判断未来农产品价格走势，这种人为的炒作，混淆了市场真正的供给和需求状况，农民跟风大量种植，第二年由于供给量迅速增加，炒作资金大量撤出，价格暴跌，农民损失惨重，很多农民因此放弃农业生产。近几年，我国农村居民收入有一定程度的提高，但仍落后于城镇居民收入的增长速度，城乡居民收入差距非但没有缩小，反而有所扩大，很大原因在于农民在农产品流通过程中的话语权不够，经常处于弱势地位，收入增长速度赶不上农产品价格的上涨速度，农产品价格上升的利益大多被收购商和加工企业获得。农业生产是农产品流通的前提和基础，因而在优化我国农产品流通体系过程中，应该以稳定农产品价格和增加农民收入为基本目标。

3. 提高流通体系运行效率

农产品流通体系是一个庞大的系统，这个系统由小的子系统组成，不同子系统又由不同流通参与主体组成，因而不同参与主体的分工协作是整个流通系统能否高效运行的关键。为了提高我国农产品流通体系运行效率，应该用利益、信息、法律等手段将这些有效连接起来，建立现代农产品流通体系，减少流通费用。总之，提高我国现有农产品流通体系的运行效率，是进行农产品流通体系优化的最终目标。

4. 实现农产品流通的生态化

在优化农产品流通体系过程中，还要考虑生态环境问题，实现农产品的绿色流通，所谓绿色流通是指从环境保护角度来组织农产品流通，减少流通过程对环境的污染和损害。农产品绿色流通主要包括流通功能的环保化和流通节点的环保化。流通功能的环保化包括以下几个方面：一是农产品流通的环保化，在流通过程中，尽可能减少大气污染、噪声污染等污染环境行为；二是农产品储存环保化，在农产品储存过程中，尽量减少使用化学药品等可能对消费者身体造成伤害的储存方式，多用物理方式进行农产品保存；三是农产品流通包装环保化，尽量使用可回收、可循环的材料进行包装，减少包装层级，杜绝重复包装、过度包装。农产品流通节点的环保化是指农产品流通中的节点，如农产品批发市场、加工企业、销售终端等，要消除废品、废料、污水等对周边环境的污染，对已产生污染的节点进行整改，在优化我国农产品流通体系过程中，不能只看结果，不注重环境保护，要做到健康、快速、可持续发展。

（三）优化的运行机制

农产品流通体系包含的流通成分较多，涉及面广，因而在对其优化过程中，应该确立有效的运行机制。运行机制是农产品流通体系运行过程中的驱动器和调节器，它能使农产品流通体系更加高效、顺畅地运行。农产品流通体系中所涉及的流通相关主体本质上是一种竞争与合作关系，高效的农产品流通体系可以保证各个环节的利益分配，减少不必要的纠纷，运行机制包括价格机制、竞争机制、信息机制和监管机制，这几种机制相互制约，相互影响，价格机制、竞争机制、信息机制是农产品流通体系运行的内部机制，监管机制是农产品流通体系运行的外部机制。

1. 价格机制

价格是农产品生产者、农产品消费者及农产品流通参与者相互博弈的最终表现结果,是所有农产品市场参与者最为关注的一个因素,是全体农产品市场主体和消费者对农产品做出最终取舍的关键,农产品流通体系优化过程中,必须建立合理、公平的价格机制。

价格是市场供求的晴雨表。加入世界贸易组织后,我国农产品市场与世界农产品市场联系得更为紧密,农产品价格体系改革成为我国农产品市场国际化、专业化的重点和难点,因为农产品是较为特殊的产品,受自然资源影响较大,生产周期长,生产和消费对市场供求关系的反应较为滞后,不确定因素更多,个体生产者面对的风险较大。农产品价格作为农产品供求的反馈信息,可以反映出供求双方的力量对比,指示双方作出相应的调整,从而影响农产品生产和消费结构。价格也可以影响各个农产品流通主体的行为特征,因为市场的原则是利益最大化,高效的企业才能获得最大的收益,资源会通过价格反映的情况,向利润较大、效率较高的节点转移,进而促进整个农产品流通体系的效率提高。

2. 竞争机制

改革开放以来,随着农业科学新技术的应用,我国农产品生产能力逐渐提高,农村经济得到快速发展,国家根据农业发展的需要,适时对农产品流通进行了市场化改革,目前我国农产品流通逐渐进入自由市场阶段,农产品市场空前繁荣,农产品短缺问题已经解决。农产品供求关系发生根本逆转,有些农产品出现供大于求的情况,农产品市场竞争加剧。农户由于生产规模小,缺少市场话语权,在竞争中经常处于不利局面,因此要进一步完善我国的市场竞争机制,健全市场相关法律。农产品竞争机制与农产品流通关系密切,哪里有农产品生产和交换,哪里就有农产品市场竞争。在农产品流通体系中,存在数量众多的流通主体,他们之间就是一种竞争关系,各个流通主体只有不断提高自己的竞争力,才能在农产品流通体系中占据有利地位,那些效率低下,服务水平较低,实力较弱的农产品流通主体,会在市场竞争中被逐渐淘汰,能在竞争中存活下来的企业就是效率较高、竞争力较强的企业。因此,竞争机制可以促进相关流通主体提高效率,但这是以公平、合理、充分竞争为前提的。

3. 监管机制

价格机制、竞争机制、信息机制可以在一定程度上解决我国农产品流通体系优化问题,但市场本身具有滞后性、盲目性等固有问题,如果在优化农产品流通体系过程中完全由市场调节，也会出现一些问题。我国目前农产品流通体系的市场结构不是完全竞争状态，是介于垄断竞争和完全竞争之间的一种竞争格局，在农产品流通体系中，有些流通节点上的参与者，在资金、技术、渠道等方面具有相对优势，在实际流通中，会产生优势企业压榨弱小企业和农户的现象，因此在市场主导的农产品流通体系优化过程中，不能忘记政府的作用，政府可以在宏观上为农产品流通体系优化指明方向，提供市场无法提供的公共服务，可以通过行政、法律、税收等方式，对农产品流通体系中的利益分配不公行为进行调节，为农产品流通提供信息服务等综合服务，从而帮助农户实现传统农业向市场化农业经济方式的转变。

4. 信息机制

随着科学技术的发展，世界先进国家开始陆续进入信息化时代，信息化对经济发展有举足轻重的作用，信息机制是现代农产品流通体系中最为重要的调节机制，快速、高效的信息传导机制，可以有效反映市场供求，让农产品生产者、流通主体、消费者及时、准确了解农产品信息，大大提高农产品流通效率，可以毫不夸张地说，农产品信息机制是制约当前农产品流通体系效率的核心因素。我国近几年农产品暴涨暴跌的主要原因就是缺乏系统化的农产品信息收集和发布系统，区域之间信息衔接不够畅通。完善、高效的信息机制应该包括信息采集机制、信息评价机制和信息提取机制，信息采集机制对农产品流通市场相关信息进行收集，信息评价机制将收集的信息进行分类、整理、分析，并形成系统的分析资料，信息提取机制将这些资料传递给相关主体，借助现代信息技术手段，我国农产品生产和流通将发生全方位变化，各种流通体间的利益冲突等问题将得到改善，改变我国农产品流通现状。

第六章　美丽乡村文化传承

第一节　乡村文化概述

一、概念

（一）乡村文化的概念

1. 乡村文化的定义

乡村是与城市相对应的居民生活的特定地域，是千百年自然形成的生活区域。由于时间久远，乡村生活受到传统风习的影响较大。乡村文化是乡民创造的精神财富和乡民满足精神需求的方式的总和。乡村文化的主体是乡民，他们生活在乡村中，形成了与乡村的生产方式、生活方式和思维方式相适应的一整套精神生产与消费的过程。乡村文化是在乡村社会中形成的，是乡民的精神文化生活方式。乡村文化的主体是农民，包括乡民的信仰崇拜，道德风俗习惯，群体意识和人际交往的行为规范。

2. 乡村的生存方式

乡村是社会生活的一种样式，是自然形成的人们生活的共同体。乡村社会的生活观念建立在血缘关系的基础上，按照血缘远近划分人际关系，采取不同的行为方式。在乡村社会中，家庭是全部生活的中心，承担组织社会生产的任务，主要以第一产业为就业方式。在长期的生活实践中，乡民形成了自己的生存方式和日常生活理念，乡民的交往方式和交往价值规范，形成了村民的文化价值系统和乡村文化生态系统，是一种有效的调节手段。

3. 乡村文化是文化史的见证

乡村文化具有悠久的历史，是人类文化的记载与见证，具有天然合理性。否认乡村文化价值，就否定了人类自身的文化。乡村生活方式是自然形成的,是长期生活积累的结果,具有悠久的历史,是人类文化史的活化石。

(二)文化与乡村文化

1.中国人的文化认知

近年来,我国学者从不同角度对"文化"这一概念进行了解读。例如,从文化哲学的角度,张岱年将文化分为广义文化与狭义文化。他认为,广义的文化包括物质生产和精神生产的全部内容,是人类在社会生活中所创造的一切;狭义的文化专指文学艺术。① 我国文化学者许嘉璐也将文化进行了广义与狭义之分,他认为,广义文化指的是人类所创造的物质和精神的所有成果;狭义文化是指人类所创造的精神成果。在此基础上,他把文化分为三个层级:一是表层文化,又称为物质文化;二是中层文化,又称为制度文化,包括风俗、礼仪、制度、法律、艺术等;三是底层文化,又称为哲学文化,即人们个体和群体的伦理观、人生观、世界观、审美观。费孝通先生也把文化分为三个层次,即器物层次、组织层次和精神层次。器物层次即生产工具、生产条件等;组织层次则包括政治组织、生产组织、国家机器等;精神层次主要是指价值观念。马克思主义认为,文化应该具有广义的内涵,是物质文化和精神文化的统一,不仅包括精神领域内的生产实践和成果,而且包括人们在认识世界的过程中进行的生产实践,还包括人们在改造自然的过程中所取得的物质财富,更包括人们进行上述活动所发挥的主观力量。由此可见,对文化的理解有必要站在广义和狭义的角度进行区别界定。基于此,本书采用了广义的文化内涵,即文化是一个国家、一个民族或一群人共同具有的符号、价值观、社会规范,以及它们的物质形式。就此意义,文化不单纯是观念意识与思想方法等精神领域的问题,它熔铸在人类总体文明的各个层面以及人的内在规定性之中,构成社会运行的内在机理,自觉地左右着人的各种生活实践、社会交往,并从深层制约着社会的经济、政治等领域的发展。

2.乡村文化

相对城市文化而言,乡村文化在地域上是指那些展现乡村意境的因素。例如,自然村貌、农家摆设、传统节日、红白喜事、地方戏曲、农家菜谱、传统艺术、传说谚语等。这些因素随着历史的变迁和地域差异而变化,展示着多彩多姿、魅力无穷的乡土风情,展现着农家韵味的乡村

---

① 倪建中.文明中国[M].北京:中国社会出版社,1996:39.

意境。①从生活世界和精神价值而言，乡村文化是农民生活世界的重要组成部分，也是农民安身立命的价值和意义所在。具体来讲，乡村文化是农民在长期从事农业生产与乡村生活的过程中，逐步形成并发展起来的一套思想观念、心理意识和行为方式，以及为表达这些思想观念、心理意识和行为方式所制作出来的种种成品。它表现为无形的乡村文化，如农民的情感心理、生活情趣、处世态度、人生追求和行为习惯；也表现为有形的乡村文化，如民风民俗、典章制度和生活器物等。乡村文化具有极强的地域性和自发性，通过言传身教、潜移默化的方式影响人们，使受教化者的行为、观念和心态与社会文化整合融为一体，从而在比较长的时期内传承和广泛流行，影响人们生活的方方面面。

乡村文化不是帝王将相们的生活记录，而是民间百姓的生活智慧。乡村文化是有其存在价值的独立系统，是乡村共同体内的"精神家园"，表现出自然、淳朴而独到的文化品格，其所蕴含的静谧是历代人们的精神原点。在这种文化中既有"天人合一"的自然主义情结，也有"趋福避祸"的民间信仰；既有"乌鸦反哺，羊羔跪乳"的朴素道德观，也有"出入相友，守望相助，疾病相扶"的良善交往原则；既有平和淡然的生活态度，也有充满希望的未来期冀。乡村文化是一种与土地的质朴和生命力紧密相关的生活，是对人们精神家园的建构，是当时人们通向"终极关怀"的努力。②所有这些，值得今天生活在欲望、争斗、破坏等环境中的所谓现代文明的城市文化学习，并心向往之。

任何时代、任何民族的文化都有其自身的特征。普列汉诺夫曾经说过，一个民族的文化，都是由它的精神本性所决定的，它的精神本性是由该民族的境况造成的，而它的境况归根到底是受生产力状况和生产关系所制约的。③由于每个民族的"境况"不同，因而每个民族的文化各有其特征，中国传统乡村文化的特征是在中国农村独特的社会、历史、地理条件下形成的。

一是乡村文化内涵的趋同性。乡村文化的趋同性是指乡村社会成员所拥有的文化具有较大的同质性，完全不同于城市多元文化所表现出的异质

---

① 庞海青. 乡村文化与新农村文化建设 [J]. 人民论坛, 2010(17): 222-223.
② 赵霞. "三化"进程中乡村文化的秩序乱象与价值重建 [J]. 安徽农业科学, 2011, 39(12): 7549-7552, 7558.
③ 普列汉诺夫. 普列汉诺夫美学论文集 [M]. 曹葆华, 译. 北京: 人民出版社, 1983: 75.

性和复杂性。就如同雷德菲尔德所说:"一个人学会的做事和思考的方式和另外一个人完全一样。换句话说……一个人所知道的并相信的东西就是一切人所知道和相信的东西。个人习惯也就是社会风俗。"①这是由于乡村"既定"文化环境的封闭造成的。绝大多数村民在彼此熟悉的范围内,形成了乡村生活、乡村文化较高的趋同性。乡村文化的趋同性具有社会整合和导向功能,增强着群体内成员的义务感和亲切感。

二是乡村文化效用的内聚性。在传统的乡村聚落中,有同样的政治、经济发展水平,还有着相同的文化基因和相同的历史文化积淀,这就使得村民易于产生对村落文化的普遍认同。他们在共同的生产生活和抵御自然灾害及外部力量侵害的过程中,逐渐形成了共同的思想信念、价值观念、道德风尚、风俗习惯和行为规范。这些集体所共有的村民意识反映着村民的共同利益,并能在心理上、情感上形成对所在村落的归属感和依赖感,由此产生出牢固的内聚力,增大了群体组合的强度。

三是乡村文化样态的多样性。与城市文化相比,乡村文化具有明显的地域性,从而呈现出多样的表现形式,正所谓"十里不同风,百里不同俗"。我国地域辽阔,自然条件千差万别,形成了各具特色并有深厚历史传统的大地域文化圈。例如,燕赵文化、巴蜀文化、荆楚文化、齐鲁文化、岭南文化等区域性文化。②我国是一个统一的多民族国家,由于语言、历史和文化上的诸多差异性,使得我们的乡村民俗纷繁复杂。

四是乡村文化视野的局限性。乡村文化视野相对比较狭窄,表现出小农本位主义和乡村社会的价值观层次较低。在传统中国,农民世世代代生活和居住在乡村社会,他们以农业为主要生存来源和谋生手段,并一直延续着这种小农经济的生产方式和生活方式。在中国传统文化中,一直存在着"甘其食,美其服,安其居,乐其俗。邻国相望,鸡犬之声相闻,民至老死,不相往来"的道家思想和"死徙无出乡,乡田同井,出入相友,守望相助,疾病相扶持"的儒家追求。这是因为,以农耕文明为基础的小农庄户是乡村社会的基本单位,小农经济运行模式造成了文化代代相传轨迹的同一性,而无须变革。在这种封闭、静止的图景下生活的人,其文化视野也必然会呈现一定的局限性。

---

① 赖特·米尔斯,塔尔考特·帕森斯.社会学与社会组织[M].何维凌,黄晓京,译.杭州:浙江人民出版社,1986: 188-218.

② 徐学庆.社会主义新农村文化建设研究[D].武汉:华中师范大学,2007: 48.

第六章　美丽乡村文化传承

（三）乡村文化意涵

在通常意义上，人们常把乡村与农村并为一体，等同使用。事实上，乡村与农村存在着一定的区别。农村，是泛指城市社区以外的区别于城市地域的诸多特征的所有地区。单纯就地域而言可以将乡村与农村等同，然而，这样的描述显然太过于浅显和直白，无法体现乡村的政治功能、经济功能和文化功能等多方面的社会要素。应该说，"乡村"的概念在外延上比"农村"更宽广、综合与完整，更具有包容性，也更能体现中国悠久的农耕文明和中国传统文化中的"乡土性"特征，表明中国社会的乡土本色。

在中国的历史发展长河中，"乡村"一词更具有历史的厚重感，更能体现人们凝结在"农村"之中的浓浓的文化情结。提起农村，由于种种历史的原因，在人们的心目中总是脏、乱、落后的代名词，但是一提到乡村，在人们的脑海里总是会浮现出姹紫嫣红、柳絮轻扬、燕子斜飞的乡村美景以及敦厚单纯的民风民俗、怡然自乐的情感生活、恬淡惬意的日常心态和纯朴素雅的人生态度等。绿荫掩映下的小村、夕阳下袅袅升起的炊烟，是工业化时代的人们在单调乏味的城市生活中所向往的乡村意境。很显然，"乡村"一词更多地凝结了人们的归属感，成为人类最后可以退守的精神家园。也因此，人们更愿意用乡村作为前缀来形容乡村社会的一切。例如，人们常常用"乡村旅游"来代替"农村旅游"，用"乡村音乐"来代替"农村音乐"，用"乡村情结"来替代"农村情结"。所以，我们在认识"乡村"概念的时候，既不能把"乡村"仅仅理解成一个经济组织或政治团体，也不能把"乡村"理解成反对都市化的场所，当然，更不能把"乡村"美化成人们心目中遥不可及的虚幻的乌托邦。

乡村是一个历史的、动态的概念。"乡村"自古也称乡曲、乡里，两千多年前的《诗经》就出现了"乡村"一词。南朝宋谢灵运曾有诗云："乡村绝闻见，樵苏限风霄。"从文化学意义上来理解乡村，我们发现，"乡村"的实质是构造一种生活世界、一种社会秩序与意义秩序。中国原为乡村国家，以乡村为根基，以乡村为主体，发育成高度的乡村文明。[①] 乡村是中国社会的基础和主体，中国的文化、法制、礼俗、工商业等无不"从乡村而来，又为乡村而设"。[②] 在几千年的乡村社会，以宗亲户族、姻亲表亲、同学师徒、乡党舍邻等为纽带的复杂的社会人际关系，把每个乡下人

[①] 梁漱溟. 乡村建设理论 [M]. 上海：上海人民出版社, 2006: 578-580.

[②] 梁漱溟. 乡村建设理论 [M]. 上海：上海人民出版社, 2006: 10.

都编织在上下左右错综复杂的网络之中，使之既受这个网络的制约，又受这个网络的保护。梁漱溟把"乡村"看作一个价值的共同体或生活世界，在中国传统的价值共同体内，"仁义礼智信"的儒家价值规范维系着这个共同体，个人遵守这些价值规范就是在履行自己的义务。

具体来说，传统乡村的文化价值体现在以下几个方面。第一，自由、活泼、和谐与温馨的自然环境是乡村生存和延续的物质基础。传统乡村社会中的人们过着日出而作、日落而息、顺适自然，与大自然的节律相合拍的生活，他们热爱生命，热爱土地，热爱大自然，热爱绿色世界。乡村社会中对自然的尊重与和谐相处，以及天人合一的处世态度对今天人们的发展理念仍有较强的影响。第二，乡村生活中的中庸、忠恕、仁爱和礼教等伦理规范塑造着乡民们的基本价值观和性格特点。绝大多数民众具有忠诚老实、淳朴厚道、仁爱、正直、平和等优秀品质；在处理一般人际关系上，能够恪守忠义守信、以和为贵、尊老爱幼、忠恕待人、互谅互让等道德行为规范。特别在邻里乡党之间，更有一种"出入相友，守望相助，疾病相扶"的互助互惠的良好风气，而且在他们身上普遍体现出吃苦耐劳、坚韧不拔、经得起各种摔打的顽强精神。第三，在传统的乡村社会中，狭窄的生活空间和交往空间使每个人都可能去认识和了解周围其他人，人们往往是基于个人感情而非理性进行交往和行为。此外，自给自足的自然经济也为人们形成共同的态度、经验、感情和气质奠定了坚实的基础。第四，乡村社会自然存在和延续的社会风俗及民间习惯，作为农民创造的特有文化形式，承载着乡村社会的延续与发展。

中国的文化源远流长，而广大乡村则是滋生培育中国传统文化的根源，体现人们的生存意义和生活质量。正是因为"乡村"一词本身所体现出的浓浓的文化味道，在本书中，我们采用了乡村文化这一表述，而不是农村文化。

（四）近代以来乡村文化价值变迁的大致进程

文化价值，是一种特定的文化对我们做人、做文明的人、做特定民族和生活状态中的人所具有的意义。任何文化都是有价值的，既有文化自身的价值，也有文化自身所包含的价值标准。文化自身的价值在于，教给生活在这一文化视域下的个体既定的知识和技能，提高他们分析问题、认识问题的能力，培养和规范他们的行为方式与行为习惯，塑造健全的道德人格，并有效调节人与自然、人与他人、人与社会、人与自身的各种关系，继而建立起稳定有序的社会秩序。同时，文化为人们提供了对自身文化和异质文化进行评判与取舍的依据。文化受价值引导,不同的价值评判标准使得生活在不同文化视域下的人们对同一事物出现不同的或者是相互抵牾的甚至完全相反的评价,并最终决定人们对不同文化的内容和价值做出取舍和选择。

　　文化价值是一种文化甚至是一个族群得以生存和发展的核心与精髓,支撑着文化主体的心灵归属。文化价值的确立,既需要置身其中的人们的自我认同,更需要与其相联系的人们的他者认同。自诞生以来,乡村文化就形成了特殊的理念情态和精神气质,在中国社会得到了充分的发展与延续,并穿越时空向其他领域渗透和蔓延。在很长一段历史时期内,虽然在中国乡村社会的生产力发展过程中,经历了多次的社会动荡并对乡村文化造成了或多或少的冲击,但以农耕文化为核心的乡村文化的统治地位从来没有真正动摇过,始终处于相对稳定状态。纵观全世界,没有哪个国家的乡村文化能够比中国拥有更丰富多彩的内容和特色,也没有哪个国家的乡村文化能够比中国的乡村文化拥有更强的生命力。乡村文化在某些方面具有城市文化不可比拟的优势,蕴涵着乡村中特有的文化特质,彰显了乡村淳朴、仁厚的民俗习气,有着对乡村生活以及乡村秩序建构的弥足珍贵的价值成分。如果说城市文明是现代性结构的中心,那么乡村社会则必须是提升现代性品格不可或缺的社会基础与背景,乡村文化则是中国人独特生命样式的基本背景与内在结构。乡村情缘呈现中国农民特有的人与人之间的亲密情感,为长期生活在艰苦环境中所需要的自强不息、坚强图存的信念提供了强大的精神动力支持,对我国乡村经济和社会的发展起了极大的支持作用,更为中国人的紧密团结提供了坚强的保证。乡村文化价值在中国并不是固定不变的,从新文化运动开始,伴随城市化、工业化与现代化进程,传统中国乡村文化价值逐渐开始转型,甚至迷失。

　　1.新文化运动是中国传统乡村文化价值根本性变迁的起点

　　以鸦片战争为起点,古老的乡土中国在内忧外患的双重压力下开始了艰难的社会转型与现代化。鸦片战争以后,西方列强用其坚船利炮打开了中国紧紧关闭的大门,他们一方面向中国大肆销售鸦片和商品,迫使中国被动卷入全球资本主义体系,成为西方发达国家最大的资源攫取地和商品市场,最终变成了西方大国的附庸;另一方面也大肆向中国本土倾倒西方工业社会的价值观,不断改变着当时中国精英的思维方式和生活方式,破坏着乡村社会千百年来积聚的文化财富。

　　伴随"西学东渐"步伐的加快,"西学"所宣扬的"科学"与"民主"

首先彻底动摇了国人尤其是社会精英群体从传统文化中寻求真理的信念，许多激进的知识分子对以乡土性为主要特点的乡村文化很少能够从积极层面上给予重视，认为只有西方文化才能向古老的乡土中国提供科学、民主的真理。建立在现代理性和进步观念基础之上的极端性思维没有给我国乡村文化传统留下进一步发展的空间。人们对于过去、传统以及与之相联系的文化所持有的极端抛弃态度，在提倡新文化、新道德、新思想，反对旧文化、旧道德、旧思想，立"西学"之新、破"中学"之旧的五四运动中得到了淋漓尽致的发挥。新文化运动的初衷在于改造国民的劣根性，用新知新学造就一代新国民，以推动和加速中国近代化的进程。我们当然不能否定传统乡村文化中固有的落后和缺陷，然而，这种洗净画布、重绘宏图的做法并非正确的选择。陶行知在当时就看出了这些弊端："我国兴学以来，最初仿效泰国，继而学习日本，民国四年取法德国，近年美国热，都非健全的趋向。学来学去，总是三不像。"[①]结果导致凝聚着先民从事历史创造活动的经验和智慧的传统文化或多或少地失去了文化自信。

2.新中国成立初期对传统乡村文化价值的改造

在封建社会，皇权不下县，国家权力并没有直达乡村社会。新中国成立后，旧的社会秩序被彻底摧毁，乡村社会与国家之间建立起了新的联系，我们党开始了城市领导乡村的新时期，国家权力开始向乡村延伸和扩展，"城乡必须兼顾，绝不能丢掉乡村，只顾城市"，"农村仍然需要抓，而且需要狠狠地去抓，一直抓下去，毫不放松"。[②]并从政治、经济、文化以至于农民的生活起居，逐渐扩大到乡村社会的每一个角落。乡村社会经历了土地改革、农业集体化到社会主义教育运动，再到"文化大革命"的一系列颠覆性的冲击与洗礼。在这样的过程中，传统乡村文化逐渐退出了舞台的主角位置。国家在阶级斗争学说的指引下，运用政治和行政权力，以政治运动为武器，在乡村社会营造行政强制力下的彻底革命的文化氛围，对传统乡村文化进行"破旧立新，移风易俗"的根本性改造。例如，土地改革是对乡村价值的一次重新整合。土地改革无偿没收地主和富农的土地财产并无偿分配给贫苦农民，使广大农民翻身做主人。其进步意义彰显于土改过程中，马克思主义价值观念，政治民主、经济平等等观念深入农民心中，从而促发了他们自主、激进心理的形成，也加大了他们对党和

---

① 吕达.课程史论[M].北京：人民教育出版社，1999：348.
② 薄一波.若干重大决策与事件的回顾 上[M].北京：中共中央党校出版社，1991：45-51.

政府、领袖的信任与崇拜。再如，国家在乡村开展扫盲运动，通过加强科学知识的传授，使农民主动学习文化知识，积极投入到社会生产中，集体主义观念增强。革命文化成为文化领域的主导，马克思主义成为社会主义意识形态的指导，并逐渐成为主流文化。

尽管当时国家和政府对乡村社会的文化改造进行得如火如荼，并对乡村中根深蒂固的传统文化形成了一定冲击，但是这并不意味着传统乡村文化被彻底消灭。

经过国家的改造，乡村文化逐渐走向科学化、民主化、大众化，并为后来的社会改革与发展奠定了进步的基础。但是，我们也要看到，由于国家行政权力通过高度的政治控制和单一的传媒渠道进行文化改造，结果限制了农民的选择空间，挫伤了农民的劳动积极性，弱化了社会发展的动力机制。更由于对传统文化的彻底否定，忽视了其中的有利因素，从而窒息了乡村社会的良性发展。

3. 改革开放以来中国乡村文化价值的深层变迁

改革开放后，从家庭联产承包责任制的实行到乡镇企业的兴盛，从加快小城镇建设到城乡一体化的迅猛发展，使得中国乡村社会结构和社会阶层不断发生变化，开启了现代化乡村的建设历程。在这一新阶段，乡村文化也随之发生了深层次的变迁和转型，农民的价值观念和信仰体系、乡村文化载体、乡村文化的表现形式与结构设置等都发生了巨大变化。

就当下的社会发展态势而言，我们正在逐渐告别农业文明而进入工业文明的时代，但由农业、乡村、农民构成的所谓"三农"问题依然是当下中国社会的重中之重，其数量依然占据着绝对优势。马克思·韦伯认为，现代文明的全部成就源于外在技术层面的工具理性和内在精神层面的价值理性之间的紧张对立，以功效为趋向的工具理性的发达必然损毁价值理性的人文理想。西方社会的现代化进程是对自然界的不负责任的占有，结果导致生态危机和环境恶化；商业社会冷酷的契约关系使人执着于利益的获得而难以体验世间的温情与关怀；生产自动化程度的提高也使人逐渐失去主体性，而成为现代机器和社会大分工的附属物。当乡村文化赖以生存的物质基础和社会基础在现代化进程中逐渐遭到破坏以后，作为整体的乡村文化的和谐生态失去平衡，逐渐失去自己的话语权，最终被征服、被改变、被异化，从而导致农民思想混乱，行为失范，封建迷信思想泛起，外来异质文化大规模地介入乡村精神生活的空间。

最现实的例子就是乡村生态文化的衰落。生态文化是一种价值观，是尊重自然、人与自然和谐发展的文化。在乡村文化中，生态文化应该说是不可忽视的重要一隅。然而，在现代乡村社会中，生态文化日渐衰落，其中乡镇企业的兴起与当今乡村生态文化衰落之间存在着必然又不必然的关系。乡镇企业最繁盛的阶段，甚至在某些省份出现了"村村点火、乡乡冒烟"的工业景观。但是，企业在追逐自身的经济利益过程中不能从自身的利益损益关系中去体会环境保护的利害关系，"就地取材，因地制宜"的低水平发展导致乡村的自然生态受到大肆破坏。此外，由于部分乡村基层政府大搞"政绩工程"，有些项目未经科学论证和规划就盲目上马，结果浪费大量钱财，占用大量土地。再加之，有些乡镇企业的立项是因为投资方看到了乡村廉价的生态保护需求，而农民由于更关注经济利益，对千百年来生存的土地更多了一些索取，忽视了传统生态伦理观中对生态环境的尊重和保护，一些没有任何治理污染措施的规模小、生产设备简陋的造纸厂和化工厂仓促落户，大量有毒有害的污染物被排放出来，造成乡村水资源、土地资源和空气的严重污染，有的已经严重影响到当地村民的身心健康。

近些年，有文化良知和历史责任感的专家学者把关注的目光集中在乡村文化保护上，然而，这种呼吁所起的作用微乎其微，急功近利的建设性破坏行为仍在进行，一部分乡村文化遗存仍然面临着被摧毁、被遗忘的命运。可以看到，改革开放以来中国乡村文化价值面临着更深层次的秩序转型，其表现形式也是多层面的。

第二节 乡村文化建设

一、乡村文化建设是社会主义先进文化建设的重要组成部分

先进文化是人类社会文明进步的先导和旗帜。先进文化在人类历史发展中代表时代前进方向，体现时代精神。当代中国的先进文化就是体现当代精神的、与现有先进生产力相适应的中国现代的新文化，即党的十六大报告里强调指出的，面向现代化、面向世界、面向未来的，民族的科学的大众的社会主义文化。这种先进文化是中华民族几千年优秀传统文化的凝聚；是中国共产党和人民长期革命和建设实践及经验的总结；是中国特色社会主义的先进文化。

由于我国大部分居民生活在农村，乡村文化便构成了文化事业的基础，乡村文化建设是我国社会主义文化建设的重要组成部分。乡村文化建设水平对整个社会的文化发展有至关重要的作用。在市场经济和知识经济的背景下，农民要想致富，农村要实现发展，必须要有先进的文化理论做指导。社会主义先进文化就是适应当前社会发展需要的新文化。因此，乡村文化建设必须要以社会主义先进文化为主要内容，用先进文化教育覆盖农村教育阵地，体现乡村文化建设的时代性和科学性，建立现代化的农村文明。[①]

二、乡村文化建设是增强乡村社会凝聚力的重要途径

　　改革开放以来，乡村社会重经济轻组织的现象，导致乡村社会的向心力、凝聚力逐渐减弱。在乡村政治改革方面，虽然已经有许多成功的案例，但是通过对这些政治改革比较成功的地区进行分析后发现，它们中大部分地区的经济都比较发达，而且这些地区基本都是经济、政治、文化同步发展、共同进步的典型。

　　尤其是在当前市场经济条件下，计划经济时代建立起来的以政治为本位的文化价值体系逐步解体，但是新的文化价值体系还未建立起来，导致当前乡村社会中部分农民信仰缺失和精神失落。因此，要通过乡村文化建设，立足于乡村现代文化，改造乡村传统文化，重塑乡村社会价值体系，增强社会主义意识形态的吸引力和凝聚力，从而增强乡村社会的整合力和凝聚力。

　　农民是进行社会主义新农村建设的主体，也是进行乡村文化建设的主体。通过各种途径，多渠道、全方位地提高农民的素质，培养"有文化、懂技术、会经营"的新型农民，文化建设是一条根本措施。中国共产党第十四届中央委员会第六次全体会议通过了《中共中央关于加强社会主义精神文明建设若干重要问题的决议》。决议中指出，根据党在社会主义初级阶段的历史任务，根据新中国成立以来特别是改革开放以来的历史经验，我国社会主义精神文明建设，必须以马克思列宁主义、毛泽东思想和邓小平建设有中国特色社会主义理论为指导，坚持党的基本路线和基本方针，加强思想道德建设，发展教育科学文化，以科学的理论武装人，以正确的舆论引导人，以高尚的精神塑造人，以优秀的作品鼓舞人，培育有理

[①] 刘翠. 当代中国乡村文化建设的若干问题研究[D]. 济南：山东师范大学，2008.

想、有道德、有文化、有纪律的社会主义公民，提高全民族的思想道德素质和科学文化素质。乡村文化建设是社会主义精神文明建设的重要组成部分，因此乡村文化建设也要以提高农民素质、培养"四有"农民为主要任务。在当前新形势下，乡村文化建设提高农民素质的具体任务如下：根据现代社会和市场经济发展的要求，引导农民适应传统农业向现代化农业的转变，逐步培养农民开拓进取的精神和开放的精神，培养农民具备主体意识、竞争意识和法制意识，培养农民具备诚信品质和创新的素质，使农民成为"有文化、懂技术、会经营"的适应现代化要求的新型农民。

农民是新农村建设的主体，因此培育新型农民、提高农民素质是建设社会主义新农村最核心的内容。正如《中央关于推进社会主义新农村建设的若干意见》所指出的："提高农民整体素质，培养造就有文化、懂技术、会经营的新型农民，是建设社会主义新农村的迫切需要。"农村机械化程度的提高和产业结构的调整，对农民的文化素质提出了越来越高的要求。在当代发展农业和振兴农村，不能仅仅依靠简单劳动力和有限的农业资源，更重要的是知识经济的支撑。现阶段我国农村人力资源的特点主要表现为受教育程度低，科技素质整体水平低，社会心理素质不够强大；接受新事物、新技术、新工艺的能力也有待提高，与现代高科技农业对高素质劳动力需求的矛盾愈来愈突出，严重阻碍了农村经济的快速发展，不利于农业可持续发展。而乡村文化建设可以提高农民的知识和技能水平，通过提升农民的智力推动经济的发展。乡村文化建设的重要作用之一，就是通过文化熏陶和教育的方式，从根本上改变农民传统的生产生活方式和价值观念，把他们打造成新型农民。这也是新农村再造的关键所在。为此，必须花大力气办好农村基础教育和职业教育，大力发展成人教育，通过卫星、广播、电视等多种形式，提高农民的科学文化素质，把科技兴农落到实处。

三、乡村文化建设是乡村社会现代化的必然要求

没有乡村的现代化，就没有我国的现代化。乡村社会现代化是中国社会主义现代化事业的重要组成部分。乡村社会实现了现代化，必然会推动中国社会主义现代化事业顺利进行。同样，没有乡村文化的现代化，就没有乡村的现代化。因此，实现乡村社会现代化，就必须加强乡村文化建设。根据马克思主义经济基础决定上层建筑的原理，一定社会的经济生产方式决定社会的政治、文化，而政治、文化又反作用社会的经济；先进文

化能够促进社会经济的发展，而落后文化则制约社会经济的发展。所以，必须加强乡村文化建设以推动乡村社会经济和政治的发展，让先进文化成为乡村社会发展的助推器。

美国著名经济学家西奥多·W·舒尔茨认为，人们普遍认为国家的贫穷是因为资本的缺乏，相信资本的追加能换来经济的高效增长。这是一种误解。如果人的能力未能与物质资本齐头并进，那么资本的追加反而会成为经济增长的限制性因素，因而采取有效利用先进生产技术所需要的知识技术，使我们能够对发展中国家提供的最有效的帮助，也是发展中国家最需要的帮助。这就说明，人力资本的开发利用、人的发展水平是经济与社会发展的关键因素。因此，乡村文化建设是乡村社会现代化的关键，通过乡村文化建设提高农民的文化素质，增加乡村社会发展的人力资本投入，为乡村社会现代化提供精神动力和智力支持。

乡村文化建设的核心内容就是要创建"乡风文明"，在乡村社会形成文明之风。这主要包括重新制定一些村规民约以及改进一些民俗习惯，能够起到规范乡民行为方式的作用，使之具有现代化的特点。

乡村文化建设，不仅要规范农民的行为，而且要从法制上保障农民的合法权益。在乡村社会进行法制建设，提高农民的法律意识，从法制上规范乡村社会，是乡村社会现代化的一个重要方面。

四、乡村文化建设是突破传统文化中的家族阈限的最佳手段

中国农村是典型的以血缘、宗族为中枢的社会运行模式，非常强调"打虎亲兄弟"、"上阵父子兵"等观念，普遍以家庭为背景进行农业生产。这种模式虽然在一定历史时期内，可以促进以血缘为纽带的家族式经济的发展，但在社会化大生产条件下，这种以一种社会性的"个体"因素存在于社会经济生活之中的家族式的经济模式就成为一种阻碍。因此，加强乡村文化建设，发展乡村先进文化，转变中国农民传统的思维方式，关注农村集体利益，从而形成团结一致、齐心协力发展社会经济的合力，提高参与经济建设的热情与活力，大力促进形成建设社会主义新农村的创新精神，不断增强农村发展的内在驱动力和发展活力。

五、乡村文化建设是推动农村经济快速发展的根本路径

文化是经济的内核，文化的繁荣能够推动经济发展。在我国许多农村地区，只有因地制宜，改变观念，充分发挥民族民间文化资源的优势，利

用文化服务、文化旅游、民俗风情展演、民间工艺加工等来发展乡村文化产业，调整产业结构，才能达到帮助广大农民脱贫致富的目的，同时也能够推动农村的精神文明建设。文化与经济是紧密结合在一起的。在知识经济时代，文化是生产力的一个重要因素，是生产力大系统中一个不可缺少的重要环节。在当今市场经济条件下，经济与文化互相融合，文化已不仅仅是服务于经济发展的手段。在一些农村地区，文化产业已经成了农村发展、农业增产、农民增收的重要途径。开发传统乡村社会文化资源，正在成为许多地方农村经济新的增长方式。近年来，一些农村地区大力开发古村落旅游、农家乐、观光农业园、生态文明村等农家旅游，给当地农民带来了可观的经济效益，为农民找到了一条既符合地域特色又节能环保的致富之路。

六、乡村文化建设是农村发展智力支持的必要条件

农村发展的关键在于农民，而农民发展的关键是提高自身素质。当前我国农民缺乏对科学教育基础性地位的认识，他们认为自己一辈子都离不开土地，就得靠山吃山、靠水吃水，只要风调雨顺就会取得好收成，因此不屑于对科学知识的学习、运用与创造。而当今社会是高速发展的科技社会，科学技术日新月异，科技运用所产生的巨大效用也有目共睹，世界的农业生产已经步入规模化、集约化的生产模式。如果中国的农民依旧不改变陈旧落后的观念，就难以适应现代化农业的发展。因此，我们要以乡村先进文化建设为契机，促进农村教育的发展，丰富农民进行现代农业生产的科技知识、管理知识和适应市场经济发展要求的经济知识，培养能够适应现代化发展要求的新型农民。

七、乡村文化建设是农村发展的精神动力

当代先进文化建设的一个重要方面就是为社会发展提供精神动力。因此，发展社会主义新农村的先进文化建设，在农村建立新的生活方式方面必须得到足够的重视。除陈去旧，革除弊端，以先进的思想为指导，用科学的理性思维改造农民的头脑，增强农民进行农村建设的精神动力，促使农村发展紧紧跟随现代化发展的潮流，变传统意义上的旧式农民为现代意义上的新式农民。

第三节 乡贤文化传承

一、乡贤概念辨析

（一）乡绅与乡贤

1. 乡绅与乡贤的概念辨析

谈及乡贤，有一些学者习惯将乡绅等同于乡贤。"绅"即"绅士"，旧时指有势力的地主或退职官僚，乡绅便是在当地有势力的地主或退职官僚，他们是当地的领袖，在历史上发挥过重要作用。乡绅的产生与中国乡土社会的结构分不开，传统的中国社会基层的秩序主要靠道德伦理来进行维持，这些道德伦理往往是基于地缘和血缘的，皇权并没有蔓延到乡村，只施行于都市和次都市地区，而乡绅便是维持乡村社会自治的重要力量。历史学家秦晖曾将其总结为"国权不下县，县下惟宗族，宗族皆自治，自治靠伦理，伦理造乡绅"。[①]有人还进一步将这种现象概括为中国社会的"官制"秩序和乡土秩序，乡绅阶层是连接两种秩序的阶层，[②]乡绅阶层是以家族或者宗族为核心的，维系的是乡村的利益。

传统的乡绅世代居住在乡村，他们"生于斯，长于斯"，除了入朝为官之外，都在乡村，即便入朝为官，退休后还会返回乡村。这得益于中国传统社会的告老还乡制度，告老还乡制度限于官吏阶层，又被称作"致仕""致事""致政"等，[③]这对乡村人才资源的回流，以及乡村经济文化的发展起到了带动作用。新中国成立后，基层政权在乡村建立，乡土秩序重建，自此，"乡绅"这个阶层退出了历史舞台。"乡绅"渐渐淡出了大众的视线。

乡贤与乡绅在一定部分上是重合的，上述概念讲的乡绅也被称为乡贤，不过乡贤的构成除去乡绅还有平民乡贤。明清以来，总体上乡绅还是构成乡贤的主要力量。现在乡贤的概念，已经不在局限于当地地主或者退

[①] 秦晖.传统十论——本土社会的制度、文化及其变革[M].上海：复旦大学出版社，2004: 3.

[②] 秦晖.传统十论——本土社会的制度、文化及其变革.上海：复旦大学出版社，2004: 4.

[③] 靳友成.我国历史上的告老还乡制度[J].中国人大，2009(15): 50.

休官僚这一主体上了，而是越来越平民化，重点在于为乡里做出的贡献，而非身份出身。

乡绅是一个中性的概念，历史上既有乐善好施的开明地主，也有欺男霸女的土豪劣绅。如宋朝推行《吕氏乡约》维持地方秩序的的吕大均，晚明组织"同善会"赈济灾民、清剿土匪的嘉善士绅丁宾、陈龙正，民国时期在乡间开展实业救国的张謇，这些都是优秀乡绅的代表，而黄世仁则是土豪劣绅这一形象在艺术上的典型展现。与乡绅不同，乡贤中的"贤"表明了对其正面的评价，强调的是凭借道德和才能对社会做出贡献的人。乡贤将自己的才德贡献于滋养他的乡村，受到乡民的爱戴，是中国乡土社会的重要力量。乡贤的产生扎根于中国传统乡村社会，在农业社会的中国，乡贤在乡村中发挥着政治治理、精神引领等不可磨灭的作用，维系了几千年来中国基层社会的发展。

2. 传统乡贤与新乡贤的概念辨析

乡贤可以分为"传统乡贤"和"新乡贤"。传统乡贤是中国传统乡土社会基层治理的主要力量，在封建社会中发挥过重要作用，随着中国乡村社会结构的变化，以及乡村的不断发展，"新乡贤"的概念呼之欲出。张兆成将传统乡贤的特征概括为明显的地域性、有较高的社会地位与政治影响力、拥有较高的声望与知名度、弘扬时代价值观、有良好的教育背景，将新乡贤的特征概括为地域性特征、平民化特征、社会声望高、掌握先进文化和秉承主流价值观、有现代道德观念与民主法治意识。[①]较之传统乡贤，新乡贤内涵的变化体现在以下几方面。

第一，在"乡"上，在人口流动剧烈的当代中国，"乡"的范围已经扩大，不再单纯是生于斯的乡村，"乡"的本质是一个精神层面的概念，笔者更愿意将"乡"的概念等同于"故乡"，"故乡"可以有多个，就像人们经常说得"第二故乡"；可大可小，可以是城镇，可以是乡村（本文研究的是乡村振兴背景下的乡贤文化，所以乡贤局限于乡村）。比起传统乡贤中"乡"作为地域概念，新乡贤中的"乡"更强调精神归属。

第二，在"贤"上，传统乡贤与新乡贤的思维方式、价值观不同，这是由所处的制度以及社会基础的不同造成的。传统乡贤主要维护封建的纲常礼教和统治秩序，而新乡贤是秉承当代主流价值观的。在"贤"的要

---

① 张兆成. 论传统乡贤与现代新乡贤的内涵界定与社会功能 [J]. 江苏师范大学学报（哲学社会科学版），2016, 42(4): 154-160.

求上,新乡贤规避了传统乡贤中的阶级制度等糟粕,提倡当代的平等、包容、开放等精神。但也不能将传统乡贤放在新乡贤的对立面,需要注意的是传统乡贤表现出来的"睦邻友好""自强不息"等特质都与新乡贤的要求有异曲同工之处。

第三,传统乡贤与新乡贤的社会功能不同。传统乡贤是"皇权不下县"制度下衍生出来的结果,对乡村起到的是间接治理的作用;而新乡贤是现在政府鼓励乡村人才参与乡村建设的自觉行为,参与乡村治理是为了弥补国家治理能力不足、扭转政府事必躬亲的局面。很多情况下新乡贤都是无偿提供服务的,这与传统乡贤在本质上是不同的。

新乡贤是传统乡贤在当代社会的延续与发展,新乡贤继承了传统乡贤才能和品德的要求,继承了"乡贤"的称号,其责任和义务没有发生变化,仍是要作为乡村的领袖,发挥精神引领的作用,为乡村发展提供持续的内生动力。

经过上述分析,我们得出新乡贤的几个特性。

第一,与本土有联系。乡贤将本土视为"故乡",无论是生于此,还是长于此,或是在此处工作过,乡贤需要与本土产生过联系以及情感上的互动,对本土存在精神眷恋。

第二,具有较高的才能和品德。关于乡贤的认知,民众存在误区,总认为乡贤非富即贵,其实乡贤来自平民,但在掌握文化知识、科学技术,或者是品德等方面高于一般平民,是平民中的精英。

第三,具有较高的声望。乡贤凭借自己的才能和品德,赢得村民的认可,在乡村中具有较高的声望。

基于以上特性,我们按照"概念=种差+属"的公式,将"新乡贤"定义为:新乡贤是与本土有联系,拥有一定的才能和品德,在当地具有较高声望的社会人才。

从定义中可以看出笔者对新乡贤的定义并没有加入对乡村的贡献,这是由当前的乡村现状决定的,当前乡村人才外流严重,专心于乡村事业的人为少数,如果仅将新乡贤的定义局限在对乡村做出实际贡献的人,将严重缩小乡贤的范围,在实操中不利于对新乡贤的团结,所以只强调了本土性、才能品德、声望这三个方面。而传统乡贤则是需要对地方做出贡献的,这也是由需用传统乡贤对地方贡献的事迹来进行精神引领,团结新乡贤所决定的。但从另一个角度来讲,"才能品德""声望"两个要求其实已经体现出新乡贤对乡村道德及文化引领的作用,也算是贡献的一种方式。

3. 乡贤与名人的概念辨析

提起乡贤，总会有一种理解，即乡贤就是名人，其实不然。乡贤与名人虽有一定程度上的交叉，但是乡贤有自身独特的价值标尺。

第一，乡贤立足于地方。历史上的名人数不胜数，但是一提起名人的形象往往是高高在上的，可望而不可即的。袁灿兴曾提出乡贤的标准为"立足地方，立功、立德、立言"[①]将立足地方放在了最首要的位置，乡贤具有地缘上的亲近性，故而乡贤形象更加立体生动，对当地的榜样作用更加明显，更能对当地人民起到激励的作用。

第二，贤德的要求。乡贤文化除了地域上"乡"的要求之外，还需要具备"贤"的要求。乡贤本来就是古代社会"德治""礼治"下的产物，对贤德的要求是与生俱来的，古时入乡贤祠成为士人最大的荣耀。文天祥甚至曾言"没不俎豆其间，非夫也。"封建社会中鱼肉百姓的士绅自然不能算作乡贤。而名人与乡绅同样是一个中性的概念，并没有在道德上对人进行限制，可能是善人也可能是背负着历史污点的人物。

第三，知名度。乡贤在当地具有知名度，但无论是延伸空间尺度还是时间尺度，放眼到全国以及整个历史长河中，乡贤的知名度普遍不是特别高，甚至有一些是不太为人熟知的小人物。历史并不是只由英雄构成的，人民群众才是历史的创造者以及推动者，小人物需要被发掘，需要被弘扬，小人物的精神和事迹具备亲和性，其善举善言对当地人民的激励作用更为显著。

乡贤与名人交叉的部分便为名人乡贤，名人乡贤凭借其知名度和影响力对地方的影响更为巨大，发挥着重要作用，但非名人乡贤更加具备"人情味"、与普通大众的心理距离更近，也需要我们关注与挖掘。

（二）乡贤文化定义

中国社会学家费孝通在《费孝通与中国社会学》中提到，中国社会是一个"乡土社会"。在历史长河和社会文明发展中，不少仁人志士勇于对乡村治理进行了一遍又一遍地思考和总结，凝聚了他们智慧的结晶。在我国传统文化中，狭义的乡贤是指在社会各方面都有所作为，在当地有口碑、能力和威望，备受群众认可和尊重，长年累月为基层做出了重要贡献的社会贤人。从古代到现在，很多州县都建有乡贤祠，用来供奉、赞美历代乡贤人物。广义的乡贤也是对有能力、德高望重的逝世的人表彰的荣誉称号，更是对享有这一称号者人生价值的最大肯定。

---

① 袁灿兴. 中国乡贤[M]. 北京：新星出版社, 2015: 255.

当下，乡贤的主体已经不再局限于德行突出与能力过人方面，乡贤的队伍日渐发展起来，更是形成了一批由仁人志士、文化名人甚至是村民代表等为主体的新乡贤群体。发展起来的乡贤文化已经成为中国传统文化的重要组成部分，特色文化凝聚集群效应明显。他们不仅在政治、经济、文学、教育、科技等方面取得了巨大成就，而且作为在各自领域有独到见解并占有一席之地的精英，对历史发展进程也产生了深远影响。乡贤文化是乡贤所创造的物质成果和精神财富，其发展和传承为当下研究历代贤人的历史贡献提供了直接依据。

（三）乡贤文化的内涵与外延

1. 乡贤文化的内涵

乡贤本是社会学上的名词，"文化"成为将其从社会学转移到文化学乃至文化产业学科的关键。在定义"文化"时，很多学者习惯将其定义为人类群体或社会的共享成果，如梁漱溟先生在《中国文化要义》中曾提出"文化就是吾人生活所依靠之一切"。[1] 只不过这种看法于实际应用而言过于宽泛，综合来看，乡贤文化是一种伦理文化，与乡绅文化不同，但与乡绅文化存在交叉，在本质上乡贤文化是一种催人向贤、见贤思齐的文化，是乡贤引领普通民众并使普通民众向乡贤转变的优秀文化。乡贤文化在一定地域内起到引领和激励作用，是一种榜样文化。广义上来讲，乡贤文化包括乡贤们创造出的带有人文价值的物质文化以及精神文化，是一种综合的文化样态。从主体角度来看，此处的"乡贤们"范围非常广泛，囊括了乡贤的所有类型，既包括传统乡贤也包括新乡贤，既包括"在场的"乡贤也包括"不在场的"乡贤，既包括本地乡贤，也包括外来乡贤。

"乡贤文化"的概念不是新近产生的，而是千年来一直存在的，乡贤文化是中华优秀传统文化在乡村建设中的一种实践，扎根于乡土中国之中，不仅带有中华优秀传统文化的属性，而且还呈现出独特的地域性、亲和性，以及现实性的特点。地域性是指乡贤文化是以当地乡村内生产、生活、习俗等为基础的，具有地方特色；亲和性是指乡贤存在于我们身边，可能与我们同生于一处，操着同样的方言，无论是空间距离还是心理距离，都非常相近；现实性是因为乡贤文化注重实践，注重以文化作为驱动力来改造乡村，是重要文化力量，能够在乡村建设中转化为物质力量。

乡贤文化扎根于中华优秀传统文化，彰显着中华优秀传统文化的独

---

[1] 梁漱溟. 中国文化要义 [M]. 芜湖：安徽师范大学出版社，2014: 1.

特魅力。首先,乡贤文化的一大特点便是回报乡里,"树高万丈,叶落归根",这一文化传统吸引着乡贤回归故土,反哺桑梓,回报乡里,为地方经济、文化、治理等方面发挥自身价值,这是中华优秀传统文化体现在乡贤身上的拉力。其次,乡贤文化还有光宗耀祖、衣锦还乡的特征,这是在"孝"文化基础上衍生出的祖先崇拜的一种体现,乡贤通过参与家乡建设在实现自身价值的基础上,也提升了自身家庭、家族的声望,同时也起到了鞭策后人的作用。

在当代社会,乡贤文化既需要尊重历史传统,也要立足于当代的价值立场。毕竟乡贤产生于农业社会,与现代社会的制度以及观念存在不同之处,弘扬乡贤文化不是开历史倒车,将传统文化中的尊卑秩序、封建家长制等糟粕重新捡起,而是肯定乡贤文化的人文价值与社会价值,在优秀传统文化的滋养下找回中国人的历史记忆,使其经受民主和法治的洗礼,满足于当前制度以及价值观念的要求,[1]并因地制宜,结合当地的乡贤文化资源,呈现出地方的文化印记,对乡贤文化推陈出新,继承并延续乡村的文脉,完成乡贤文化的传承与创新,重拾中华民族千年来的文化信仰,成为建设当代文明的重要文化动力。

2. 乡贤文化的外延

理清了乡贤文化的内涵之后,我们需要对乡贤文化的外延进行分析,否则对乡贤文化的认识还是抽象的,内涵和外延的结合能够让我们对乡贤文化有一个更为清晰、全面的认知。从文化的结构角度来分析,关于文化结构有几种学说,如两分说:物质文化与精神文化;三层次说:物质文化层、制度文化层、精神文化层;四层次说:物质文化层、制度文化层、行为文化层、心态文化层。其中四层次说的认可度较高,[2]我们从四层次说的角度来解析乡贤文化。

首先,制度文化层,传统乡贤在中国历史中是"皇权不下县"政策下衍生出来的,与宗族制度、告老还乡制度相辅,是传统社会中的制度规范;其次,行为文化层,行为文化见之于日常的行为之中,无论是传统乡贤的立足地方、立功、立言、立德,还是新乡贤参与乡村振兴事业,这都体现着当地的地域行为特色;再次,心态文化层,心态文化层包括人类长

---

[1] 张静,王泽应. 乡贤文化的理论内涵及其传承与创新[J]. 南通大学学报(社会科学版), 2018, 34(3): 12-17.

[2] 杨汉瑜,冯雪燕. 中国文化概论[M]. 北京:新华出版社, 2015: 3.

期意识和实践中形成的价值观、审美以及思维方式，[1]是文化的核心内容，"乡贤"身上普遍带有的"落叶归根""知恩图报""反哺桑梓"等中华民族的民族品格和价值取向都是心态文化的体现；最后，从广义上来讲，乡贤文化不仅体现在精神层面，也包括乡贤所创造的具有人文价值的物质生产活动及其产品，这便从物质文化层角度间接对乡贤文化做了注脚。

综上所述，乡贤文化是研究"人"的文化，内涵极为丰富，涵盖了文化结构的多个层面，但其主要体现在行为文化和心态文化层面。

从文化的外延来看，哲学家黄楠森先生主要从十二种文化现象来解析文化的外延：科学技术，经济思想和经济理论，政治法律思想和理论，语言文字，道德伦理观念、善恶标准和道德伦理理论，宗教现象，文学艺术，哲学和社会学说，教育和教育思想，新闻出版事业，公共文化设施及其活动，民间文化，[2]受到广泛认可，笔者以此标准来分析乡贤文化的外延。

首先，乡贤文化从核心来看是一种道德伦理观念，嘉言懿行、垂范乡里，衣锦还乡、反哺桑梓，矛盾调解、参与治理，乡贤文化是维系乡村秩序的道德伦理文化；其次，乡贤文化是一种教育思想，乡贤以身作则，为乡民树立了行为与道德标尺，是教化乡里的重要策略，地域性和亲和性的特点使乡贤文化教育具有其他文化所不可比拟的优势；再次，乡贤文化是一种公共文化，公共文化是由政府主导，满足社会文化需求的公益性文化机构和服务的综合。从历史溯源来看，唐代朝廷下诏建设先贤祠，明代苏州府学将先贤祠分化为乡贤祠和名宦祠，无论是哪种乡贤概念，乡贤文化都是起源并壮大于官方。近年来我国政府开始重新重视乡贤文化，各地乡贤会、乡贤文化活动不断涌现，这些是传播乡贤文化的重要载体，也是政府为全社会提供的公共文化，而非自发形成的民间文化。文化是以符号为基础的，文化符号凝结着文化的内涵。乡贤文化凝结在当地乡贤人物、文献典籍、故居等载体中，这些都是乡贤文化更为具体的外延，但这些更偏向于"文化资源"。

（四）乡贤文化特点

乡贤文化的研究需要综合其他文化及学科，根据其自身独特的文化性质，乡贤文化主要有两大特性。

---

[1] 朱宏. 讨论心态文化对留学生跨文化传播的重要性 [J]. 产业与科技论坛, 2013(5): 154-155.

[2] 黄楠森. 论文化的内涵与外延 [J]. 北京社会科学, 1997(4): 11-15.

一是乡土性。中国农村包含着彼此信任、互相认同的文化资源和切实合作、亲密交往的社会功能。这里的"乡土"体现为农村固有的生活方式和生产方式。宗族思想广泛影响着广大中国农民的思想意识，农民围绕土地所形成的价值观和思维方式，为乡贤文化的精髓。

二是人本性。乡贤文化研究的对象只局限于人，主要围绕乡贤本身做文章，以人为中心开展研究。在关注乡贤业绩贡献的同时，还要考究其道德操守、思想品质、爱国爱乡等基本品质，并且把乡贤个人价值的实现要放在整体关系的良性互动之中，所以积极、亲善是研究乡贤文化的尺度和底线。

（五）乡贤文化价值

1. 引领文化发展的推广者

我国著名社会学家、人类学家费孝通提出一个概念叫"文化自觉"，是指生活在一定文化氛围中的人对其文化有"自知之明"，明白它的来历、形成的过程、所具有的特色和发展的趋势，自知之明是为了加强文化转型的自主能力，取得适应新环境、新时代文化选择的自主地位。[①]我国是以农业生产为本的社会，长期受乡村生产生活的方式影响，使我国具有传统的乡土性。在这个文化大融合的今天，乡村建设在文化推广方面起到的作用，更加不应该被忽视和遗忘，而乡村文化始终是中国传统文化中比较突出的一部分，群众也不应该被边缘化。伴随着农耕文化发展衍生而来的乡贤文化更是与劳动人民的社会生活息息相关，凭借特殊优势和人文情怀，不断影响中国文化的发展，并逐渐转变为中国乡村文化的重心。

随着大量年轻劳动力涌入外地城市务工，乡村逐渐呈现出"空心化"的现状，文化人才队伍不强，文化引领作用发挥不明显，乡贤文化普遍都没有得到应有的重视。当下，文化的传播必须按照文化发展的规律化和常态化发展，同时也必须因地制宜发展乡村文化才能让群众乐于接受。一大批志同道合的学者、乡贤的出现，他们作为推广乡村文化的主力军，对群众生活方式加以引导，充分体现了他们的生活智慧。不少乡贤热衷收集历史资料，发掘历史遗迹，主张对文化遗产进行保护，整理传说故事，在各地已经建立起了固定的宣讲团队。乡贤在对文化去粗取精这个过程中起到了不可小视的作用，已经让乡村文化呈现更加多元化发展的局面，他们直

---

① 费孝通. 全球化与文化自觉——费孝通晚年文选 [M]. 北京：外语教学与研究出版社，2013: 105.

接了解最基层群众的所需所求，也直接服务最基层的群众，真正做到了根植于乡土，从劳动人民的智慧结晶中衍生发展，又积极引领以及传递着中国传统文化的发展。

2. 维护社会稳定的减压阀

乡贤文化作为中国传统文化中十分重要的一部分，对于维护社会稳定有着独特的作用。我国虽然国土面积辽阔，但不同的地方有着不一样的风俗习惯，这些细小的风俗习惯差别也决定了不同地方在处理事情和问题方面会有不可避免的客观矛盾。在我国乡村治理中，乡村文化以独特的秩序意义规范和约束着人们的行为，减少了双方之间的摩擦，维护着社会的稳定。无论是普通的农民工还是村民，都对乡村中的智者、乡贤有着很深的认同。他们始终对故乡保持着浓烈的感情，传统乡贤在一定程度上给了他们心灵的慰藉。当下，很多地方都组建了不同形式的乡贤同乡会，这种协会的组建对促进本地群众和外来务工人员这两个群体都起到了不可忽视的作用，这份信任为他们提供了不少便捷的同时，也推动了乡贤成为维护社会稳定的一个稳压阀的角色。快速发展起来的各类乡贤组织也使得乡贤文化在它的历史背景和现实意义下，具有更独特的凝聚力。

另外，乡贤文化所提议的同地居民要和谐共处的思想精神、道德操守以及规范意识，对当代践行社会主义核心价值观起着必不可少的外部制约作用。在经济危机的大环境下，很多外出务工的农民工返乡成为了新的待业人员，社会的不稳定因素加大。而解决这一问题的关键就在于要发挥群众在社会道德规范下的自我约束能力并制约相关行为，从而减少他们偏激的心理和过激的行为所带来的不良影响。其中，这些社会道德规范的约束不能缺少当地的村规民约以及民风民俗的制约。因为长期以来，村规民约的形成是由传统乡贤经过多次研究、修改制定而成，将村规民约与法律法规、社会主义核心价值观与村民生活紧密联系在一起，适应于本地群众，不仅充分利用了民间文化的形式，而且内化于心、外化于形，使之成为广大群众共同遵守的准则。被普遍认可的村规民约已经能在当地更好地引导村民自觉遵守、实现自我管理，有效提高村民道德素养，有利于加强基层民主政治建设，确保社会稳定和长治久安。

3. 感化教育民众的催化剂

长久以来，中国传统文化一直在中华民族血脉中流淌，是我们共有的精神家园。越是要普及化的文化思想，越需要赋予其更为朴实直接、易被接受的形式的表述。过去，乡村文化传播始终存在主管部门开展工作不到位、基层文化氛围不浓等现象，群众茶余饭后不是进农家书屋而是选择走进麻将馆。当下，随着广大群众生活水平的日益提升，群众对精神文明方面的追求也越来越高，不良的风气已经妨碍到群众对精神文化的正常需求。思想教育感化是一项以人为对象的社会实践活动。人是有思维、有感情的，这就要求感化疏导的立足点应该重在感化。[①]一直以来，乡贤文化都在用"潜移默化、润物无声"的方式感化教育着群众。乡贤文化中包含的伦理观念、价值取向、认识模式都能直接或间接地作用于人民群众的日常生活和社会交往中，乡贤们都以身示范，从群众的真实需求出发，始终以满足群众精神文化需求为导向，用同为乡村文化人，应该坚守信念大力发展乡村文化事业的决心，让文化浸润熏陶群众心田，靠真情感化的方式达到关心群众的目标，对当地营造和谐的社会氛围起到不可低估的作用。

教育群众才能凝聚力量，受到乡贤感化教育的群众就会自觉在乡村加大传播家风、家道理念的力度，有了好的家风，乡贤文化就会有继续滋生的土壤，儒、释、道、易等国学体系就会得到传承。目前，各级政府应当在一手抓经济的同时，加强文化宣传的推广力度，发挥乡贤对群众的道德感化作用，积极组织开展健康向上的乡村文化活动，通过普及法律法规知识，提升群众的道德情操；通过组织专业培训，增强群众的专业技术，让我们中华民族的传统美德在乡村落地生根，让孝道回归，让美德常驻。

4. 带动经济发展的先行者

有了精神文明，文化效益才可以得到顺利发挥，经济效益也会更好，物质文明也会得以体现。乡村只有积极依靠乡贤培育文化软实力，营造浓厚文化氛围，才能让人民群众在娱乐之余，集中精力带动经济的发展。

乡贤文化作为群众打造的物质文明与精神文明的有效结合，将实现新文化催生新产业，文化软实力推动经济快速发展的局面。当下，在文化设施日益完备的形势下，文化作为乡村旅游发展的灵魂，将极大地丰富和促进乡村文化产业、旅游产业的繁荣发展。政府引导乡贤积极发掘当地特色文化，乡贤组织村民在劳动之余，积极参与产业升级转型，将他们各自传承的民俗、手工等传统文化加以创新式引导和特色化改造，就可以打造出乡村生态旅游、自然观光与乡村生活体验的乡村休闲旅游项目，形成独特的农耕文化、民俗风情、乡村手工业和乡村旅游品牌。业余文化活动已成为当地经济发展的催化剂、助力器，将全面引爆乡村产业链发展，在有效

---

① 李佳. 乡土社会变局与乡村文化再生产[J]. 中国农村观察, 2012(4): 70–75, 91, 95.

促进产业发展和社会和谐稳定的同时,不仅实现经济效益的收成,更将取得反响效果很好的社会效益。发展文化产业必须重视乡贤对经济的带动作用,乡贤在降低经济发展成本的同时,也提高了产业后期获得的收益。当下,在由乡贤组建的各类文艺团体迅速发展壮大之下,立足美丽乡村建设、特色产业发展、城镇化建设、旅游业兴起的新形势,可以提高乡村的美誉度,还原乡村魅力。作为典型致富能人代表的乡贤可以点燃群众勤劳致富的热情,各类农村经济合作社的建立也将遍地开花,一方面实现了文化产业的繁荣发展,另一方面又达到了经济效益、社会效益和生态效益结合起来的目的,把原来简单的产业发展模式变为依托中国传统文化发展,形成特色明显、内涵丰富的文化旅游、文化休闲等文化产业综合发展模式,更好地让群众感情的落脚点与乡村的经济产业发展的创新点结合了起来,使它们相互促进,相得益彰,真正做到了让市场活跃起来。

(六)乡贤文化在乡村振兴中的动力

1. 相关政策

(1)乡贤文化政策。乡贤文化扎根乡土,在乡土文化的构成中至关重要,是乡土文化重建的先锋。在乡村振兴过程中,要实现乡贤文化的创新性转化,将传统乡贤文化与时代精神相结合,促使其不断进步发展,寻找社会主义核心价值观与乡贤文化的契合点。发挥其在文化传承、知识普及等方面的作用,身体力行,传承乡土文化,有效缓解乡村中出现的不良风气以及信仰缺乏的现象。

"中央一号文件"是中共中央每年发布的首份文件,后来逐渐成为我国重视"三农"问题的专属名词。2015—2018年连续4年乡贤文化被写入中央一号文件中,可见政策层面对乡贤文化的重视。从具体内容来看,2015年一号文件将乡贤文化划归思想道德建设部分,2016年将乡贤文化归到精神文明建设部分,2017年将其归入社会主义核心价值观部分,2018年则将其归入村民自治实践部分,前三年重点将乡贤文化与精神思想教育结合,而2018年则强调乡贤文化在乡村治理中的价值,更为具体。

(2)振兴乡村的政策。一个国家各行各业的发展都离不开政策的扶持,同样乡贤文化的发展也离不开其所依托的乡村振兴的政策。2017年,党的十九大报告中提出乡村振兴战略,但乡村振兴战略的政策不能脱离其历史语境。我国是人口大国,人多地少,农业在国民经济中的地位至关重要。

2.文化传统的传承延续

（1）乡愁的文化基因。《乡愁》这首耳熟能详的诗歌将中国人的乡愁情绪展现得淋漓尽致，感动了亿万中华儿女。自古以来乡愁一直是一个重要主题，是中国人特有的文化基因。从本义上讲，乡愁指思念家乡的忧伤的情绪。现在学术界对乡愁的理解一般包含两层内涵：其带有对故乡的记忆以及怀念；二是对故乡的情感文化认同。

对于乡愁主体而言，乡愁是由于时间流逝或者空间错位的原因产生的。在古代，游子离乡，因交通和通讯不便，念及家乡，悲从中来，周边环境的变化，空间上的距离感，以及随着时间的流逝，情绪不断加深，引发乡愁体验。

从历史的角度来讲，中国人重乡愁主要有两个原因：首先，我国有着几千年的农耕文明历史，相对于逐水草而居的游牧文化，农耕文化更加重视自己的土地，进而重视在固定土地上建立起来的故乡，故而安土重迁；其次，受儒家思想影响，中国人重视血缘、人伦、宗族，尤其是家庭，对中国人而言，家永远是情感的港湾，当远离家人时便会产生乡愁情绪。

乡愁带有亲和性、归属感的属性，是一种心灵的回归。乡贤这一群体，大部分是离开乡村生活在异乡的人，是当代乡愁的主体。随着城市化的不断推进，乡贤们开始寻找自己的精神家园安放乡愁。乡愁的基本价值为情感价值，在此基础上衍生了文化价值和经济价值，乡愁是联系乡贤与故乡的情感桥梁，能够传承和激发乡贤的家国情怀，对乡土文化的保护以及历史文化资源的开发都有积极作用。

（2）弘扬优秀传统文化的要求。中华文化起源于乡土，乡土是中华文化的根基所在，几千年来我国一直处于乡土社会，在漫长的农耕文明中形成与发展了乡土文化。乡土文明涵养了敬畏自然、耕读传家的精神和理念，也涵养了反哺桑梓、见贤思齐的乡贤文化，从内涵上来说，乡贤文化是优秀的民族习惯，是优秀道德遗产，属于中华传统美德的范畴，是中华优秀传统文化的重要组成部分，潜移默化地影响着人们的生活方式。乡贤文化是扎根中国乡土社会的母土文化，是乡村文化的主要核心，自产生以来便肩负着引人向贤、教化乡里的作用，一直延续至今，既承担着传承中华优秀传统文化的责任，又维系着乡村文化、经济、政治等方方面面。

3.乡村产业的转型需要

（1）产业升级的要求。新旧动能转换最早由李克强总理在政府会议中提出，新旧动能转换意味着培育新动能、改造旧动能，推动新旧动能的转换，推动经济朝着更加高效、高质量的方向提升。一谈到新旧动能转换，很多人会联想到技术创新，其实新旧动能的转换不只是前沿技术的创新，更重要的在于传统产业的升级，传统产业占整个经济存量的比重较高，第一产业、第二产业、第三产业都能够培育新动能，用新动能来升级传统行业。新旧动能转换是落实发展理念的体现，以往依靠高资源投入，并以牺牲环境为代价的发展方式是不可持续的。新旧动能转换更是一次新的产业革命，是从工业文明时代转入生态文明或者是信息文明时代的发展历程，落后的乡村需要抓住这一契机，改变乡村产业落后的现状，推动传统产业的转型升级。

（2）乡村旅游的趋势。文化产业的外延较为广泛，艺术产业、传媒产业、媒体艺术产业、创意产业都属于文化产业的范畴。此外，在大文化产业的范畴中还应包含旅游产业和体育产业。从狭隘的角度来看，文化产业和旅游业存在交叉，文化产业有一大部分是文化旅游。乡村旅游又是乡村产业转型升级的重要抓手，所以乡贤文化的传承与应用需要结合当前乡村文化旅游的发展态势来综合分析。

随着人民生活水平的提高，人民群众已经不再只局限于对物质条件的需要，旅游已经逐渐成为大众日益不可分割的一部分。我国已经发展成为旅游大国。

在旅游业发展繁荣的背景下，乡村旅游符合当前旅游者对周边游、短途游的需求，已成为不可忽视的力量。乡村旅游既是第三产业，也因为其产业结构与农业、加工业紧密联系，所以对农村三产融合以及经济发展显得尤为重要。现代的乡村旅游在20世纪末开始迅猛发展，形成了区别于城市的特色，逐渐形成观光型、体验型、康养型、休闲度假型、科普教育型、民俗文化型等类型。

近年来，文化和旅游融合的趋势愈发明显。在国家层面，文化部与国家旅游局合并组成的文化和旅游部便是其重要体现。文化和旅游二者存在很强的关联。文化是旅游的重要资源，不但便于知名度和影响力的提升，还能丰富旅游的内涵与形式；而旅游则解决了文化的市场问题，是文化进行变现的重要手段，对盘活文化资源，实现文化价值提供了机会。乡村旅游除了自然风光之外，还有当地的乡土文化。中华文化起源于乡村，乡村拥有广阔的优秀传统文化资源的优势，发展乡村旅游是保护与传承以及活化利用乡土文化的要求。

乡村旅游，特别是乡村文化旅游的发展为乡贤文化在乡村振兴中发挥作用提供了机会。乡贤文化是重要的文化旅游资源，区别于一般的乡土文化，乡贤文化是关于"人"的文化，故而其载体更为丰富，乡贤身上所带有的民俗、艺术、家风、建筑文化等都可以成为开发利用的客体，而这些文化正是乡村文化的特色所在，是乡村文化旅游的魅力所在。从资源属性上来讲，乡贤文化旅游多是针对传统乡贤资源，这一旅游形式与历史名人文化旅游存在共通之处。但也有新乡贤参与的机会，新乡贤的智慧成果，如非遗传承人的手艺等都可以参与到乡村旅游中来。此外，乡村旅游因为其广阔的市场，逐渐成为资本的宠儿，"不在场的"经营型乡贤基于故土感情和商业驱动对家乡旅游产业的投资也会逐渐成为发展趋势。更为重要的一点，乡贤文化具有本土性，强调当地乡贤对本土的贡献，对本土及外迁到周边的群众具有极强的情感感染力，而乡村旅游是周边游的产物，面向市场多为乡村周边群众，二者在受众人群上具有极大的重合性，开发前景广阔。

二、乡贤文化的培育

（一）培育文化载体，丰富区域文化

乡贤文化载体非常丰富，除了文物实物像庙祠、故居、碑志等，还有谱牒、方志等各种形式。传统手工艺及其产品是乡贤文化和民族情感的重要载体，随着经济的发展，物质生活的丰富，人们对日常用品的需求不仅仅停留在"能用"的纯实用主义功能性之上，而是对美和品质有更高的期待，使得具有原创性、独一无二的商品有了市场。因此，发展乡贤文化强调的是以人为本，需要深度挖掘，需要创新，形成一种新的"非物质文化"。

发展乡贤文化，重要的一点就是保护当地各种优秀的文化资源。而各种优秀的文化资源的传承保护需要乡贤无私奉献，需要乡贤躬耕引领。地方乡贤，有扎实的功底，有经验，能发挥一技之长，起到模范带头作用，在自己专业领域内，传承保护当地文化资源。传统工艺首先应有意识地从传统的"工艺作坊"模式向文化创意产业经营模式转化，将民间手工艺中相关精神、符号等文化元素进行创意转化，使之成为中国优秀文化的载体。同时，要按照市场化的运作方式，打通设计、包装、流通、销售环节等产业链条。

1. 加强队伍建设，提高人才素质

加大对传统工艺人才的宣传力度，提高传统工艺门类和艺术人才的知名度，营造重视传统工艺、尊重传统民间艺术人才的良好氛围。对濒临失

传、又具有重要价值的民间绝技、绝艺、绝活，要采取重点扶持政策，鼓励带徒授艺，使民间绝技后继有人，同时组织人员进行记录、整理，尽快用录像、录音、文字、照片等方式，把传统工艺的资料留存下来；对长期从事优秀民间艺术制作、表演，形成风格、自成流派、有成就者，要给予一定的精神和物质奖励；推出民俗品牌性人物，通过一些文化传播平台，使中国传统文化重新成为大众的精神依托；要创造条件，促使民族传统工艺进学校、进课堂，引导年轻人学习民间艺术，培养下一代传统工艺人才，建立传统工艺传承、保护、研究的骨干队伍，促进各种民间传统文化的传承与研究。

2. 结合网络媒介，提升工艺水平

一直以来，传统手工业的线下交易模式都是以市场或者集市为主，顾客一般是"50后""60后"工艺品收藏者。然而，线上销售的手工艺品却吸引来了另外一部分消费群体。传统手工业发展的一大制约因素就是流通范围小，某地的手工艺品产业集群往往只能辐射周边地区。互联网的介入改变了这一局面，借助"互联网+"模式，消费者能够将意见、建议及时反馈给生产者，从而改造手工艺品的制作环节。传统手工艺可以借助高科技的新成果来提高自身的水平和质量，高科技与传统手工艺相融合，会产生许多新工艺，而这些新工艺产品也必将成为时尚消费市场的宠儿。

3. 加大财政投入，建立长效机制

对民族民间传统文化重大项目的保护和研究、民族民间传统文化珍贵资料与实物的征集和收购、民族民间文化传承人的培养和资助、贫困地区的民族民间文化保护工作等，设立保护民间艺术专项资金，列入财政预算。积极开拓多种筹资渠道，引导社会资金参与民间艺术的保护、开发和利用，建立国有和民间相结合的多元投入的长效机制。

(二) 增强宣传力度，提高群众共识

1. 增设宣传平台，弘扬乡贤文化

创新发展乡贤文化，就是要坚持以社会主义核心价值观为统领，加强对乡贤文化的宣传力度，提高群众共识。

一是举办丰富多彩的文化活动。鼓励基层多创作反映乡贤文化的优秀文艺作品，结合基层实际情况创新文艺作品形式，对当地发展和建设做出突出贡献的乡贤开展其诞辰纪念日或具有重要意义的节庆和节日。同时，开展组织各种关于乡贤文化为主题的文艺演出、文化活动，对乡贤文化进行全方面地传播。

二是加大特色人物的宣传力度。各类新闻媒体要以"最美人物"作为宣传品牌,多多推出关于乡贤文化主题的宣传专栏,通过讲述各类优秀乡贤故事,弘扬乡贤文化。利用微博、微信等各种传播平台,开展关于乡贤文化的公益广告宣传,营造弘扬乡贤文化的氛围。

三是深化乡贤文化理论方面的研究。组织相关专家学者进行学术交流,梳理乡贤文化发展轨迹,清晰明确乡贤文化发展道路,深入挖掘乡贤文化的精神内涵和时代价值。组织编写乡贤人物传记、学术专著和通俗读物,弘扬传播乡贤文化。

2. 丰富工作载体,服务文化建设

创新发展乡贤文化,需要把当代乡贤文化发展的各类有效工作载体结合起来,开展乡贤文化进入各类公共场所的活动。

一是实施"乡贤进礼堂"系列活动。首先,在学校、政府设置"文化长廊""乡贤榜"等各种展示平台,将优秀乡贤先进事迹全面展示给公众了解。其次,通过碑刻、雕塑、楹联等各种形式将乡贤文化元素体现在公共建设、文化景观中,更好地弘扬乡贤文化。再次,通过讲解各种体现乡贤道德精神和独居地方特色的乡贤故事,综合运用好"文化讲堂"。

二是实施"乡贤进家庭"系列活动。全区域开展"举乡贤、颂乡贤、学乡贤"等活动以及深入挖掘整理和重新编订体现时代要求和传统美德的家规、家训,将乡贤文化与好家庭、好家风建设结合起来,引导人们继承传统美德,弘扬乡贤文化。

三是实施"乡贤进校园"系列活动。通过深入开展"学习中华优秀传统文化"活动,编制各类完整体现乡贤文化、乡贤故事的乡土教材;参观城乡档案馆、展览馆、名人馆、乡贤纪念馆以及建立面向中小学生的主题教育活动教育基地,将乡贤文化与学校思想道德教育有机结合,充分发挥"第二课堂"的作用。

四是实施"我在乡贤图书馆"系列活动。乡贤文化是地域文化中非常宝贵的财富,各地有条件的镇街、村居通过建立乡贤图书馆,让更多的人走进乡贤图书馆学习弘扬乡贤的精神,各地方政府应该积极做好乡贤回馈家乡有关事务的协调对接工作,做好服务。

(三)联络当代乡贤,凝聚乡亲乡情

1. 加强乡贤联络,搭建服务平台

在当地成长的乡贤离开故乡、远走他乡之后就会缺少与乡亲之间的联系,建立起来的乡贤资源容易遭到浪费,为解决这一问题,急需为心系家乡发展的当代乡贤的联络和沟通搭建重要的回归平台。例如，通过建立乡贤研究会、乡贤联谊会、家乡发展智囊团等社团协会，为乡贤提供为家乡发展献计献策、为人民福祉贡献力量、为乡情乡愁牵线搭桥的信息，选聘优秀的乡贤代表做顾问，提升乡贤对家乡的归属感、责任感和荣誉感。通过这些平台的搭建，可以吸引当地优秀的乡贤聚集起来为新农村文明乡风建设建言献策。

2.打造乡贤品牌，形成个性名片

乡贤会作为一条乡民之间重要的联系纽带，意在为当地的人民与社会发展解决实际需要。上虞市（今浙江绍兴上虞区）乡贤研究会就是这样一个可以给我们提供宝贵经验的平台。上虞市乡贤研究会成立于2001年1月，是我国最早研究乡贤文化的民间文化学术社团。众多的优秀乡贤，如闻名中外的王充、谢安、谢晋、何振梁等都在这里出生、成长。因而上虞市形成了自己独特的地域文化。上虞市乡贤研究会自成立以来一直致力挖掘乡贤文化，弘扬乡贤精神。

一是通过各类活动的开展，打造上虞个性名片。通过联系当代乡贤，修改完善《虞籍名士通讯录》，开展一系列"走近虞籍乡贤"等采访活动，方便寻访上虞籍乡贤；开辟"上虞乡贤名人展厅"等平台，从而为世界各地上虞籍乡贤建立一个有效沟通的平台。这些研究乡贤文化相关活动的开展成为上虞的一个对外交流的窗口、培养青少年德育的新基地、独属于上虞的个性名片。目前，上虞乡贤研究会取得的成果也是收获颇丰。通过这个平台，撰写各类文史资料1000余篇，出版《上虞乡贤文化》8辑等，并且组织开展有关王充、竺可桢等当地乡贤名人的学术专题研讨活动，甚至通过竺可桢、谢晋等名人故居的整修还抢救了一批当地濒临消失的历史文化遗产。

二是通过多方人才的培养，形成上虞品牌效应。乡贤研究会虽然没有国家拨款，但是乡贤研究会的成员一直没有忘记"挖掘故乡历史，抢救文化遗产，弘扬乡贤精神，服务当地发展"的建会核心理念，各自奔波为弘扬乡贤文化做了不少工作，向外界展现了上虞独有的特色文化品牌，极大地推动了当地社会经济文化的和谐发展。

（四）寻找乡贤代表，实现"最美梦想"

长期以来，乡贤文化扎根乡土，在乡贤身上能看到道德和时代的双重烙印，即传统文化与道德给予的为人内涵，现代科技与发展给予的致富本领，与时代同行守望乡村的乡贤品格。从古至今，无数乡贤的梦想和追求都完整体现了社会主义核心价值观个人层面所倡导的内涵。他们在提升乡村文明道德水平和经济发展实力的过程中，发挥了新常态下乡贤文化的示范引领作用。

1. "一代鸿儒"实现最美乡村教育梦

加快实现中国教育现代化、促进教育平等的紧迫任务就是抓好乡村教育。不少乡贤作为乡村教育的践行者，对乡村教育给予了更多的关注和投入，从硬件和软件各方面全方位提升了农村教育。

国学大师季羡林先生出生于山东省临清市康庄镇官庄村，季老不仅倾注毕生心血捍卫和弘扬中华传统文化，而且不遗余力为家乡各项事业的发展贡献了自己的力量。在获得北京大学特别贡献奖后，季老积极主动捐款给官庄村，用来发展当地的文化教育事业。官庄教育部门用季老捐给家乡的一万元钱，设立了官庄村季羡林教育奖励基金，集思广益为师生考虑，完善了《奖励基金管理办法》等相关法规，每年奖励村里考上大中专的学生和为教育事业无私奉献的教师。不少获奖教师、学生给季老写感谢信时都提到，能够被国学大师季羡林先生奖励，对自己都将是终生难忘、值得骄傲的事。除此之外，季羡林先生还积极为家乡修路等基础设施改造献策筹款。爱家乡、重情义的情怀影响了当地村民，有力地促进了当地精神文明建设和经济社会发展。

2. "小草皇后"实现最美乡村环保梦

花卉苗木产业是世界公认的现代高效农业产业之一。村级致富能人为了带动乡村经济飞速发展，因地制宜发展当地特色资源优势，创新式结合"互联网+"，拓展产业增收渠道，引领村民走现代生态农业发展之路。

长沙的新乡贤梁伟是长沙市莲花镇立马村人，1999年回乡创业，通过以环保的创业理念，对该村8000亩土地实行整村土地流转，发明了独一无二的草毯，在花卉苗木产业这个行业中创造了一个全新品牌，带动了当地乡村经济实现了跨越式的发展。与此同时，事业成功、诚信为先、敬业奉献的梁伟，在各方面始终没有忘记乡土、乡亲的恩情，她成立了农业合作社对当地贫困户家庭进行无偿帮助，不仅解决了群众就业难的问题，还提高了当地村民的技术水平，加强绿化环保意识的她还为国家分担了环境之忧。可见，在新乡贤梁伟的身上，完全体现了社会主义核心价值观在个人层面的基本规范和要求。

3. "绣花才女"实现最美乡村发展梦

人们在进行社会道德实践的过程中，始终把诚信当作成家立业的基础、修养自我的途径。推动诚信价值观在基层落地生根，在树典型、扬正气、传递正能量的同时，推进诚信基层组织建设更是体现了法制建设与道德建设、依法治国与以德治国的紧密结合。

有着"苏州骄傲"美誉、获得全国诚实守信道德模范的钱月宝，多年来始终以诚信为本，所创立的梦兰集团以连续四十年没有质量纠纷的良好记录，获得了众多荣誉。从一个小作坊发展到今天总资产35亿元的现代化企业集团，她坚持企业发展方式要与村民致富路径相契合的观点，创造条件，鼓励支持村民创业，如今，村民人均年收入超过5万元。梦兰村也从一个落后的小村庄变成了如今的"中国十佳小康村"。

为了在弘扬乡贤文化的过程中，发挥乡贤的道德引领作用，当下必须在全社会营造争做道德模范的良好氛围，通过设立收听道德故事、观看道德节目、进行经验交流等形式，提炼"好家训"、培养"好家风"，用身边的人讲身边的事，用身边的事教育身边的人，促进乡贤人物不断涌现，达到以古贤感化今贤，以前贤影响后贤，以老贤培育新贤的目的，实现"村村有榜样，户户学先进"。乡贤队伍的不断完善和扩大，可以有利推动乡村文明转变，为当地经济社会健康和谐、快速发展提供坚强的人才保障和思想支撑。

（五）加大自治力度，共建文明乡村

1.强化保障，推动乡贤参与现代乡村治理

在现代乡村社会治理中，乡贤是法治和"德治"有效结合的重要力量，而推动乡贤成为参与现代乡村治理的有效保障，主要从以下三个方面着手。

（1）强化制度保障。继续加快改变城乡二元体制，把乡贤留在农村。乡贤这个群体和安土重迁、思想保守的传统农民相比较，更为开明，更容易接受新生事物，更敢于挑战和尝试，因此在城镇化浪潮中，流向城市的往往是这些能人。但是，造成乡村"空心化"的关键是城乡二元体制的限制，城镇化只是其中原因之一。长久以来形成的城乡二元体制不仅让城乡基础公共服务体系存在分配不公平问题，而且也造成乡村精英严重流失现象，使新农村建设中面临巨大的人才危机。因此，推动乡贤参与乡村治理的首要任务是加快改变城乡二元体制，让更多优秀乡贤愿意主动留在乡村。

（2）强化人才保障。继续深挖乡贤内涵，拓展乡贤主体多元化。在现代社会环境下，人类活动范围不断扩大，许多优秀的乡村精英开始走出乡村，与其他各地的乡贤交流融合。乡贤文化逐渐具有开放性、包容性、多元化的特点。乡贤的内涵也发生了根本改变，不仅仅指本村的精英，还可以划分为"本土精英""外出精英""外来精英"三类。所以，在发展乡贤文化过程中除了对本村精英动员鼓励，还要把外出经商、从业的外出精英以及外来生产经营管理的外来精英综合考虑进来，让他们共同参与乡村社会的治理。

（3）强化组织保障。继续成立正式组织，实现政府治理与村民自治的良性互动。目前，乡村治理的主体由原来村两委、村民二元主体转变为村两委、新型社会组织、村民多元主体。在这种转变下，为了更好地利用乡贤资源使乡土社会与现代社会实现有效衔接，可以向某些地方的做法学习积累经验，如浙江省德清县的乡贤参事会和广东省云浮市的自然村乡贤理事会，这类以乡贤为主体的新型社会组织参与乡村治理的做法在乡村实际治理过程中都取得了很好的效果，值得我们学习借鉴。

三、我国乡风文明建设中乡贤文化传承与应用

（一）梳理古新乡贤，留住乡愁资源

在对乡贤文化进行传承应用前，要先对当地的乡贤文化资源的存量进行摸底，了解其主要类型及当前的基本状态，这是对乡贤文化进行保护、传承、应用的基本前提。对乡贤文化资源的挖掘可以从两个角度展开，一是关于"人"的统计，即乡贤资源的统计；二是关于"物"与"精神"的统计，即乡贤文化物化的载体以及在此基础上升华的精神的统计，也就是乡愁资源的统计。古贤及乡愁资源在统计的基础上还需进行价值评估，为其传承应用奠定基础。

1. 乡贤梳理，聚合发展资源

乡贤文化的传承与应用需以"古贤"和"新贤"为维度进行开展，"古贤"除去作为历史人物所具备的旅游价值之外，还有凝聚"新贤"的作用。"古贤"身上所体现的乡贤精神能够与"新贤"在现代乡村中产生时空上的精神碰撞，对乡贤文化的打造具有重要作用。在统计当地的"古贤"时，要尽可能详尽，可以通过历史文献、文物、调查走访来进行统计，在此基础上进行统计指标的设计，统计指标的设计尤为关键，关系到乡贤文化资源统计的多个维度。在"古贤"的统计上，笔者建议按照朝代、生卒时间、乡贤类型、主要事迹等方面来进行统计，并在此基础上对其文化价值进行总结，如表6-1所示。可以借鉴当地的县志、家谱、传说等，寻找与本地

相关的贤人，根据实际情况确立不同乡贤文化的专题研究团队，将分散在各处的乡贤文化资源汇总，多角度对乡贤文化进行统计与阐述，使分散的文化资源产生联动。除上述基本信息的统计之外，还应加入当前状态这一指标，即保护与开发的程度，便于了解当前的情况，以及决定后续的开发力度。

表 6-1 乡村古贤统计表

编号	姓名	性别	朝代	乡贤类型	生卒时间	主要事迹	文化价值
1							
2							
3							

与"古贤"不同，除了承载着精神价值之外，新乡贤还是乡村振兴中的重要人才资源，要加以重视利用。新乡贤的类型较多，要发动村支部以及基层党员的力量，建立新乡贤目录，这是一个复杂的过程，在此过程中要坚持一定的原则才能保持统计工作的有效性。

坚持目的性原则。新乡贤统计目的是为吸引并留住新乡贤，让新乡贤发挥价值，所以在进行统计的过程中要便于后期实现乡贤归类、价值的宣传以及乡贤的联络。

坚持动态性原则。一个村落的新乡贤不是一成不变的，同时某一个新乡贤的动态也是在更新的，所以在统计时要设法体现乡贤的变化情况（如条件允许可以建立乡贤的网站或者数据库），使乡贤成为一池活水。

坚持"树立典型，广泛覆盖"的原则。新乡贤涉及不同的领域，覆盖范围较广，在统计时要在不同领域的新乡贤中选出典型代表，但是新乡贤的门槛不宜过高，要坚持广泛覆盖的目标，激活村民争当乡贤的氛围。同时树立典型能够增强乡贤的号召力，至于"是否典型"可在新乡贤统计完成后，根据其贡献及事迹的典型性再进行评选。

2. 留住乡愁，强化地方认同

乡贤文化不只是关于乡贤主体本身，还包括其创造的财富，无论是物质财富还是精神财富，都是乡贤文化的载体，也是乡愁的载体，乡愁是萦绕在游子心头的情感，承载着关于过去的记忆。虽然乡愁记忆只是内心的联想，但是通过乡愁的载体依旧可以得到心灵的慰藉。乡愁文化资源是寄托乡愁的依托，对于传承和激发集体意识，强化地方凝聚力具有重要价值。

（二）提炼文化特色，明确发展战略

乡村振兴背景下乡贤文化的传承与应用是一个系统工程，需要在资源梳理分析的基础上提炼文化特色，打造本地文化品牌，并选择明确的乡贤文化发展战略，提出宏观的规划来指导其传承与应用。

1. 文化提炼，打造文化品牌

文化品牌具有易识别的特征。易识别的特征表现为品牌传递的感情帮助受众对各类文化品牌加以区分，对提升当地的知名度有关键作用。文化品牌的创立有两条路径：一是对原有文化的发掘，如西安的大唐芙蓉园；二是创立一个前所未有的并且富有现代化风尚的文化品牌，如蓝猫卡通。[①] 乡贤文化起源于乡土，拥有丰富的文化积淀，总体上文化品牌的生成是以对原有文化的发掘为基础的，但在具体产品的打造上可以采用创意的方式。

文化品牌的生成需要进行文化定位，而文化定位的基础便是文化提炼，在进行文化提炼时需坚持如下原则。

（1）现实性原则。提炼乡贤文化的特色需要从实际出发，以本地乡贤文化资源为基础，从其人文特质中提炼出相应的文化及精神内核。

（2）避免同质化原则。同质化的发展是低质量的发展，对乡贤文化的提炼应站在更高的层次上，注意与周边地区的差异性。文化元素提炼的方法：①内容提炼法。着眼于自身的资源优势，与中华优秀传统文化结合，梳理出资源的脉络，凸显其魅力，如浙江上虞提炼出的虞舜的"虞舜精神"、谢安的"东山精神"、曹娥的"曹娥精神"既是精神力量，也是文化品牌。②比较提炼法。第一，区域间比较。对乡贤文化元素提炼时要找出本地与其他地区相比具有较大特色的文化元素，突出其不可替代性。第二，区域内的行业比较。在比较区域优势的基础上，需要寻找合适的行业来布局乡贤文化，通过数据分析，找出当地及在未来一段时间内的主导产业，实现"乡贤文化+"的赋能。文化品牌一旦确定后，需要进行反复传播，强化受众的品牌记忆。对乡贤文化品牌的传播可以与乡村形象的宣传

---

① 柏定国. 文化品牌学[M]. 长沙：湖南师范大学出版社，2010: 105.

结合起来，塑造整体的文化形象。需要注意的是，文化品牌的定位不是一成不变的，随着受众心理以及市场的变化，之前的文化品牌可能不适应新的环境，需要根据环境的变化调整文化的定位，形成与受众之间的良性互动，保持乡贤文化品牌的活力。

2. 目标分析，明确发展战略

在文化资源梳理、文化元素提炼的基础上，要综合乡村所在区域的整体战略，得出乡贤文化传承应用的总体目标。在确定目标的过程中，需要遵循以下原则。

（1）遵循当地的发展战略。在遵循国家文化以及乡村发展规划的基础上，遵循乡村所在的行政区划中与文化、产业相关的发展政策及规划，符合所在区域的文化及产业发展构想，通过对乡贤文化的传承与应用进行落实。

（2）符合当地的文化性格。文化性格常在城市文化中提到，很多城市都有自己独特的文化特征，如北京的大气庄重、成都的休闲安逸、西安的古朴厚重。乡村也有自己的文化性格，这是在长期发展的过程中逐渐生成的，是地方特色的体现，乡贤文化的发展要符合当地的文化性格，不可有悖于周边的环境，符合当地文化性格的基调才能实现乡贤文化的传承以及产业的发展。

（3）坚持双效统一。坚持社会效益与经济效益相统一的原则，正确处理乡贤文化资源开发过程中意识形态属性和产业属性之间的关系，相较于当前乡贤文化主要与道德教化相结合的方式，更加强调经济效益，促进文化资源的变现，但也不能矫枉过正，只顾经济效益而忽视社会效益，依旧要强化乡村的公共文化服务，积极发展乡村的公共文化事业，实现二者的完美结合。在遵循上述原则的基础上，确定乡贤文化传承应用的总体目标，进而明确其发展战略，战略问题关乎全局，需要重点关注。发展战略中要明确发展产业的优先级、区域的优先级。在产业发展的优先级上，坚持产业联动，优先发展带动性强的产业。带动性强的产业对其他产业能够产生很强的辐射作用，从而促进当地产业的全面发展。以旅游业为例，旅游业在文化产业中占据很大的比重，是带动性、融合性极强的产业，通过乡贤文化对乡村经济的赋能，提升了知名度，吸引了人流，有人来才会有消费、有投资，旅游业会带动农业、加工业、餐饮业、康养等多个行业的发展，可谓"一业兴百业旺"。

在区域的优先级上，要根据各地资源的禀赋，包括区位条件、文化资源数量与质量，以及人力资源，包括基本劳动力、管理人才、技术人才来安排。此外，还需考虑技术条件等多重要素，以此来决定优先进行乡贤文化建设的区域。

在明确上述战略的基础上，坚持统筹发展，除了发挥自身优势，还需弥补弱势，除去优先发展的"点"，还需打破行政上的限制，布局乡贤文化带、乡贤文化片区，实现点、线、面的结合发展。同时处理好政府、民间组织、村民之间的关系，综合考虑多种因素，平衡各方利益，确保乡贤文化建设的有序进行。

（三）重构组织平台，创新遗产保护

1. 重构组织，服务传承应用

乡贤会是乡贤自愿组成的，具有地域性、服务性。在乡村振兴事业中，可由村干部主导，号召乡贤成立乡贤会。乡贤会需建立完善的工作机制，要注意成员的质量，"品德"和"才能"都要有一定的要求，并坚持以"品德"为首要要求。搭建乡贤会，能够有效整合乡贤文化资源，积极引导"不在场的"乡贤积极反哺家乡，同时也为"在场的"乡贤提供了发挥作用的平台，能够提高乡村文化认同和凝聚力，提升乡村社会和谐度。

在乡村振兴过程中，要发挥乡贤会在乡村事务中的作用，乡贤会应该全方位参与到乡村事务中，包括乡村公益事业、产业发展、文化传承、调节纠纷等。这不仅仅是乡村自治的要求，也是激活乡村内生动力的要求。但在当前的建设中，乡贤会多是参与到乡村政治治理中来，对于文化以及产业层面的参与及服务程度尚有所欠缺。

为了让乡贤更加有效地参与到乡村文化以及产业的发展中，可以在乡贤会的基础上，根据具体事项成立临时组织平台，如文化传承平台、产业转型平台、乡贤投资平台、就业创业平台等。文化传承平台从事乡土文化的传承与保护，包括地方民俗资源、民间艺术、民间文学的保护传承，包括但不限于乡贤文化资源的挖掘与提炼；产业转型平台从事乡村传统产业转型升级，利用乡贤资源，引领形成乡村优势产业；乡贤投资平台则是吸引各方乡贤投资到故乡的乡村振兴事业中来，缓解乡村发展的资金问题；就业创业平台不仅是吸引外出劳动力返乡，解决乡村劳动力的问题，还包括对乡贤提供创业支持，通过创业来引领产业发展。具体事务处理以"在场的"乡贤为主体，以"在场"乡贤团结"不在场"的乡贤。

在处理基础事务时，可采用职能式结构组织图来进行组织管理（因为此处重点强调乡贤会对文化与产业的参与，故政治治理平台不再强调），

第六章　美丽乡村文化传承

如图 6-1 所示。这类结构的特点是方向性明显，人员在某一平台内统一调度，利用效率高，在平台内横向沟通顺畅，便于处理常规性事项。

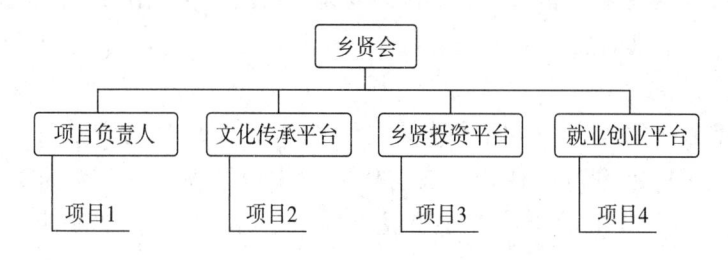

图 6-1　乡贤会职能式结构组织图

在乡贤会面临项目时，可以采用项目式结构组织图来进行组织管理，如图 6-2 所示。此种组织管理方式以项目为目标，项目目标单一，凝聚力强。项目负责人能够根据情况调动乡贤会内的多平台人员，同时能加强各个平台之间的纵向沟通，不同的平台对项目的不同理解能够提升项目的创新程度。乡土社会本就是熟人社会，以项目为主导，强化人员沟通更加符合乡土的特质。

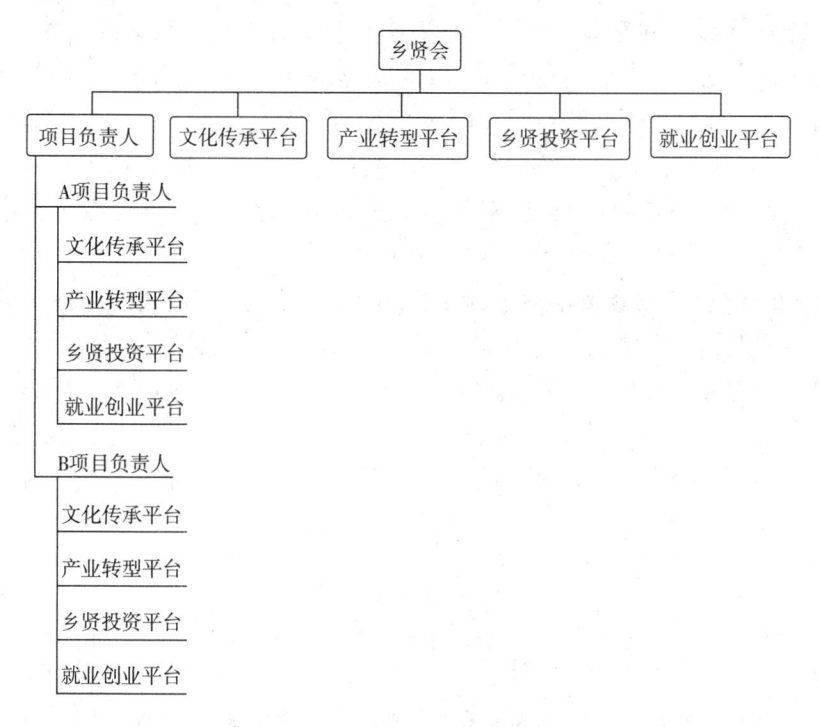

图 6-2　乡贤会项目式结构组织图

125

以上两种组织结构形式各有特点，常规性单一平台性质的事项可以采用职能式的组织机构。需要多部门合作完成的，推荐采用项目式组织结构，以项目为主导，借调各个平台的乡贤。考虑到乡村事务的复杂性，乡贤会在进行管理时要根据事项的特点，具体问题具体分析，不止局限于以上两种组织方式。

乡贤会的宗旨是为乡贤服务，以上组织结构只为完成更高效统一的协作，而非束缚乡贤的枷锁。在具体实行中以"在场的"乡贤为主，使"不在场的"乡贤在具体事务中解脱出来，主要利用其资源和声望为乡村服务。

2.活化利用，创新遗产保护

列斐伏尔在《空间的生产》中说明了多种空间的类型，如抽象空间、绝对空间、具体空间等。此外，还提到了"文化空间"这一概念，[①]认为空间不仅仅是物理意义上的空间，同时还是由人的实践产生的，肯定了空间的文化价值。文化空间作为正式概念是在1998年由联合国教科文组织提出的，将文化空间定义为一个可集中举行流行和传统文化活动的场所，或一段通常定期举行特定活动的时间。这一事件和自然空间是因为空间中传统文化表现形式的存在。[②]后来的学者一般认为，有人在场的文化空间，才是文化空间。例如，各地的节庆活动、歌会属于文化空间，依旧有祭祀活动的黄帝陵也属于文化空间，而只留下物化载体的只是物质文化遗产。

针对物质文化遗产，古城保护专家阮仪三教授说，真正的保护是恢复建筑的活力，按原有的用途继续下来，人们在老房子里感受着全新的生活。[③]当前，关于历史建筑的保护利用多局限于"博物馆"式的保护，即静态化的保护，只修复不对外开放或者开放也只是观赏式的开放。对乡贤建筑的保护，要跳出这种方式，要在遵循原真性的基础上坚持活化利用的原则，达成物质场所、文化精神、文化实践的统一，使其重新成为文化空间。

乡村中的祠堂、乡贤堂、故居等都可以作为乡贤文化的场所，对其保

---

① 陈虹.试谈文化空间的概念与内涵 [J].文物世界，2006(1): 44-46, 64.

② 王新歌，陈田，林明水，等.旅游地"留住乡愁"的文化空间框架及对策 [J].中国名城，2018(4): 64-70.

③ 丁夏君.城市边缘地带历史文化建筑保护利用的实践探索 [J].建筑与文化，2010(5): 86-88.

护要坚持生活性原则，乡贤文化是动态的、实践性的文化，保护乡贤文化不应该只是将照片、文物陈列在冰冷的橱窗里，应该让其"活起来"，赋予其一定的使用功能，将承载乡贤文化的文化场所由新乡贤重新利用，重新利用起来，这是一种延续乡贤文化的有效方式。但是伴随着现代化浪潮的冲击，祠堂、乡贤堂、故居等历史建筑已经不再具备之前所具备的功能价值，这些场所曾经与传统乡贤产生联系，现在可以将这些文化场所与现代文明关联起来，在尽量还原原貌的基础上，增加新的设施、扩展新的功能，重新焕发其生命力。例如，可将这些场所在原有的基础上整修为乡贤文化馆，并将与乡贤文化相关的历史文献、文物布置其中；承载着乡贤文化的新乡贤可以在此进行乡贤家风谈、乡贤先进事迹宣讲等活动，完成乡贤文化的传承。"古贤"与"新贤"达成精神上的时空统一，完成乡贤文化氛围的营造并使乡贤文化能够进行再生产。

针对非物质文化遗产，联合国教科文组织在保护非物质文化遗产时将"文化空间"作为一个专有名词。因为民俗、艺术、文学的传承需以传承人和参与人为载体，依旧可以称之为文化空间，或者说非物质文化遗产是文化空间的一种类型。这些文化空间是历史长河中遗留下来的瑰宝，承载着文化的记忆，保护其中承载的人文精神，才能使非物质文化遗产更加有效的传承。在对与乡贤文化相关的非物质文化遗产进行保护时，要认同其历史价值，同时增强其活力。只强调保护而忽视当地人对经济发展和生活质量提升的需求是不合理的，要实现保护与开发的良性互动，打造地方非物质文化遗产展示平台，举办以乡贤文化为主题的相关节庆，与当下的文艺形式相结合，创新遗产的保护形式，实现保护性开发。在实现文化空间社会效益的同时不忽视其经济效益，实现二者的同步发展。

（四）讲好乡贤故事，重拾文化自觉

1. 基础层：文化产业，讲好乡贤故事

文化产业发展水平是文化软实力的体现，是讲好中国故事的重要载体，同样，文化产业在乡贤文化的传承与应用中也是讲好乡贤故事的重要载体。针对讲好乡贤故事，笔者提出文化旅游、影视创作、特色文化产业这三种具体模式。

（1）文化旅游模式。乡村文化旅游重在文化遗迹的观赏、民俗文化的体验，文化资源、文化创意在乡村文化旅游中显得极为重要。乡村文化旅游的开发要与乡村资源有机结合起来，对于富有乡贤人文资源、交通便捷的乡村，可开展文化旅游业，与自然资源相结合，打造乡村旅游度假区。

发展乡村旅游可以吸引游客进入乡村,而旅游是"吃、住、行、游、娱、购"六要素结合在一起的产业,便于农产品的直接销售以及加工业的发展,降低了交易时间和交易成本,通过第三产业的发展来倒逼第二产业、第一产业的发展,促进三产融合,同时拉动相关产业的发展,缓解农村闲置劳动力以及乡村"空心化"问题。

发展乡贤文化旅游要以传统乡贤文化为核心,盘活当地的文化资源,提升文化的存在感。首先,加强乡贤文化物质载体的建设,除前面提到的利用现有乡贤历史建筑改造文化馆之外,还可单独建设乡贤纪念馆、博物馆,乃至与旅游产业结合进行衍生品开发,包括乡贤明信片、纪念品的售卖等等。同时增加场馆的情感体验,加强乡贤文化的数字化产品开发,提高乡贤文化产品的趣味程度。例如,在乡贤文化馆中加入乡贤3D形象展示,使乡贤形象鲜活起来,用群众喜欢的形式进行宣传,增强民众的接受程度。其次,强化乡贤文化氛围,在古街、导视标语、导视图上,既保存原村特色,又彰显乡贤文化底蕴,放大其视觉感受,强化乡贤文化的符号认知。再次,盘活当地的乡土文化资源,包括物质文化遗产和非物质文化遗产,以乡贤为核心维度进行旅游开发,丰富乡贤文化旅游的内容。最后,注重整合营销的方式,拓宽传播渠道,有效利用传统媒体与新媒体,也可以与研学游等旅游形态结合,加强在中小学的宣传。

此外,还可吸引新乡贤对故乡文化旅游的发展提供资金支持。由于乡贤文化所带有的地域性和亲和性,当地乡贤会可以利用乡愁这一纽带,开展寻根游,让外出乡贤近距离感受乡愁以及乡村的变化,增强与乡村的感情联系,强化乡愁情绪,进而激发其投资动机。

(2)影视创作模式。影视是电影艺术和电视艺术的统称,相较于文化旅游模式,受众更为广泛,文化传播效果更强。当前,关于乡贤文化的主要影视作品如表6-2所示。

表6-2 乡贤文化主要影视作品统计表

类型	名称	播出平台	时间
纪录片	《记住乡愁》	CCTV1、CCTV4、CCTV9	2015年1月
			2016年1月
			2017年1月

第六章　美丽乡村文化传承

续　表

类型	名称	播出平台	时间
纪录片	《记住乡愁》	CCTV1、CCTV4、CCTV9	2018年1月
			2019年1月
			2014年10月
电视剧	《白鹿原》	江苏卫视、安徽卫视、乐视视频	2017年4月
微电影	《乡贤》	各大网络平台	2018年11月

《记住乡愁》除了展示乡愁之外，也聚焦了乡贤文化，第三季之《偏岩镇——尊贤崇德》讲述了偏岩小镇历代乡贤带领乡亲创造古镇辉煌的故事，第四季之《松溉镇——念乡情 报乡恩》讲述了巴蜀松溉古镇乡贤造福乡民数百年的事迹；《走基层·我眼中的乡贤》则是针对当代新乡贤的新闻纪实节目，主要以分布在各行各业，根植乡土，造福一方的新乡贤为采访主体，突出了乡贤的时代价值；《白鹿原》展示了传统中国乡村治理的故事，主角白嘉轩便是乡贤治理的代表，作品中翻修祠堂、实施《乡约》、办学堂、抗灾济困、保家卫族都是传统乡贤治理的典型方式；《乡贤》以贤叔和菊婶为主人公，表现了乡贤化解邻里纠纷，助力脱贫攻坚，振兴乡村经济的作用。

从上述作品中可以看出，乡贤文化的影视作品创作可以有两种方式：第一，从历史中寻找影视创作的素材，这主要是针对乡贤历史文化资源的创作；第二，以当代乡贤为主体，突出时代价值。乡贤文化影视作品要坚持两个重要原则。一是坚持正确的思想引领，摒弃传统乡绅文化的弊病，使作品符合当代价值观；二是乡贤影视作品的主体为乡贤，比一般影视作品更加强调人物形象的鲜明，在形象塑造过程中不可脸谱化，还需要构建人物冲突，留有悬念，不可一览无余，增强可看性。

需要注意的是，影视创作的专业性强，乡村开展起来存在一定难度，需要有专业人士的参与。在进行乡贤文化影视创作时可以借鉴浙江台州的经验，召开在外影视乡贤联谊会，通过此类沟通平台，强化本地与外地影视资源的联络与互动,为当地影视产业尤其是关于乡贤文化的影视产业提供创意、技术、资金等方面的支持。

(3)特色文化产业模式。特色文化产业概括为依托各地独特的文化资源,通过创意转化、科技提升和市场运作,提供具有鲜明区域特点和民族特色的文化产品和服务的产业形态。从上述概念可以得出,乡村特色文化产业是利用乡村民间文化传统和文化资源,并结合现代经济和产业理念开展的经济活动。从外延上来看,民俗手工艺产业、旅游业、康养产业、体育产业、节庆会展都属于乡村特色文化产业。但是为了与前面的模式相区分,并突出与乡贤文化资源紧密相关的产业,此处的特色文化产业模式只强调民俗手工艺产业,乡贤掌握着乡村的民俗工艺的手艺或者经营管理技巧,可以通过"服务业+制造业"这两种特色文化产业对文化资源的开发模式来延长产业链条,并形成产业集群效应。①

2. 中间层:文化赋能,助力产业升级

宏观来讲,乡贤文化促进乡村经济增长的过程都是文化赋能。本部分所阐述的文化赋能是从狭义角度来讲的,即乡贤文化为乡村传统产业转型赋能。赋能主要有两种方式:一种是品牌提升溢价,打造乡贤文化ＩＰ;另一种是引导乡贤支持,使乡贤参与到乡村产业转型中来。

(1)文化品牌溢价。文化品牌具有强溢价的特征,因为品牌中所包含的文化及情感元素所带来的丰富品牌联想和品牌情感,能够带来丰富的经济利益,成为一种无形资产。

首先,提升乡贤文化品牌的品牌联想。品牌联想是通过产品的标识、产品、服务所能引起的一切关联想象。②关联想象能够提升品牌的认知度,乡贤文化品牌产品关联想象丰富,与故乡相关的回忆、趣事,故乡的风景、人文都会是乡贤文化品牌的卖点,或者说乡贤文化品牌卖的就是乡愁,乡贤文化品牌在设计与营销时要增强与所在地相关的品牌联想。

其次,丰富乡贤文化品牌的品牌情感。品牌情感主要体现在两方面:一方面,是品牌运营者对品牌所赋予的情感;另一方面是受众对品牌所倾注的情感以及受众在使用品牌产品时所产生的情感互动。因为乡贤文化品牌本身比起一般的文化品牌拥有更多情感上的优势,在乡贤文化品牌运营

---

① 林玮.特色文化产业集群的资源开发与乡村实践[J].西北农林科技大学学报(社会科学版),2015,15(5):89-94.

② 柏定国.文化品牌学[M].长沙:湖南师范大学出版社,2010:57.

第六章　美丽乡村文化传承

的过程中要突出品牌所带有的故土难离、反哺桑梓的情感，更易与当地及周边民众建立情感联系，增强情感互动，提升品牌价值。

文化品牌发展到一定阶段，有一定的知名度和热议度之后，会成为当地独有的IP。例如，近年来比较火的熊本熊IP使原本并不知名的农业县熊本县转变成为日本的国家品牌形象之一，带来了丰富的经济效益。乡贤文化建设中可以打造乡贤的人物形象IP，在IP形象中注入文化内涵，赋予其有温度、有感情的形象，增强其传播能力和参与度。IP通过跨界连接来植入更为丰富的内容，此时乡贤文化产生更为强大的赋能能力，围绕这一IP可以举办相关节庆、打造相关衍生品，激发其在文化表达、设计方面的赋能能力。这一IP还能够与农产品加工业、创意农业、休闲农业等农村产业结合起来，将IP融入到相应的场景之中，如商品、游乐设施和相关产品中，打造"乡村泛文化产业"，提升乡村产业的文化内涵，提升文化在产业中的地位，提升附加值，实现产业的转型升级。发展到再高级的阶段还可以进行品牌授权，以金融为支撑，实现品牌化运营管理。

（2）引导乡贤支持。当前已有乡贤参与到家乡的经济建设中来，但是处于一个较为无序的状态，正常良性的发展应当符合当地产业转型的要求，地方政府要引导乡贤有序支持地方经济的发展，实现乡贤在地方经济建设中作用的最大化。

第一，引导乡村主导产业发展。产业振兴是乡村振兴的关键所在。只有乡村建立起自身的产业，持续为乡村经济注入活力，才能真正实现乡村振兴。新乡贤中不乏经营型乡贤，他们在外事业有成，具备商业眼光，同时对乡村较为了解，拥有资源及技术优势，各地乡村可以立足市场前沿，根据当地实际，立足当地的区位优势以及资源禀赋选择主导产业，建设乡镇企业，如现代农业、服务业、特色产业等。随着生活节奏的加快，人们对回归自然、放松自我的需求不断加深，从乡村中走出来、在城市中生活过并且富有商业嗅觉的新乡贤能够意识到这一商机，要善于利用与开发乡村的农业资源，发展农业观光、农事体验、休闲度假，带动乡村餐饮、运输、住宿等产业的发展。

第二，鼓励村民创业。乡村要发展，需要激励村民的创业热情。新乡贤要能够解放村民的思想，新乡贤中创业成功的乡贤可以号召有一技之长或者善于管理、富于创新精神的村民创业。技能型乡贤为村民提供相关的教育培训和技术指导，培养有技术、会经营、能管理的新型农民。还可以

131

发挥新乡贤的对口帮扶作用，提高创业成功率。当地政府需要为农村创业者提供顺畅的融资渠道，不可将资金压力置于新乡贤之上。

第三，提供良好环境。在乡村振兴的背景下建设乡贤文化，留住乡贤人才是关键，乡贤人才是流动的资源，如果没有一定的吸引力是很难留住乡贤的。只有留住乡贤，营造良好的环境，才能为乡村建设提供持续不断的内生动力。首先，良好的政策环境。在城乡二元制结构尚未破除的情况下，资源的天平是倾向于城市的，乡村要吸引乡贤人才，必须要在政策上重视乡贤文化。要创造良好的乡贤投资环境，吸引汇聚乡贤来村投资，虽然乡贤对于乡村有乡愁这一层感情因素在，但从商业投资的角度考虑，乡贤投资是要考虑利润的，所以当地政府以及乡村要共同营造良好的投资环境，吸引乡贤。还要针对乡贤制定专门的优惠政策，如建房置地、教育、医疗的相关优惠。其次，良好的生产生活环境。相比城市而言，乡村不具备丰富的生活配套设施，但乡村凭借靠近自然的优越条件，对于主动或者被迫逃离城市的新乡贤是不可替代的优势，乡村要解决影响乡贤返乡的生态环境因素，同时还可以减少"在场的"乡贤人才流失。

3. 高级层：文化自觉，文化驱动振兴

文化自觉是文化的自我反省和自我创建，是文化自信和文化自强的前提。文化自觉不仅需要官方对文化进行引导，还需要发挥民间力量的作用，实现官方文化与民间文化的互动，在官方层面，加强乡贤文化的普及，在民间力量层面，发挥村民的文化主体作用，完成乡贤文化的传承与发展。

（1）加强乡贤文化普及。在乡贤文化建设中要加强对乡贤文化的宣传，打造共同的文化基础和文化符号，加强乡贤文化普及，营造乡贤文化氛围。加强包括古贤文化资源在内的文化遗产保护，在发挥其经济价值的同时彰显乡贤文化的影响力。将乡贤文化与乡村文化形象结合起来，建设乡贤文化长廊、传统乡贤的雕塑及广场供村民瞻仰，感受从古至今乡贤文化的传承与发展，形成对乡贤文化的认知。除去文化景观、文化设施的建设，还可以与乡村以及地区的文化规划、宣传口号结合，传播乡贤文化。

乡贤文化的普及还可以走进中小学校园，根据地方志以及相关历史文献、文物，以及乡贤所取得的成就，对乡贤进行分类整理，编写当地乡贤的教材。从当地实际出发，转化为学生易接受的课堂语言，使教学形式活起来，合理运用现代化的教学技术以及多媒体资源，使"在场的"乡贤走进课堂言传身教，还可通过远程教学系统使"不在场"的乡贤对孩子进行远程辅导。加强乡贤文化与校园文化、班级文化建设的结合,强化实践体验,[1]采用外出参观走访、主题演讲、体验写作等方式让学生感悟古今乡贤人物的魅力。让孩子从小便了解乡贤文化,强化对家乡的文化认同,树立回报桑梓的理想与目标,增强其建设家园的责任感,以此来恢复乡村的自我修复与发展能力。

(2)发挥村民的文化主体作用。民才是主体。村民享有文化权利,能够参与相关的文化活动,共享乡贤文化的建设成果,并对乡贤文化进行传承创新。

首先,在乡贤馆等文化场所的建设上,要保持村民的知情权,并尊重其建议权,村民还可以参与到关于乡贤文化的文体活动中,在愉悦身心的同时参与到乡贤文化的传承中,改善乡村精神风貌。

其次,村民应当成为乡村乡贤经济的参与者,无论是文化旅游模式、特色文化产业模式,还是文化赋能的泛文化产业模式,当地村民都应该参与到其生产、加工、消费的过程中,共享产业发展带来的红利。

最后,对于支持乡村振兴事业的乡贤要授予其荣誉,如荣誉称号、徽章、奖状等。实现乡贤自我实现的需要,增强新乡贤"荣归故里"的感受,强化对乡村的归属感,引导崇贤尚德和见贤思齐的乡村氛围。同时内化成村民们贡献乡村的思维模式和行为规范,并不断吸引外出乡贤反哺家乡,激发乡村内生动力,实现乡贤文化在当代的创新性发展,促使乡村重拾文化自觉,并驱动其振兴。

四、我国乡风文明建设中乡贤文化传承与建构对策

众所周知,拥有深厚农业文明的中华文明肩负着数千年传承不断代的重任。因此,长期以来在维护农村长治久安中起重要作用的乡贤,无疑可以被称为奇迹的缔造者之一。随着社会的发展,乡村社会中国家权力的下沉,使得新乡贤更需要承担起新时代下的使命,发挥所长促进社会主义新农村的建设。在这样一种背景下,各级党政机关应充分发挥基层党组织的领导作用,重视乡贤回流,运用乡贤力量,使乡贤在更好的机制下充分发挥作用,进而促进乡风文明的建设,实现乡村治理现代化。

(一)加强基层党组织在乡贤文化传承与建构中的核心作用

新农村建设成败取决于基层党组织的建设,因此,应加大投入,不断

---

[1] 蔡秀华.地方乡贤文化与德育校本课程开发[J].中国校外教育,2014(11): 14, 22.

提升村干部的综合素质,并在此基础上积极加强基层党组织的建设,加快新农村建设的步伐。

1. 加强基层党组织的作风建设

民主集中制是党的根本组织原则,但一些领导干部在实践中对这一原则存在抵触心理,会议中大肆宣扬民主,实际工作中却无视这一原则的存在,以各种理由推脱。因此,要加强基层党组织的作风建设,着力转变现有意识观念,坚持"一切为了群众,一切依靠群众,从群众中来,到群众中去"的群众路线,深入群众,想群众所想,急群众所急,为群众办实事,向群众学习,不断发挥群众的积极能动作用;我国实行基层群众自治制度,村委会作为其载体,应该积极发挥平台作用,拓宽乡贤在内的民众自我管理与治理的渠道;村干部应该致力将乡贤打造成民情、民意以及民心的代言人,监督基层党组织,促使其形成良好作风。

2. 加强基层党组织的思想建设

为改变农村文化建设相对滞后这一困局,实现农村精神文明建设快速发展,我们应该将重心放在对基层干部思想道德素质的教育和引导上。可以通过集中会议、电视会议、实践活动等各种形式,要求基层村干部系统学习马克思列宁主义经典著作,加深对中国特色社会主义理论体系的理解,紧跟时代号召,重视乡贤文化的传承与建构。在此基础上,党员干部要积极引导乡贤发挥自身纽带作用,做好与其他乡村之间的交流沟通工作,形成多村庄联合党建工作模式,实现治理观念创新。新时代下,人们的自主意识不断提高,过去干部专制式管理、群众被动式接收的治理模式收效甚微,已经不适应现有社会运行模式,基层党组织要敏锐洞察新形势下人们的心理特征,在乡村治理工作中,用新型治理方法体现"以人为本"的思想,实现思想政治工作中乡贤一展能力的效果。

3. 加强基层党组织的组织建设

在基层群众自治组织中,党组织作为核心领导部门,必须不断强化其功能,加强其宏观统筹和微观指导能力的建设,加快步伐,改善农村落后环境设施,为留得住优秀人才创造一定的条件;发掘乡土资源,促使粮食作物、经济作物等逐渐形成市场化、规模化、产业化,走向致富道路。为加强对基层党组织队伍的建设,村委会可以加大对乡贤参事会的关注与投入力度,加强对其培育工作,及时吸收优秀的乡贤为党员,并根据他们各自所擅长之处分为不同类别的顾问小组,提高管理的专业化水平;另外,可以通过民主选举的方式聘请这一群体直接担任乡村管理机构的有关职务，从组织上参与到基层治理工作的环节中，亦可向村级后备干部方向培养，提高基层自治组织的民主化、科学化水平。此外，对于乡贤参事会的组织机构发展，要注重对会长、副会长、秘书长等重要人物的选拔与培养，指导乡贤参事会有序运转，尽可能有序吸纳新会员，根据自身实际能力多办实事，高效参与乡村各项工作，积极推进乡村治理工作的有序进行。同时，乡贤具有一定的经济实力和话语权，基层党组织应合理利用这一优势，准确定位乡贤参事会的性质和功能，加大对乡贤的吸引力度，凝聚各方社会力量，始终将农村各项事业的建设、发展与基层党员领导干部队伍的建设相结合，加强对党员干部的德行教育，并将这一培训机制与党员干部的工作情况、工作成绩结合，以此作为评价指标，激励广大基层党员干部脚踏实地，坚持努力、积极向上。

（二）大力传颂古贤，积极培育新贤

乡贤大多接受过较高水平的教育，见多识广，多数乡贤具有广泛的社会基础，愿意且能够为乡村的发展进步贡献自身的力量，所以要充分挖掘古今乡贤，引导其更好地发挥所长。

1. 挖掘历史资源，传颂"古贤"

乡贤文化的重构，需要我们继往开来，广泛挖掘历史资源，实现"古贤"的传承与颂扬，力求可以达到一种良好的效果，即让居民望得见山，看得见水，记得住乡愁。

传承与发扬古乡贤的物质遗产。发展要因地制宜，乡村社会的发展也不例外。在发展的过程中，要结合本地的历史实际，加大调研力度，针对确有古乡贤留存的遗迹，在相关文献、文物的整理、发掘工作上，加大投入力度。例如，现阶段浙江上虞区这样乡贤文化发展较好的地方，政府需建立古籍整理与文物保护工作小组；对新发现的尚留存至今的乡贤祠，则更应该加大人力、物力、财力的投入，紧急进行修缮，为民众游访、瞻仰提供便利，将这些物质文化遗产发扬光大。

传承与发扬古乡贤的精神遗产。对于精神遗产的继承与发扬工作，应该将眼光更多地放到本地区的重量级历史名人研究中，发挥这一群体的放射效应，在此基础上进行价值的多重开发工作。一般而言，有较大影响的乡贤名人可以为本地区的文化效益、经济效益、旅游效益带来很大的引擎效应。通俗的做法是采取各种方式扩大这一群体的知名度以吸引外商投资。例如，政府购买文化服务，举办各种名人节、名人游等活动；还可通过历朝历代形成的乡贤群体这一纽带，让乡贤群体发挥整体性的社会文化效益。但是，也应该清醒地认识到，达到这一目标的前提条件是，本地区历朝历代乡贤英才辈出，不然可谓"巧妇难为无米之炊"，这种方式可以称之为"群团性乡贤模式"。①另外，还应该从教育着手、从娃娃抓起，充分借助各种媒介，发挥其平台和宣传作用，采取通俗易懂、简单明了的故事、影集、视频、相册等方式，推而广之进入教材中，对古乡贤的嘉言懿行进行传播，使学生对这种高尚的精神耳濡目染，并在学习生活中效仿。

2. 重塑乡土精英，培育"新贤"

世世代代，祖祖辈辈，每代人都有其该有的历史使命，每个地区的人也有其需要面对的现实。所以，不同区域应根据本地区的实际情况，重塑乡土精英，培育新时代下的新乡贤。

（1）情感认同。所谓情感认同是指利用故土情结来调动本地乡民对家乡的热爱与眷恋之情，充分展示这一群体在美丽乡村事业建设工作中的力量。同时，乡民在美丽乡村事业建设中发挥力量，要结合当地各种政策制度。众所周知，民众对明显违逆人情、民俗的措施是极为反感的，甚至会阻止这些措施的实施，很难收到预期效果。所以政策的制定者、修订者在政策制定过程中，应在尽量通俗化的前提下，注意传达的情感，只有这样，在乡村社会推行各项举措的过程中，才可以在情感上与民众产生共鸣，使其与民众的"喜、怒、哀、惧、爱、恶、欲"（即孔子说的人之七情）相契合。以上世纪家庭联产承包责任制为例，正是因为它尊重了广大农民的首创精神，很好地顺应了民心、契合了民意，满足了人民的需求，获得了民众的情感认同，这一制度才能够迅速而全面地推行，取得极好的效果。

（2）价值引领。中国古代乡贤，一方面，"他们在地方上热心公益，保家卫国，造福一方"；②另一方面，"积极推行以儒家为主的社会价值观，维护乡村社会秩序的稳定。"③社会主义核心价值观是现如今中国特色社会主义文化建设的核心内容，这一核心价值观如何深入民心，如何在乡村扎根立足，它的弘扬需要借助哪些平台、依靠哪些力量？面对这些问题，为确保社会主义核心价值观取得良好的效果，需要对乡村民众的价值追求做一个全面的调查和系统的分析，准确定位他们的价值追求与社会主义核心

---

① 王泉根. 中国乡贤文化研究的当代形态 [J]. 人民文摘, 2014(10): 29-31.
② 颜德如. 以新乡贤推进当代中国乡村治理 [J]. 理论探讨, 2016(1): 17-21.
③ 同上。

价值观之间的关系，对症下药，让乡贤起到价值引领的作用。此外，需要弄清楚的一个重要问题是，价值观的形成是一个自上而下的过程，是依靠国家强制力的作用塑造而来，还是社会民众自发形成的？国内一些专家持有这样一种观点，中国古代社会的农民认为现实生活的意义就在于"传宗接代"，并在此基础上形成了一套独有的价值理念，认为"通过传宗接代，个体有限的生命融入到子子孙孙向下传递的无限事业中，产生永恒意义。"① 但如今农民的这种传统价值与现代社会中个人奋斗、自我实现的价值并不相容。就这个层面而言，可以得知，在中国广袤的乡村社会，民众面临着安身立命的价值如何构建这一重大问题。应该以多样化的方式来弘扬与固化它们，使其真正内化于民心，外化于民行，同时进一步落实各举措的实施操作环节，加大力度宣传"乡情""乡愁"，引导人才反哺归乡，发挥才干，新乡贤恰恰可以承担起塑造和弘扬这些价值的重要作用，成为这一工程良好运转的支柱力量。

（3）荣誉认可。"乡贤"被古人赋予有德行、有贡献之意，是对社会贤达去世后予以表彰的荣誉称号。这一荣誉称号包含了对这一群体人生价值的肯定，是一种身份认可的象征。此外，在我国一些地方还修建了乡贤祠，以此鞭策世人学习、铭记乡贤们的嘉言懿行与奉献精神，见贤思齐。一定程度上，这一举措能够加深乡民的家乡荣誉感、自豪感。现如今，可以跟随时代步伐，采取一系列新的多样化的方式激励新乡贤。例如，汇编可传唱的歌曲、描绘可观瞻的壁画、颁发可以让世人瞩目的牌匾，并积极利用新媒体进行宣传；此外，可以建史志馆，将乡贤事迹融入方志、史志，列入馆藏，供全国来访者沟通学习、效仿；给在不同领域做出贡献的乡贤颁发荣誉证书，加深其作为乡贤的自豪感与荣誉感。

（4）教育涵养。古乡贤及其事迹都已成为过往，就这些人物本身，已无复原的可能，但要认识到，这些仁人志士带给我们的文化营养、道德精神与力量根植于一系列的文献和文物中，主要表现为：宗儒守道、匡扶正义、崇文右学、敬宗收族、乐善好施、务本求实。这需要我们不断发掘、学习、弘扬，只有这样，乡贤文化的传播才不至于"半路夭折"。对新乡贤的培育和凝聚工作是一项任重而道远的工程，要经历漫长的时期，但这一工作的成效是利在当代，功在千秋，因而需通过教育涵养进一步促成新时代新乡贤文化的形成。只有这样，古乡贤的嘉言懿行才不至于流失，新

---

① 颜德如.以新乡贤推进当代中国乡村治理[J].理论探讨，2016(1): 17-21.

乡贤的道德精神和力量也可以不断发扬光大，这种文化传统才可以不断发展成为涵育乡风、敦化民风、醇厚人心的持久力量。在具体开展工作中，要认识到总结每一地域新乡贤道德精神的重要性，并将这一文化加以传播、颂扬与保护；融入启蒙性教育，从娃娃抓起，使孩子从小就学习这一优良文化传统，激励孩子们修身律己，立志成为古乡贤那样的人，为国家建设和地方发展贡献力量；优良文化进家门，注重对家风的培养，将古乡贤嘉言懿行载入族谱，形成家训，以便世世代代的后人学习与传承。

（三）建立健全乡贤组织的运行机制

1. 培育成立乡贤组织

对于协同治理机构的建立，旨在加强乡村的联动治理模式。在这一过程中，乡贤可以充分利用自身在乡民之中有威望这一有利条件，有计划有步骤地成立研究性组织、协商性议事组织、亲善性组织等。研究性组织，旨在发掘与传承古乡贤精神，在此基础上进一步提出改进乡村事务治理的针对性建议，比如乡贤研究会；协商性议事组织，侧重对乡村治理过程中出现的问题、矛盾进行协调商议，发挥上传下达的纽带作用，如乡贤参事会；亲善性组织，类似家族型组织，主要立足于解决家族内部事务，充当本家族与外部交涉事宜的发言人。其中，乡贤参事会作为一个基层社会组织，在参与农村经济社会建设、公共服务、民情反馈等工作中，要体现公益性和服务性。此外，还应根据每个村落的具体情况、乡村居民的数量多少、年龄差别、兴趣爱好等成立不同的社会组织，如老年人协会、舞蹈协会等。此类协会的成立目的在于使本村落的传统精神得以发掘、延续，同时可以增强乡民的归属感；另外，还可以积极发挥乡贤知识水平较高的优势，引导村民成立各种技能培训班，提升村民技能等，不断推动美丽乡村的建设。

2. 丰富乡贤组织的成员

对于乡贤组织成员的选拔工作，要立足于成员的综合能力，坚持以德为先，多方兼顾的原则，不断扩充壮大乡贤会，加强乡村社会的联动治理，实现良治。应以外出乡贤为基础元素，积极吸纳各行各业精英，发挥众筹作用，运用多领域贤达所拥有的众多资源。农村中一些德行好、威望高且积极参与乡村治理的退休老干部、老教师、老学者等也应被考虑在内，进一步丰富完善乡贤组织队伍。推动乡贤治理的工作进程，首先应该对乡贤进行科学、合理的界定，德高望重之人通常被称为乡贤，因为只有"德高望重"才能做到客观公正，才会在乡间具有治理的威望，积极带领村民建设美好家园。现代社会中不乏这样一种人，他们曾经位高权重、博学多才，但却因为品德恶劣，在人民内部难以形成正能量，如果享有"乡贤"之称自然是名不副实，更难服民众的。所以，乡贤组织在吸纳新成员的过程中，要以乡贤特征来加以识别，尤其要注意考量其先进性、亲善性等特征，打造优秀的乡贤组织队伍。

3. 完善乡贤组织的工作机制

工作机制的完善应该从乡贤组织规章制度的建立健全着手，着眼于设定严格的会员资历和审判标准；推进乡村社会组织、社会团体登记制度的落实；推进工作例会的召开，规范资金管理使用，成立专门监督小组进行监督，并定时公开报告资金使用情况；做好年度工作计划的审定等。此外，弹性增加相应的褒奖与惩治制度。中国农村是一种传统的熟人社会，"留一个好名声"是民众的共同追求，常态化的公开表扬和正面鼓励，不仅让人们爱面子的心理得到应有的满足，而且会在这种满足的心态下，进一步激发其做好事的心境，形成良好的连锁反应，会更好地达到评选道德模范的初衷，引导全社会崇德向善。而对于不遵守乡贤组织制度的个例，也要予以相应的惩治，警醒其明确自身职责，发挥自我效应。惩恶扬善，才能打造出更加风清气正的乡村社会环境。

（四）搭建回归平台，引导外出乡贤反哺家乡

乡贤组织作为一种兴起于民间的社会团体，应从民间而来而又高于民间，请命于民、服务于民。因此，这一社会团体不仅与乡贤的关系相当密切，能够很好地承担起联络乡贤的作用，做好对乡贤的宣传工作，而且具有很大的亲民性，组织灵活自由，在具体工作中能延伸到地方社会经济文化活动等方面，较好地发挥其"联络人"的功能，推进信息上传下达，促使诸多走出去的乡贤再回到家乡贡献自我力量，为乡村经济文化的振兴提供更多资源。但是，如果该地区有乡贤的存在，这一乡贤群体却没发挥其该有的作用，未组织任何实践活动，那么，该乡村同样得不到良好治理，只会停滞不前，甚至不断倒退，因此，要搭建乡贤回归的平台。

1. 鼓励乡贤回归，参与乡村治理

一是出台各种优惠政策吸引有经济实力的外出乡贤回村任职，积极参与乡镇开发建设。聘请相关专业人员，充分调研发掘本土本乡的自然资源、人文资源、生态资源等，通过媒体广泛宣传，营造商业氛围，吸引招商投资，尤其是本籍乡贤的视野回归，他们的返乡更易得到村民的认可，村民会更放心将集体资源通过合理的方式让渡给乡贤精英管理，带动乡村致富。二是政府领导人要重视基层农村领头雁工程建设。村委会的干部选

拔，要从思想政治素质、协调管理能力、带头致富能力、综合表达能力等多方面考察，而这些能力乡贤明显更具优势，所以，应给予乡贤直接参与本土本乡治理更多的机会，赋予回归乡贤基本政治权利；与此同时，做好对乡贤的监督评价工作，营造一种开放的基层政治环境，发挥村民的监督评价作用。三是为回归乡贤参与乡村治理营造氛围、提供平台。乡贤参与乡村治理平台的搭建，应将传统的乡贤研究会、乡贤参事会等与创新性的"乡贤基金""乡贤热线"等结合起来，多渠道吸引乡贤返乡，助力乡村治理现代化；同时，加大力度充实乡贤信息库、智囊库的建设，即乡贤范围可涉及政、商、科教文卫等多领域人才，参与新农村建设和治理。

2.借助信息化手段，引导乡贤回归

社会发展飞速，信息化技术的发展也同步于此。现阶段，我国乡村已被网络领域覆盖，基层群众已然享受着信息技术快速发展所带来的便利，在视频、音频信息之中感受着现代化生活，让乡村治理现代化有了新理念与新空间。肖立辉认为"信息化是乡村治理现代化不可或缺的一个指标体系。"[①]在这样的一种时代背景下，乡贤文化要想在乡村治理能力现代化中占有一席之地，在具体实施操作中，必须全方位地运用信息化的技术手段。一是要用好电视等传统媒体。政府相关单位要与电视台做好协调工作，选取本土本乡具有代表性的乡贤，精选优秀事迹，制作成纪录片或传唱片等多种形式，在黄金时段轮番播放，或直播与乡贤文化有关的各类活动，让村民在看电视休闲的过程中不知不觉增进对乡贤的了解。二是要用好互联网、新型便捷式软件等新媒体。互联网的快速发展，使乡贤文化的弘扬突破时间和地域的限制，乡贤文化的传播，需要紧跟网络时代的号召，各市县级政府帮助村镇建立网站，开设相关栏目弘扬乡贤文化，正如习近平总书记所说，要让亿万人民在共享互联网发展成果上有更多获得感。同时充分运用多功能化的应用软件，如微信平台，政府可以加大这方面的投入力度，申请官方微信账号，定时定点发布关于乡贤文化的动态，为了吸引更多的用户关注，可以附带一两条养生等与生活紧密相关的主题，编辑成一整条动态发布。三是用好LED显示屏。现在各行各业几乎都有LED显示屏，飞机场、火车站、汽车站等交通领域，学校、医院等科教单位，公园、广场等娱乐场所，各大超市等营业性单位，偌大的LED显示屏可以发挥重要的作用。在LED显示屏上轮番滚动播放乡贤事迹，将

[①] 肖立辉.乡村治理现代化的由来与出路[J].观察与思考，2015(2): 57-59.

乡贤文化的传播渗透到民众生活中的点点滴滴，这些都是信息化时代带来的便捷。

3. 结合乡村治理实际，吸引乡贤回归

一是充分利用农村"熟人社会"的特征。我国农村依旧保留有"村落自治、熟人社会"的传统观念，相比于陌生人，乡民更愿意依靠熟人办事。这种观念引导下的乡村治理模式不但成本低，而且效能高，可以辅助解决很多基层党委、政府头疼的难题。乡贤则明显具有这一特征，因此将乡贤精英与基层群众自我管理相结合，可以更好地实现基层政府与群众的良好沟通，达到双赢效果。二是因村制宜，找准切入点。各个地方都有其独自特色，每个农村的自然地理条件都各不相同，乡村治理现代化的推进，要因地制宜，对症下药。结合乡村实际，充分调研，挖掘资源，找准切入点。例如，历史古迹较多，可以搞人文旅游开发；生态环境好，可以搞自然旅游开发；自然资源丰富，可以搞资源开采等，按照"一村一品"的理念开辟一条符合当地实际、顺应民心、具有品牌效应的现代化发家致富道路。与此同时，乡村治理现代化的实现与群众的感受息息相关，只有这种现代化的治理模式让群众切实感受到便利快捷等优越性，才能够发挥其助推作用。所以，在实践中，要充分尊重基层群众的首创精神，在求同存异的基础上实现每个人的发光发热，让村民能够更加齐心协力、同心同德，为美丽乡村的建设与治理贡献一己之力。

在努力培育乡贤，构建乡贤文化的过程中，还需特别注意防止乡贤异化。一是防止乡贤成为家族宗派势力。中国农村几千年来家族观念、宗族观念等仍然根深蒂固，如果在处理农村各种冲突矛盾中，乡贤过于注重家族观念，就可能形成宗派势力，乡贤治村说到底还是人的治理，一定要靠制度来监督把关。在遵循国家宪法、法律法规的基础上，结合村规民约、民俗道德等共同构建一套乡村治理模式。要搭建一个'法情允谐、德法相彰'的基层治理构架，找到公共治理规划与传统礼俗的最佳平衡点，[1]从而真正实现乡村治理现代化。二是防止乡贤垄断公共资源。乡贤因丰富的学识经验和社会阅历，在乡村中处于中层阶级，是连接政权与乡民的纽带，无论是中央政令在地方上的有效实施，还是民间社会愿望的传达，作为政府和基层民众之间的中介，乡贤都起到了积极作用。[2]在协助农村"两

---

[1] 何子君. 论"乡贤引领"推进乡村现代治理的作用 [J]. 湘潮（下半月），2015(2): 65-66.
[2] 张颐武. 重视现代乡贤 [N]. 人民日报，2015-09-30(7).

委"治理农村的过程中,就会享有一些普通群众没有的各种资源,如政治资源、公共资源、人脉资源等。与此相伴,在处理一些乡村具体事宜时,就可能发生乱用公共资源,假公济私等现象,有时甚至会演变为一方恶霸,而中国农民一直以来的隐忍习惯则会助长这种不良治理秩序。未雨绸缪,这些现象必须引起高度重视,乡贤在处理农村公共事务时,要切实落实村务公开制度,强化基层民主监督,同时农村基层党组织出台相关惩治措施,惩恶扬善,久久为功,以不断加大的外力强化约束,方能防止"破窗效应",以制度治村推动文明治村,维护社会公平与正义,构建新型现代化农村。

第七章　农村社区的具体建设对策

第一节　农村社区的概念

一、农村社区

（一）社区

"社区"一次是个外来语，首先提出社区的是德国社会学家斐迪南·滕尼斯，他在1887年出版的《Gemeinschaft and Gesellschaft》，后被翻译成《共同体与社会》。滕尼斯认为，社区即共同体，是由价值观念和生活习俗相同的人口构成一种亲密无间、守望相助、出入相友、服从权威且富有人情味的人际关系。这种关系不是社会分工的结果，而是由传统的血缘、地域等自然因素造成的。[①]这种共同体的外延主要指的是传统的乡村社区。[②]腾尼斯认为社区要先于社会，社会是社区发展的一种趋势。美国学者高尔宾认为，农村社区是由一个交易中心与其周围散居的农家合成的区域。他认为，以交易中心的交易行为为中心，所能达到最远的距离形成的圆圈就是一个农村社区。20世纪20—30年代，美国的芝加哥学派开展了对都市社区的研究，其代表人物R.E.帕克教授对社区理论进行了进一步的研究后指出，社区是在限定地域上的人群和组织制度（institutions）的汇集。后来人们对社区的定义、特征等进行了大量的研究，但是由于视角不同，人们对社区的理解也有很大的分歧，但人们普遍认为社区最基本的要素和特征包括"一定的地域""社会交往""共同的纽带"和"认同意识"。[③]

[①] 营立成，刘迟.社区研究的两种取向及其反思：——以斐迪南·滕尼斯为起点[J].城市发展研究，2016, 23(2): 71-77.

[②] 牛文元.中国新型城市化报告（2012）[M].北京：科学出版社，2012: 56.

[③] 于燕燕.社区自治与政府职能转变[M].北京：中国社会出版社，2005: 5.

20世纪30年代初，国外关于社区的研究开始传入中国。1933年，费孝通等青年学生在翻译国外社会学的论文时，第一次将"community"这个英文单词翻译成"社区"，之后成为被中国社会学广泛接受的通用术语。在此之前，"community"多被译为"共同社会""共同区域社会""地方共同社会"等。[①] 新中国成立以来，由于经济体制束缚，我国的社区建设一度被遗忘。改革开放以后，伴随着经济体制改革，"社区"的概念随着经济的发展被重新提出。"社区"概念首次被民政部应用于城市建设领域是在20世纪80年代，该部门提出通过城市社区服务的现代化来促进城市发展的现代化。专家学者们对社区有着不同的理解。费孝通先生认为，社区是由传统的礼治秩序构成的私人联系网络，并不受政治影响的社会生活共同体。[②] 史柏年认为，社区是指一定数量的成员组成的、具有共同需求和利益的、形成频繁社会交往互动关系的、产生自然情感联系和心理认同的、地域性生活共同体。[③]

由于角度不同，目前有关"社区"的定义和解释多种多样，但大致可以分为两大类：一类强调精神层面，即人群的共同体，如成员必须具有相同的传统价值观、相近的习俗习惯等；另一类则强调地域的共同体，即具有共同的居住地，共同生活在一个区域内的人群。基于此，"社"指的是相互有联系、具有某些共同特征的人群，"区"指的是一定的地域范围。本文将社区定义为：彼此关联、相互依赖且具有共同的价值取向等共同特征的人群所构成的社会地域生活共同体。具有以下几个基本特征。

第一，社区是居民参与社会生活的基本场所，有明确稳定的生产生活场所，有供居民公用的基础生活设施和公共服务设施，如交通设施、医疗卫生设施。

第二，社区是一个社会实体。社区除了一定质量和数量的人口，还包括由这些人组成的各种社会组织和群体；社区运转必须要有一定的组织和机构对社区的健康运行与发展进行维护，如党支部、社区居委会等；社区除了存在血缘、地域等关系，还存在一定的经济关系；社区除了涉及居民的经济生活，还涉及他们的政治生活和文化生活，等等。因此，社区是宏观社会的缩影，社会有机体的所有基本内容都囊括其中。

---

① 严陆根. 社区经济学 [M]. 中国发展出版社, 2013: 24.
② 费孝通. 乡土中国 [M]. 上海: 上海人民出版社, 2006: 22-23.
③ 史柏年. 社区治理 [M]. 北京: 中央广播电视大学出版社, 2004: 27.

第三，社区具有多重功能。社会组织的目标和功能一般都比较单一，但社区的功能却是多样化的，通常包括经济功能、文化功能、政治功能和社会管理功能等。

（二）农村社区

农村社区也被称为乡村社区，就城市社区而言，农村社区主要指，在农业活动基础上聚集起来的生活共同体，农村社区一般是在一个或附近几个村庄基础上，经过集体搬迁与集体改造组成。改革开放以前，社区研究主要针对城市，指的是以城市居民为主体建成的人们生活的共同体。[1] 从某种层面出发，"社区"概念指的是城市区域的生产生活状态。在社会经济背景下，农村地区也逐步凸显一种与城市社区类似的新型村镇，能够寻求思想、理论上的突破。2006年10月，中国共产党第十六届中央委员会第六次全体会议（以下简称"中共中央十六届六中全会"）指出，要积极推进农村社区建设。随后，民政部推出了"全国农村社区建设实验县（市、区）""农村社区建设实验全覆盖"战略规划。在这类政策指导下，我国农村社区建设理论与建设实践均取得了较好的进步，研究成果较丰硕。在还未确立"农村社区"概念前，专家学者已经开始关注农村社区，并随着党组织的脚步，界定了"农村社区"概念，专家学者对农村社区开展了进一步的阐述，全方位的论证，就农村社区建设与发展，也开展了全方位、更加深入的理论探索。近几年，学术界针对农村社区的研究，主要集中在地域与组织形式上，并对农村社区进行了全新的界定。就农村社区地域而言，传统农村社区与城市社区有很大区别，城市社区属于生产、生活共同体，一般社区选址与原村庄有密切的联系，属于就地建成，是在村庄基础上发展而成的。就农村社区组织形式而言，传统农村社区沿用的是改革开放以来的组织形式，遵循"队为基础，集体所有"原则，将社区划分为不同的生产队，各个生产队为独立核算单位，由村党支部、由村民委管理各个生产队。

（三）农村社区建设

关于农业社区建设，不同的学者从不同的角度给予了不同的定义。许经勇认为，农村社区建设是在村党组织和村委会的领导下组织和依靠农村社区力量，整合农村社区资源，完善农村基层服务设施，增强农村社区服

---

[1] 王霄. 农村社区建设与管理 [M]. 北京：中国社会出版社，2007: 75.

务功能，促进农村社区各项服务事业协调健康发展。[1]詹成付认为，农村社区建设就是要发挥党政主导作用和农民主体作用，从农村实际和农民需求出发，完善社区治理，发展社区服务，繁荣社区文化，满足农民日益增长的物质文化生活需求和利益诉求，让农民得到更多实惠。[2]以上这些学者从理论角度定义了农村社区建设，研究中还应注重理论与实践的结合。2000年，中共中央办公厅、国务院转发的《民政部关于在全国推进城市社区建设的意见》指出，社区建设是指在党和政府的领导下，依靠社区力量，利用社区资源，强化社区功能，解决社区问题，促进社区政治、经济、文化、环境协调和健康发展，不断提高社区成员生活水平和生活质量的过程。2003年，中国共产党第十六届中央委员会第三次全体会议明确提出加强"农村社区服务""城乡社区自我管理、自我服务"等方面的要求。2006年中共中央十六届六中全会通过了《关于构建社会主义和谐社会若干重大问题的决定》提出，积极推进农村社区建设，健全社区管理和服务体制，把社区建设成管理有序、服务完善、文明祥和的社会生活共同体。

笔者认为，对城市社区建设的定义同样也适用于农村社区建设。借鉴以上定义，农村社区建设是指，在农村社区范围内，在党和政府的领导下，依靠全体居民，整合社区力量和资源，强化社区的管理和服务，解决社区问题，建设管理有序、服务完善、文明祥和的新型农村社会生活共同体的过程。农村社区建设有以下特征：一是地域性，农村社区建设应在一定地域范围内开展，地域范围内的居民是其参与主体；二是社会性，农村社区建设是各种公共性、社会性的活动的集合，通过各种形式活动的开展，集合居民共同推进农村社区建设；三是服务性，农村社区建设通过聚集全部力量，解决社区问题，推进农村社区建设的目的就是为了实现公共服务均等化，提升农民的生活质量，维护社会稳定。[3]

（四）农村社区建设与村民自治

农村社区建设与村民自治的关系学术界多有关注，高灵芝认为我国农村社区建设和村民自治本质属性是相同的，两者具有相辅相成的关系，村民自治是农村社区建设的基础，农村社区建设是村民自治的拓展和延伸。村民自治就是由村民群众依法办理自己的事情，实现村民的自我管理、自我教育

---

[1] 许经勇. 美丽乡村与社区建设 [J]. 学习论坛, 2015, 31(1): 27-30.
[2] 詹成付. 农村社区建设实验工作讲义 [M]. 北京：中国社会出版社, 2008: 5.
[3] 田华. 试论农村社区服务体系的创建 [J]. 云南行政学院学报, 2004(6): 109-111.

和自我服务。村民自制的内容包括村（社区）委会干部民选，村民行使选举权；村（社区）大事村民定，村民行使表决权；日常事务村民管，村民行使管理权；各项村民监督，村民行使监督权。村民通过民主选举、民主决策、民主管理、民主监督等方式管理本村的公共资源和公共资产，共同办理本村的生活服务和生产服务等公共事务和公益事业。农村社区建设既要提供人们所需的公共服务，同时也要塑造社区内部居民间的共同价值取向，最后实现参与自我管理、自我教育、自我服务的目的。所以，农村社区建设与村民自治的目的是相同的。农村社区建设需要挖掘、整合利用社区资源，而在村民自治中由共同价值观念形成的蕴涵着丰富的社会资源的熟人社会为农村社区建设提供了极大的便利。经过多年村民自治实践，在农村社区形成的基层民主自治的组织体系和制度体系、村民自治的法律、制度和规则奠定了农村社区建设的社会基础。同时，村民自治仅仅是拥有村集体产权的"村民"的自治，无论是自治主体、自治内容和自治组织体系等方面都具有封闭性和排他性。而农村社区建设以服务为宗旨，倡导多元主体参与则更具开放性和多元性。农村社区建设整合各方资源和力量为农村提供了多元化的社区服务，将村民自我管理服务与政府的公共服务实现有效连接和良性互动，丰富了村民自治的内容。在农村社区建设中培养的各种社会组织让更多人参与其中，突破了村民自治主体限于拥有村集体产权的"村民"的界定。因此，农村社区建设是村民自治的丰富与延伸。

农村社区建设与村民自治又存在一些差异，一是责任主体不同。我国的农村社区建设要坚持党的领导、政府负责，而村民自治的主体就是村民，政府主要是指导、支持和帮助。二者实施范围不同。村民自治是在行政村内部进行，而农村社区建设有多种模式，其实施范围根据模式不同不再局限于行政村内部。三是工作内容有区别，村民自治是以民主选举、民主决策、民主管理、民主监督等方式管理本村的公共资源和公共资产，共同办理本村的生活服务和生产服务等公共事务和公益事业，而农村社区建设工作内容广泛，比如公共服务体系建设、社会组织培育等，同时在基础设施规划布局以及公共服务体系建立上也根据模式的不同会突破行政村的界限。

二、我国农村社区建设的模式和特征

（一）我国农村社区建设模式

在我国社区建设的实践中，形成了各具特色的社区类型，按照不同的分类标准可把它们分为不同的建设模式。

按照农村社区形成的基础村庄的情况可分为四种模式：一是一村一社型社区，即以原有行政村为基础，统一规划，实现旧村完善或旧村改造。二是多村一社型社区，即多个行政村在充分尊重农民意愿、自愿联合的基础上建设社区；三是集中型社区，即中心村社区，通过统筹规划，在一个乡镇选择合适的地理位置建立社区，鼓励周边村民入住，通过产业园区的建设带动就业，从而促进社区建设；四是一村多社型社区，指在一个行政村范围内规划建设两个或两个以上的社区，这种建设模式主要是在西藏、新疆等地广人稀、行政村面积较大、很难集中居住的以牧业为主的地区。

按照与城镇的距离及承担的社会经济职能等因素可分为三种模式：一是城郊型社区，指距离城市较近，一般是源于城市扩张下的农村的自我发展，充分利用与城市的地缘关系，能够使城乡建设资源得到充分利用，较快地实现了城乡一体化的发展。这类社区除了大中城市发展过程中出现的城中村改造社区之外，县域经济发展中的产业集聚区社区也逐渐增多；二是乡镇中心社区，即以乡镇政府所在地为依托，以原有的小集镇为中心建立农村社区。这类社区通过认真规划，集合乡镇资源，集中建设规模较大的居民社区；三是村落型社区，即以行政村或自然村为依托，整合本村资源进行建设的社区。

按照社区发展的动力可分为五种模式：一是产业带动型社区，即围绕高新技术产业开发区建设，加大迁村并庄力度，紧邻开发区而建的新型农村社区；二是城市带动型社区，指围绕新区开发，对城郊村实施城市化改造而建设的新型农村社；三是文化旅游带动型社区，即根据村庄文化的历史传承，围绕发展文化事业和旅游产业建设，实行特色村庄保护而规划建设的农村社区；四是新农村提升带动型社区，指围绕省市级新农村示范村建设，在基础设施相对较好的行政村实施的新型农村社区建设；五是商贸带动型社区，即绕小城镇开发，繁荣发展商贸业，在乡镇所在地整合搬迁规模较小、分布零散的自然村建设的新型农村社区。

（二）我国农村社区的特征

社区在当代中国的政策发展中，最早是城市的管理单元，以社区为基础的城市管理体系是国家管理和整合的基础，政府通过社区为居民提供诸如道路、水电、环境卫生、文化医疗、社会保障等公共服务，城乡对立的二元结构使社区与农村发展相差较远。随着新农村建设的推进，"农村社区"概念的提出和政策设计表明农村地区与城市一起被整合进国家的整体发展之中，成为现代国家体系的重要组成部分。换言之，农村社区既源于吸纳城市社区合理元素的初衷，又因承担构建农民现代化的生活场域而有其自身特征。

第一，农村社区通过制定农村社区规划指导建设，有着与发展水平相适应的一定范围的区域划分和人口规模。农村社区是在农村原有村庄的基础上形成，一定范围的区域界限和人口数量是其最明显的外在表征。无论哪种建设模式下的农村社区建设，都必须有一个相应的合理区域边界，社区人口数量和区域范围是影响发展水平和投入服务的关键因素，发展良好的社区应有与发展水平相应的社区范围和人口规模。

第二，农村社区是进行新农村建设、实现城乡一体化的载体，是"人的城镇化"的现实途径。在农村社区建设和发展过程中，尽管建设的缘起和动力各异，但总体来看，它是以农村社会自我发展（各地自发进行的社区建设的探索）和政府推进新农村建设的必然结果。新型农村社区既不同于以往凌乱、分散的农村村落，也有异于具有相对完备基础设施的城市社区，在城乡连续体中糅合了农村与城市的特质——亦乡亦农、非乡非农。农村社区从总体规划、建筑形式、基础设施方面迥异于传统村落，入住于社区的农民也因视野的开阔、阅历的丰富成为兼具乡土与城市、传统与现代的新型农民。这些都构成了城乡一体化发展中农村社区与城市社区有效对接的现实基础。但不应忽视的是，无论是在农村社区建设的制度设计中，还是在农村社区建设的地域选择中，近农、适农仍然是其重要的特征，客观上对城乡之间的互动和一体发展产生了阻碍性的因素，影响了农民对社区生活的认可。

第三，农村社区以居民自治为基本治理方式，以居民的内在认同感为基础。如果说现实的乡村是一种以土地和集体单位为基础形成的生产型社区的话，未来的乡村也将同城市一样，主要是一种以聚居和生活为基础的生活型社区，或者说是一种社会生活共同体。基层自治也将从"村民自治"向"社区自治"和"居民自治"转变，集体土地产权不会成为人们参与社区事务管理的先决条件。一个国家的社会治理状况，既取决于政府对社会生活的管理能力，又取决于公民的自我管理水平。要实现良好的社会治理，既需要强有力的社会管理，又需要高度的社会自治。社会自治的程度反映着一个国家政治文明的程度，社会自治越发展，民主政治就越发达，社会生活就越有活力，社会稳定的基础就越牢固。原有的农村村落以民俗风情、地缘、血缘等为共同的纽带并以此为前提形成认同感和归属感，这是在长期的生产与生活过程中自然形成的，而农村社区是一种典型的规划和设计型社区,承担了经济、服务、管理等多项职能,然后在村民自愿结合的基础上建立,但并不完全是基于自然形成的,如通过合并多个自然村而建立的中心村社区,就是在规划与指导下建设的。原有的自然边界被打破,就需在已有的认同感的基础上,通过引导整合形成新的维系社区发展的共同纽带与对社区的认同感和归属感,形成居民自我管理的机制。从村民自治到社区自治,是社区建设的重要方式,也应该成为村民自治制度发展的必然趋势。

第四,农村社区是一种新型的生活共同体,通过公共服务的广泛覆盖来实现。农村社区关注农村居民的利益、愿望与需求,关注弱势群体,拥有相对完善的公共服务体系。公共服务均等化是衡量一个国家公共服务水平的重要标准,是社会公平、正义的重要体现。由于地理环境、自然条件的差异,长期以来,我国城乡之间公共服务水平差异较大,大量的公共产品投向了城市。在建设社会主义和谐社会的战略目标下,建设社会主义新农村,就要逐步解决农村公共服务缺乏的问题,使农村居民和城市居民一样,公平均等的享受公共服务。在新型农村社区建设中,政府积极搭建公共服务平台,加大在公共卫生、公共文化和社会保障等方面的投入,不断增强社区组织的服务功能,使农村居民能够享受到平等的公共服务产品,改善农村的生活生产条件,实现公共服务均等化,缩小城乡差距,将更多的公共服务引入农村,要使农村居民逐步与城市居民一样,公正地享有相应的公共服务成果,使农村经济能够更加快速地发展,从而加快推进城乡一体化。

三、相关理论与应用

(一)公共服务理论

19世纪后期,德国的瓦格纳认为政府必须要实现社会文化和福利增强,并提出了公共再生学说,这被学生认为是公共服务理论雏形。1912年,法国学者莱昂·狄骥认为,公共服务指的是任何原因与社会团结的实现与促进,不可分割,需要政府部门纪念性活动规范与控制,"公共服务"属于现代公共法制制度的基础,基于"公共服务"概念基础上,可为现代公法提供基本范畴。

1929年,凯恩斯在《就业、利息和货币通论》中对经济学研究宏观领域展开了详细探索,经济学开始关注政府部门的宏观调控。1954年,萨缪尔森在《公共支出的纯理论》中提出"公共产品"概念,认为公共产品具备的显著特征是任何人消费这一物品,均不会影响他人消费。①自"公共产品"的出现,使得"公共服务"具体化,并将"公共服务"呈现在大众眼前。

21世纪初期,美国行政学学者登哈特夫妇提出了新公共服务理论。登哈特学者认为,若过于追求管理效果"3E"化,将会导致政府目标狭隘,且干预市场运行规律。政府本身的职能就是服务公民,为公民追求更大的利益与效益,并不是掌控市场运作。

基于公共服务理论基础上,政府部门应当实现管理类型、服务类型的转变,改变管理手段,为政府部门角色转变,提供有效理论依据,以此促使社区公共服务供给实现科学化。城乡基本公共服务是发展农村社区公共服务供给的重要基础,但在实际工作开展中,还存在着很多问题,只有匹配、理顺政府事权与财权关系,加速农村公共服务均等化,才可保障农村社区建设工作的顺利开展。

(二)城乡一体化理论

城乡一体化理论最早是以经济学和地理学交叉考察研究体现的,首次出现在亚当·斯密时代。亚当在《国民财富的性质和原因的研究》中指出,乡村向城市提供生活原料、制造业原料,城市居民送回一部分制成品,城市与乡村两者本身是相互作用、相辅相成的。杜能提出了城市和乡村一体化理论,认为应当在工业农业基础上,将理想化的产业布局与乡村融为一体。

20世纪80年代,我国学者也逐步提出了城乡一体化思想,明确了城乡一体化理论发展历程,共计3个阶段。第一,改革开放初期,1987年国家经济体制改革委员会第六期经济体制改革研究班编撰《城乡改革实践的思考》一书,重点研究与讨论了中国城乡经济体制改革思路与改革方式。

第二,20世纪90年代中后期,我国城乡差距较大,考虑主要是因为重工轻农、重城轻乡发展战略的影响,难以从源头解决政府对农业投入不足的这一现状问题,只有及时转变发展策略,合理调整城乡分配,才可切实解决上述问题。②费孝通先生也强调,只有实现城乡协同发展,才可促使城乡经济实现一体化发展。

第三,21世纪后期,2008年,党组织十七届三中全会的召开,标志着我国城乡一体化研究进入了全新的发展阶段,此次会议明确了21世纪

---

① 黎熙元. 现代社区概论[M]. 广州: 中山大学出版社, 2007: 95.
② 刘蓓. 基于改善民生视阈的农村社区管理机制创新探索[J]. 商业时代. 2014(34): 123-124.

20年代初必须要实现城乡一体化。[①]城乡一体化不仅仅是一个理论，实则属于一个战略，能够从各个途径入手，加速城乡一体化模式研究。从不同的角度开展思考与分析，就城乡一体化内容而言，西方学者认为主要划分为"以城带乡"和"以乡促城"。"以城带乡"是以刘易斯·芒福德为代表；"以乡促城"是以霍华德和利普顿为代表，但两者均是城乡一体化核心内容。国内学者通过阐述城乡一体化含义，能够深入理解城乡一体化理论核心内容。朱家良学者认为，城乡一体化能够在经济上体现一体化，能够在工业化、城市化条件下，实现城乡经济融合。程玉松学者认为，城乡一体化重点主要集中在城乡关系上，城乡必须要保留自己原本的特点，构建平等的城乡关系。本论文研究中，城乡一体化理论能够给予核心支撑，并且在新型农村社区构建与发展的原则、对策、建议基础上，借鉴城乡一体化理论，创新设计思路。城乡一体化理论能够为论文写作理论提供显著作用。

（三）新型城镇化理论

国外一般将城镇化称作"城市化"，国外学者认为，城镇化会随着国家、地区经济、科学技术的发展，合理调整产业结构，促使城镇化从传统型社会朝着现代城市社会转变与变迁，实现农村人口转移，在城镇汇聚第二产业、第三产业，以此使得城镇数量增加，城镇规模扩大。

中国城镇化发展可追溯到1949年后，与欧洲国家相比，我国起步较晚，但中国的城镇化进程速度较快。通过深入分析中国城镇化发展历程可知，1949—1978年间，城镇化水平发展速度较为缓慢。改革开放以后，沿海城市工业借助国家政策与优越的地理位置，得到了飞速发展，城市经济对农民劳动力的需求也逐步增加，对农民劳动力有较强的吸纳能力，使得大量农民劳动力朝着城市转移，进而拉开了城乡发展差距。截至2011年12月，中国社会蓝皮书调查发表的数据显示，中国的城镇化率首次超过了50%，达到了51.27%。不难发现，这类高速度的城镇化发展，牺牲的是资源与环境，忽视了农村发展，选择的是粗放式的发展模式。这类"零和博弈"，在城镇化发展中弊端也愈发明显，使得一系列"城市病"出现，包括：环境污染、交通拥挤、社会秩序混乱、人才流失等问题，导致农村普遍出现"四大皆空"现象。因此，传统城镇化发展模式还存在着较大的缺陷，与当前的科学发展观

[①] 王羽强. 马克思主义社会发展理论视阈下的统筹城乡发展研究[M]. 北京：中国社会科学出版社，2013：75.

严重不符。"城镇化"不单单是城镇人口增加、城市面积扩大，还需要从经济结构、社会福利、居住环境等形式形成转变。总而言之，中国就城镇化发展，需要找寻全新的出路。

2015年第八届夏季达沃斯论坛上，李克强同志明确表示，想要推进新型城镇化建设，需要积极开展经济结构与产业结构的调整。著名财经作家吴晓波也曾指出，就未来发展预测，需要注重经济效益，从资产、产业状态入手，挖掘新实业、新消费、新金融、新城镇化四方潜力。总而言之，新型城镇化是未来的主要发展趋势。城乡一体化中，新型城镇化属于主体内容与关键环节，新型城镇化与传统城镇化相比，能够找寻全新的发展路径。新型城镇化与国外城市化相比，能够凸显中国特色，能够在吸收国外经验、教训的基础上，切实解决传统城镇化弊端。只有基于中国国情基础上，找寻中国特色化道路，遵循科学发展观指导，坚持以人为本理念，实现城乡统筹，可促使城乡经济均衡发展，实现社会生活水平的提升。

四、社区建设和发展对农村社会的影响

（一）对农民身份的影响

随着农村社区建设在全国范围内的全面覆盖，越来越多的农民以各种方式进入社区居住，村民转变为居民，这种转变不仅是名称上的变化，更是一种生活方式的深刻变革。农民进入社区，其身份是农民还是市民，目前理论界和农民自身都存在着争议。从城乡一体化的发展趋势来看，农村社区不是城乡二元结构下的乡村村落的重构和变体，而是连接城市和农村的结合体，是乡村场域中的城市图景，社区居民也有别于村落生活中的农民，而应成为市民社会中具有公民意识的"市民"。

农村社区为农民就地城市化提供了一个现实的平台。农村社区建设过程中，农村居民从原来分散的村落化居住到聚集而居，甚至远离土地，非农化和兼业化职业选择非常普遍，原来的农民身份发生了很大的变化，在很大程度上已不是传统意义上仅仅种田的农民，甚至从职业上来看已非农民。因此，随着居住方式和居住位置的改变，各地也在不断探索针对农村居民城镇化户籍管理的新形式，以适应农村经济社会发展的变革，多数地区农民可自由选择农业或非农业户口。中国共产党第十八届中央委员会第三次全体会议（以下简称"中共中央十八届三中全会"）更是从顶层设计的层面提出"加快户籍制度改革，全面放开建制镇和小城市落户限制，有序放开中等城市落户限制，合理确定大城市落户条件"，对非农业户口放

开做出了政策性的规定。但是，单纯地进行农转非或户口城市化，也很难解决当前这些问题，因为农民在农村所享有的权利，如土地的承位权、集体经济的收益权和分配权等将会随着户籍的变更而带来变化，尤其是土地方面现实的和潜在的收益使农民不愿放弃土地，尽管在成为拥有城市户籍的市民后，可以被纳入城镇社会保障体系，但目前我国农村已经实现了社会养老保障、合作医疗、最低生活保障全覆盖，城市的社会保障体系对农民的吸引力有所降低，而社区较高的生活成本使农民日常必需的开支大大增加，一定程度上影响了城镇化的进程和城镇化后农民的生活质量。从身份和户籍的变化来看，国家可以通过相关制度认可农民的市民身份，但由于农民自身条件的限制，他们中多数并不具备城市人的特质和性格，虽然拥有了制度上的市民户籍，而在农民的身份认同中，基于社区与乡村社会的密切联系，被社会和农民自身所同化的心理和事实身份仍然是农民。户籍身份的转变可以在短期内实现，心理身份的转变则是一个长期的过程。

（二）对农村生产生活方式的影响

农民从一家一户的庭院式生活到社区生活，由传统的分散而居变为集中居住，居住空间发生了变化，能够方便地使用和享受社区内不断完善的公共设施和清洁、整齐的居住环境，但也带来了生活成本的提高。除了生活成本的提高，对于大多数农村社区居民来说，居住空间的变化必然带来生产方式的变化，如何就业成为一个现实的选择。以前耕种的土地也随着农村社区化的到来发生了经营方式的变化，合理、有效地进行土地流转，实现农业的增产和农民的增收成为实现社区化的关键。因此，实现从传统的生产生活方式向现代的生产生活方式转变的路径不仅仅是把农民推向存在就业、社会认同等很多不确定性的城市这一条道路，通过发展现代农业、成立农村合作社、将工业引入农村，增加农民就业机会，就地城镇化更符合农村社会发展的现实。从一定意义上说，农村社区建设承担了这一功能：规模建设的社区可以实现农业的集约生产，农村资源尤其是土地资源的有效利用，改善农民的生产生活条件，把现代文明带到农村，使农村居民享受到发展的成果。农村社区化发展缩小了城乡之间的差异，农村传统价值观念和生活方式被更加文明和现代的生活方式取代。

（三）对农村社会文化习俗的影响

农民离开原来的生活场域进入社区，不仅要适应地理空间上的转移，而且要适应社会空间的转换。相对于进入社区居住的环境变化，农民文化认同社区化的过程将持续很长时间，长期的农村生活形成的风土人情不会随着地域空间的转移而迅速变化，因为与社会关系、价值规范等构成的社会结构的变革速度要比物质环境的变革缓慢得多。尽管生活环境的变化会给农民社区居住带来一定的不适应，但是社会空间的变化更是让他们难以适从。虽然各地农村社区均通过规划、甚至仿城市化建设进入社区后很难找到农村的痕迹，但由于社区是建在集镇或原有村落的基础上，没有与农村隔离开来，依然具有相似的农村气息，农村社区的治理方式仍然以原有村落为基础，不具备城市社区自主管理的特征。农民的生活方式、价值观念、社会心理等诸多方面均在逐渐发生变化，但与现代化发展需要相适应的公民人格尚未形成。由于新的社会规范尚未被接受，短期内会出现与社区规范相背离的现象，即文化失范。文化失范是基于农民所内化的乡村文化与社区发展需要的社区文化不相适应而产生的。解决文化失范现象需要对乡村原有的文化体系进行调适，以适应新的场域。文化适应作为人类学的一个概念，指"拥有不同文化的两个群体之间因持续的、直接的文化接触而产生彼此文化模式发生变化的现象"。这里是指农民进入社区后对社区文化的适应性改变，主要体现在价值观、行为习惯等方面。有研究表明，农民迁入社区尤其是住进单元楼房后，不同程度地存在着交往障碍，不同群体在文化适应方面存在着显著差异，年轻的、经常参与社区活动的、对自己市民身份认同感强的居民文化适应性远远高于其他群体的居民。有的调查对象感觉生活没有以前方便，其中，中老年人占绝对比例，社区居住方式中的上下楼和敲门成为交往中的困难之一，邻里相识度远远低于村落环境。在一定程度上整合各类发展资源，引入城市社区规划性强、公共设施完善等理念建设的农村社区在承担城乡融合的职能上必然具有城市社区的某些特质，如生活节奏快、居民品质性强、开放程度高、价值观念多元化，这与传统的乡村村落熟人社区相对封闭、节奏缓慢的特点相差甚远，因而会带来文化适应方面的问题，通过引导居民积极参加邻里活动、培养社区意识增强文化适应性，是提高社区认同感和归属感的重要途径。

（四）对农村政治生活的影响

我国基层管理在城乡呈现不同的体系：城市社区为街道办事处进行管理，行政村为乡镇政府管理。相应的，基层自治也分为两种形式：城市为社区居民自治，农村则为村民自治。基于我国古代村庄的成型较晚，严格意义上的地方自治到民国时期才出现。

1949年后，我国农村社会治理经过一段时间的探索，最终确立了村民自治制度。村民自治制度是随着人民公社体制被家庭联产承包责任制所取代而建立起来的，以农民自主经营为特征的家庭联产承包责任制为村民自治提供了制度基础。家庭联产承包责任制的实行，广大农民都在追求自身经济利益实现的同时，产生了自我民主管理的强烈需求和主动参与村务管理的积极性，这种需求和积极性直接导致了农村政治生活从人民公社体制下的命令性管理向现代民主治理的转变。村民自治制度包括村民委员会制度、村民选举制度、村民议事制度和村财务公开制度等，在这一制度框架下，农民广泛参与村务管理。"以村民自治为核心的农村基层民主，是改革开放后我国农村最引人注目的政治发展"。[1]随着农业税的取消，村民表达政治诉求、参与村庄公共事务治理的愿望更趋强烈。2010年10月，《村民委员会组织法》的修订并颁布实施，进一步完善了村民自治制度，扩大了村民自治的范围，对村民委员会成员的选举和罢免程序、民主议事制度、民主管理和民主监督制度等方面作出了更加具体和更具可行性的规定，如针对村民大会召集难导致组织选举难、民主决策和民主管理规定落实难的现状，规定人数较多或者居住分散的村可以设立村民代表会议，讨论决定村民会议授权的事项；增加了村民小组会议制度，由村民小组会议依照有关法律规定讨论决定本组相关的集体事务，所作决定及实施情况应当及时向本村民小组的村民公布；规定村应组建村务监督机构，负责村民民主理财和村务公开等制度的落实，其成员应当具备财会、管理知识，并由村民选举产生。中国农村治理形成了基层政府管理和村级自治的共同治理模式，在此模式下，农村基层民主得到体现，对推进中国民主化的进程有着积极而深远的影响。

在信息化程度日益加快的现代社会，农村的基层治理也必然具备新的特征：社区一般比原有的村庄规模要大，不能沿用原来的村庄自治体系；土地集体所有使村庄存有一定量的集体经济从而拥有资源的配置权力，且社区居民基本没有脱离乡土环境，与乡村联系紧密，也无法契合城市社区的自治方式。农村社区必须通过合理地整合治理资源，科学设置社区自治组织，更好地发挥各类组织的功能，实现农村基层治理方式的适应性转换。

五、我国农村社区建设的必要性

首先，农村城市化呼唤农村社区的萌生。随着改革开放的深入，大量的

---

[1] 熊培云. 一个村庄里的中国 [M]. 北京：新星出版社，2011：353-354.

第七章　农村社区的具体建设对策

农民工来到城市。他们渴望在居住、就业、教育、社会保障、医疗卫生、文化生活等方面享受与城市平等的待遇，呼唤着户籍制度和土地制度的改革等等，所有这些都是转型期必须面对的问题，让农民都到城市生活很不现实。只有加强农村社区建设，才能够打破城乡二元结构，改变传统城乡关系，使农民逐步享受并融入现代城市文明，加快农业生产方式现代化，农民生活方式城市化的进程，实现城乡良性互动。其次，城乡文明一体化呼唤农村社区的发展。精神文明创建的重心主要集中在城区，虽然开始向农村延伸辐射，但力度和程度还处于浅表层面。对于发展中的国家来说，如果没有农村文明水准的普遍提高，城市文明就很难巩固和持久。只有在思想观念、生活质量、文化品位等多个方面实现城乡联动，推进城乡文明一体化，既发挥城市社区对农村社区的龙头带动作用，又发挥农村社区对城市社区的支撑推动作用，才能形成精神文明建设的良性循环和综合效应。

（一）农村社区建设是构建完善的公共服务体系的需求

以工带农，以城带乡，稳妥推进城镇化和扎实推进社会主义新农村建设，从而逐步解决城乡二元结构。我国农民人均占有资源太少是制约农民收入增长的根本原因。农业是耕地密集型和水资源密集型产业，然而我国人均耕地不到世界人均耕地的二分之一，人均水资源仅为世界人均水资源的四分之一，我国农民人均耕地约为世界农民人均耕地的三分之一。由于农户经营规模太小，粮食和许多大宗农产品，如棉花、油料等生产费用高，使得我国大多数农产品的生产成本过高，纯收益率太低。要增加农民的收入就要在推进工业化的过程中稳步推进城市化，减少农民数量，增加农民人均占有资源量，这是增加农民收入的根本出路。推进城市化的重要前提条件是，改变我国的二元户籍管理制度，为农村剩余劳动力向城镇转移创造条件。农民向城镇转移主要靠市场的力量，但是也需要政府加强引导。在工业化和城市化进程中，特别需要保护失地农民的合法权益。中国的农村经历了一个自由村落到社队，再到村组的体制演变过程。传统村落社区主要依靠长期历史自然形成的内部传统进行自我整合，如家法族规、乡土礼俗等。传统村落制度是上下脱离、城乡分割的治理体制。1949年后，在"政社合一"的公社制度下，将农村纳入到国家治理的体系，改变了传统的"上下脱离"的体制，使传统农村社区迅速解体，村落自我整合的功能日益弱化。改革开放以来，实行村民委员会制度，在家庭生产经营基础上实行村民自治。村民委员会制度是由公社制度延续而来的，虽然不再是生产共同体，但是仍然具有很强的行政功能。这种村组体制仍然带有相当

157

程度的国家建构的特性，并服从于国家行政统辖的需要。长期以来形成的城乡二元结构，使得村民委员会组织趋于行政化，随着集体经济体制解体，村民委员会为村民服务的功能进一步弱化。随着农村税费改革，免除农业税，农村微观管理和组织体制难以适应建设社会主义新农村的需要，一是国家治理农村的方针由汲取向支持转变的过程中，各种支农惠农政策难以落到实处，公共财政支持下的公共服务向下延伸时缺乏合适的组织依托，而农村基层的资源得不到有效开发和利用。二是社会服务功能弱。随着农村经济社会的发展，人们对社会化服务的要求愈来愈高。乡村体制改革注重的是"合并乡镇村组""减人减事减支"，而未能建构起完善的公共服务体系。地方与基层管理长期习惯于"管治"而不是服务。资源稀缺、服务不够，必然影响农村人口的生产、生活和交往质量的提高。社区建设工作事关政权建设，事关社会稳定，是一项复杂的社会系统工程，要健全机制，履行职责，形成合力，逐步形成党委领导、政府负责、民政牵头、社会协同、群众参与的社区建设工作机制。各地要切实把社区建设工作摆上更加重要的位置，纳入各级党委、政府的重要议事日程，纳入年度综合目标考核，纳入当地国民经济和社会发展总体规划，确保社区建设落到实处，取得实效。各成员单位要积极主动、创造性地开展工作。组织部门要推动社区党建工作实现全覆盖；宣传部门要为深化社区建设营造良好舆论氛围；发展改革、民政等部门要认真做好社区基础设施建设和社区管理工作；各级财政部门要把社区建设经费纳入财政预算；建设部门要及时为社区组织办理工作用房和公益性服务设施建设的相关手续；规划部门要将社区基础设施建设纳入城市建设总体规划；国土部门要落实社区基础设施建设的用地；人防、消防、市政等部门要对新建、改建、扩建社区的基础设施用房部分免收有关经费；卫生、计划生育、文明办、公安、司法、劳动和社会保障部门、妇联、文化、体育、环保等部门，要以社区为依托，积极开展各种活动，不断提高社区整体服务水平，把路修通、把环境治美。

（二）农村社区建设是国家农村发展战略转变的现实要求

随着农村经济体制改革的进一步深化，国家对于"三农"问题越来越重视。国家为提高农村人口素质和提高农民生活水平在政策上给予了较大的倾斜，这一切给农村经济带来了快速发展。农业支持工业、为工业提供积累的历史任务已经完成，"工业反哺农业，城市支持农村"的条件已经成熟。这主要体现在，一方面，农业和农村的发展进入重要转变时期，迫切需要工业反哺农业，城市支持农村。传统农业出现了四大分化和演变：

一是产业的分化,由传统的种养业向产前、产中和产后三大产业部门演变;二是农业富余劳动力就业渠道的分化,由原来主要集中在农业产品就业,向产前和产后部门演变;三是农业经营方式的分化,由传统的以生产初级产品为主向产、加、销、贸工农一体化经营演变;四是农业就业者收入来源的分化,由原来单纯依靠种养业获得收入向农业外部收入演变。另一方面,我国已处于工业化中期,工业有能力支持农业。我国现代工业体系已初步建成,先进工业装备农业的能力已初步形成,第二、第三产业劳动力就业人员占社会就业人数的比重已超过50%以上,城镇化水平已达到40%,工业和城市发展水平大幅度提升,国家财政收入快速增长,国家完全有条件通过调整国民收入分配格局,进一步加大对农业、农村发展的支持。因此,在社会主义新农村建设中,必须寻求基点、平台和抓手,积极推进农村社区建设。

(三) 农村社区建设是城乡一体化发展的迫切要求

城乡一体化的发展要求建立城乡一体的社会保障制度。城乡人口均应纳入社会保障制度内,建立面向所有非农产业就业人员的失业保险和医疗保险制度。为进城农民提供最低生活保障,对已经在城镇落户并且已经一次性将承包土地使用权出让的居民,应将其纳入享受最低生活保障的范畴。对那些仍然保留承包地使用权,只是将其有限让渡(如租赁、入股等)的新市民,由于其还能够凭借土地使用权得到诸如租金、分红等形式的收入维持生计,可以暂不纳入享受最低生活保障的范围。将失地农民纳入城镇社会保障体系,在城市化进程中,可以考虑利用失地农民的土地补偿费和安置费为农民举办社会保险,将其纳入城镇社会保障体系。除向征地村集体和农民个人支付土地补偿费和安置费外,还要核定农转非人员,将有关社保费用拨到社保部门设立的"安置费"专户,由社保部门与被征地农民签订安置协议,对符合缴纳社会保险统筹费条件的被征地农民,设立社会保险个人账户,达到退休年龄的,按月发放养老金。

城乡一体化的发展要求优化城乡劳动力就业结构。优化城乡劳动力就业结构,最主要的是促进城乡劳动力跨地区、跨产业、跨所有制的合理流动。一是农村剩余劳动力向城镇转移,尤其是小城镇成为农村劳动力最大的吸纳器。二是农村剩余劳动力向非农产业转移,为农业规模经营创造条件。三是促进城乡之间、发达地区和欠发达地区之间劳动力的流动,既要允许农民进城,也要鼓励城市有技术特长的劳动力向农村流动;既要鼓励贫困山区农民迁移下山，也要鼓励发达地区的优秀人才到欠发达地区种田和从事二、三产业。

城乡一体化的发展要求协调城乡利益关系，合理、公平的城乡利益关系是城乡一体化健康发展的核心。我国工业发展应当从过分依靠农业提供积累的阶段向摆脱农业支撑、完全依靠自身积累阶段过渡。当前，必须从根本上转换国家干预农产品市场的目的和方式，把现在以压低工业品成本，保护消费者利益为目的的干预，转到以保护农业发展，维护生产者利益为目的的干预上来。

城乡一体化的发展要求深化农村制度改革。一是深化土地制度改革。首先，要进一步稳定农村土地承包制度，切实保障农民对承包土地的经营自主权利，允许农民依法采取转包、出租、转让、互换等多种形式将承包地流转。其次，建立完善的土地流转机制，发挥市场配置农村土地资源的基础性作用。要确保农户的土地流转主体地位，坚持多样化的土地流转形式。再次，以市场为导向，加快改革土地征用制度。取消以政府定价划拨为特征的土地征用制度，建立按市场价格收购的土地购买制度。明确界定政府土地征用权和征用范围，将土地征用权严格限定在公共用途和符合公共利益的范围内。完善土地征用程序和补偿机制，提高补偿标准，妥善解决被征占土地的农民就业、生活和社会保障等问题。二是深化城乡户籍制度改革。从我国的实际出发，建立全国统一的身份证管理为主的一元户籍制度。首先，要允许农民进入小城镇和中小城市落户，允许地方户口在农村城镇之间迁移，同时也要允许农民工通过劳动部门和劳务市场进入大城市工作，逐步降低人口迁移的门槛，实现人口的自由流动。其次，户籍与社会待遇脱钩，消除户籍所引起的社会公平问题。 三是深化城乡流通体制改革。要以建设统一、开放、竞争、有序的流通体系为目标，统筹城乡流通产业发展、推动流通领域结构调整和增长方式转变，加快促进流通领域产业结构、市场结构、消费结构、商品结构和所有制结构的调整。深化农村流通体制改革，培育适应社会主义新农村建设要求的市场主体，形成城乡之间消费品、农业生产资料和农产品双向流通、高效顺畅的流通网络。要建立和完善农产品保护价制度和风险基金制度，进一步完善国家农产品储备和调控体系。深化生产资料流通体制改革，培育跨区域的品牌化生产资料交易市场。深化流通行政管理体制改革，加强商业主管部门的社会管理、公共服务及宏观调控等方面的能力建设。构建适应市场经济客观要求的商品自由流动、市场公平竞争、企业依法经营、政府科学管理的现代流通体制。

城乡一体化的发展要求加强城乡科技、文化和教育事业，科学技术的扩散和传播能优化城市和乡村的产业结构，较好地解决城乡发展过程中的社会和环境问题。教育可以培养城乡经济发展所需要的人才，提高人力资源的质量，为城乡经济的协调发展提供持续的动力。

城乡一体化的发展要求完善生态建设与可持续发展政策措施在促进城乡一体化进程中，应重点加强各中心城市地域及其周边农村地域的生态环境保护工作，以使城乡社会经济系统达到健康、快速、可持续发展的目标。要进一步巩固加强农业的基础地位，坚持发展与生态环境相协调的效益农业、生态农业。在资源的可持续利用和良好的生态环境基础上，注意保护现有自然生态系统。环境保护与资源开发相结合，保持地区生态系统的完整性，切实形成城乡地域可持续发展的城乡一体化战略新格局。发展林业和改善城乡生态环境，逐步使资源、环境与经济、社会的发展相互协调。加强可持续发展能力建设，规范社会、经济可持续发展行为的政策体系、法规体系、战略目标体系，建立自然环境、生态综合动态监测和管理系统、社会经济发展计划统计系统、信息支撑系统；加强法制教育，提高全社会可持续发展意识和实施能力建设。

城乡一体化的发展要求保障农民根本利益，解决农民发展出路。加强就业保障，在重点做好被征地农民、农村剩余劳动力培训的同时，大力推进农村劳动力的战略性培训，加强对务工农民、专业大户、年轻农民和后备劳动力的培训；加强对农村劳动力培训转移工程的管理，保证培训质量和效果；加强就业服务，改善就业环境，加快农村劳动力向二、三产业转移。完善城乡居民合作医疗保险制度，进一步提高农村居民合作医疗参保率，全面开展普及型合作医疗保险工作，并积极组织城镇居民、非本地户籍的中、小学生和农村企业职工等流动人口参加合作医疗保险。积极推进农村社会养老保险工作。要研究制定实施生育保险和农村社会养老保险的政策意见，逐步增加政府对农村社会养老保险工作的投入，提高农村社会养老保障水平。完善城乡新型社会救助体系。健全城乡居民最低生活保障制度；建立覆盖城乡的社会专项救助制度，以及城乡一体化的重大疾病救助制度和农村大病医疗救助基金。要注重提高农村公共服务水平。全面提高城乡教育的整体水平，加快发展学前教育，推进义务教育均衡发展，不断改善农村中小学办学条件，进一步优化高中阶段教育，使城乡学生享有平等的升学机会。同时全面加强基层卫生工作，尽早实现乡镇社区卫生服务全覆盖。

农村社区建设不仅仅是解决一些具体问题，更重要的是进行农村社会管理体制的变革，建构起适应社会主义新农村建设需要，上下贯通、城乡一体的新型制度平台。在这一平台上，实现自上而下的国家管理与农村社会的自我管理的良性互动。因此，农村社区是一个比自然村落、社队村组体制更具有弹性的制度平台，它围绕如何形成新型社会生活共同体而构建，注重通过整合资源，完善服务来提升人们的生活质量和凝聚力、认同感。

第二节 完善农村社区各项制度

一、完善农村社区组织体系建设

农村社区建设需要做到能够支持各种类型社区组织发展，以此提升社区的重构效率，降低社区管理成本，创新社区管理体制和运行机制，切实发挥社区的公共服务作用，构建专门的政府公共服务承接平台。农村社区组织建设问题中，农村社区基层管理组织体制改革属于关键问题。经济落后地区，选择的是乡镇设中心，或农村设站点模式，在条件成熟后，再合并村委与社区服务站点。

乡镇地区的农村社区管理服务中心、农村社区服务站建设，一般由乡镇政府主导、出资建设。乡镇政府还需要为农村社区管理服务中心提供经费、人员、场地支持，政府购买对应的服务，以此为居民提供服务，保障社区服务稳定开展，切实满足农村居民生产生活需求、公共服务需求。通过配备相应的监督、考核机制，可加速农村社区建设速度。

各个行政村通过建设村两委为领导的社区服务站，将其视作乡镇政府派出机构，属于连接三方的合作桥梁，能够实现社区管理、社区服务、活动协调等功能，两委为领导的社区服务站可集中开展土地流转、劳动就业等行政事务，能够为村民提供社会福利、生活保障等公共服务，保障工作的持续开展，以此促使农村社区管理持续，农村社区服务有章可循。

在农村社区建设发展一段时间后，需要合并村委会与农村社区服务站，充分划分村委会职能与职责，整合各项资源，整合社区管理、服务和发展职能，汇总社区管理与村委会职能，建立一体化农村社区管理服务组织，以此加速新农村发展，积极开展农村社区建设工作。

想要保障农村社区管理服务组织工作规范，需要健全岗位责任制、工作规范制度，落实定员定岗工作。农村社区应当发挥自身建设、管理和服务职能，遵循相应原则，逐一分配任务，科学制定岗位，社区关键职位由村两委的成员兼任其职务。但就实际情况而言，这种人员设置的方式，无法满足社区工作开展的需求，加之村级现有干部和工作人员不足，无法充实社区志愿者队伍。

二、提升农村社区管理者队伍整体水平

积极开展农村社区管理者队伍建设，为新型农村社区建设工作提供人才保障，通过不断优化社区干部队伍结构，实现干部素质与技能的提升。

首先，优化社区干部队伍结构。组建"社区在职工组人员+志愿者"的工作队伍，凸显社区在职工作者主体地位；设置招聘会，遵循"公开竞争、择优录取"的原则，通过引入应届毕业生、能力突出志愿者，不断扩展人才渠道；完善社区后备干部储备机制，借助培训与考核，大力培养储备干部队伍，提升其综合素质与专业技能，以此实现区干部结构优化，充实社区工作队伍。

其次，提升社区管理者的素质。社区工作者应当积极考察、参观社区，开阔眼界，增长见识；开展学习小组活动，鼓励社区工作者参与进修与学习，为社区工作者提供良好的学习环境，实现社区工作者综合素质的提升；建设岗前培训小组，为即将入岗人员后期工作奠定基础。

最后，增强社区管理者的活力。完善激励政策、福利待遇、保险制度等，切实提升社区工作者工作效率与工作热情；健全考核制度，严格考核社区工作者，配备相应的奖惩机制，规范管理在职人员，做到管理严格、赏罚分明。

三、创新农村社区服务方式

新型农村社区服务体系构建，主要包含以下三点：第一，满足社区成员多元化需求，并将其作为目标；第二，基本公共服务均等化；第三，弘扬乡土文化、凝聚群众人心。农村社区服务方式创新，主要包含以下几种措施：第一，完善服务网络，完善社区网络服务设施建设，定期开展维护、维修工作，与社区警务室携手，做好社区治安工作。与医疗机构联手，解决社区居民就医问题；第二，壮大服务载体，建设志愿者队伍，依

据队伍特点，提供针对性的服务，积极带领社区居民开展活动，发挥模范与领头作用；第三，拓展服务内容。新型农村社区与传统村落相比，前者的服务内涵更加广泛。社区应该积极转变当前的管理方式，切实凸显新型农村社区的服务功能。社区需要打造优质团队，优化社区服务方案，建设社区服务中心，完善涉农机构，不断强化社区服务功能。

在农村社区建设的过程中，首先，要积极转变管理方式，把公共服务落实到农村社区的各个角落、各个方面。在这一背景下，居民的硬性要求不再是社区干部，集中关注的是管理流程，注重的是群众服务。其次，需要实现"管理农民"到"服务农民"的转变，将权力中心与工作重心放在农村社区建设中，鼓励地方政府部门工作人员积极到农村社区工作，为农村居民服务。

第三节 整合资源，增加投入

一、农村社区资源整合的原则

（一）依法整合原则

农村社区建设中的各种资源整合和利用都必须合法、依法而行，不能突破法律的约束。为了集约利用土地，加快城镇化发展的步伐，各地都制定了社区建设的时间表。城镇化速度的加快、农村劳动力的快速转移和农村"空心化"现象的形成都对土地资源的合理利用提出了更高的要求。中共中央十七届三中全会提出了基于土地承包制度基础上的农村土地资源优化配置的新模式："允许农民以转包、出租、互换、转让、股份合作等形式流转土地承包经营权，发展多种形式的适度规模经营。"为推进土地经营权流转，中央相继制定了一系列完善土地承包经营权的文件，各地也加快了土地流转方式的探索，新的土地经营模式纷纷出现，土地流转的规模扩大、速度加快，由此而产生的矛盾纠纷也频繁出现。法律是资源整合的最终依据，无论何种类型的资源整合，都必须在法律的框架内依法进行，不能损害资源主体的利益。

（二）公平正义原则

公平和正义是人类追求的恒久价值，也是农村社区建设达到资源优化配置的根本意旨。亚当·斯密对正义的价值论述得比较深入，有一种美德，不是我们自己可以随意自由决定是否遵守，而是可以使用物理强求的，违反这种美德将遭到怨恨，因此而受到惩罚。这种美德就是正义，违反正义就是伤害，它实际对特定某些人造成绝对的伤害。[①]公平、公正和社会正义是社会主义社会建设过程中必须坚持的基本原则，只有在公平、公正的社会环境中，才能保证社会成员享受社会发展成果的权利。温家宝指出："我们要建立的社会应该是一个公平正义的社会，是一个让每个人在自由和平等的条件下得到全面发展的社会。如果一个社会经济发展成果能真正分流到大众里，那么它在道义上是不得人心的，而且是有风险的，因为它注定要威胁社会，因此必须坚定不移地推进社会公平与正义，关心群众的利益，让每个人都享受改革和建设的成果。"[②]社区建设要通过各种资源的充分整合，为农村居民提供公平的可共享的各种设施，满足生活需求和生产需要，一是要充分考虑到农村原有的风俗习惯、生态环境，尊重农村居民日常生活的时间和空间的规律，满足和契合农民的实际需求；二是要充分发挥农民在社区规划中的主体地位，增强归属感和凝聚力；三是要提高社区公共服务设施的可接近性，实现社区功能的多样性和发展的可持续性。通过为农村提供足量的公共服务，使农民享受到现代文明的成果，社会公平得到保障，从而实现社会正义。

（三）以人为本原则

根据不同的参照标准，可以把我国目前社区建设划分为不同的模式，但以学界主流的划分标准，即根据社区形成的基础村庄状况为划分标准，建设模式主要包括一村一社、多村一社、集中建社和一村多社。大部分农村社区建设以前三种模式为主，尤其是在传统农业区，人口密集，村落之间距离较近，集中并村建居更有利于实现资源的优化配置。各地农村由于自然环境、社会条件等要素禀赋方面存在着差别，无论选择何种建设模式，社区资源整合都要以人为本，坚持实事求是、因地制宜，广泛征求农民意见，满足不同利益主体的需求，社区的设置应充分考虑农民参与社区事务管理的便利性和向农民群众提供公共服务的满足程度，同时要根据农民群众的历史传统、风俗习惯、利益关系及社会认同来确定，才能得到农民群众的支持和认可。防止各种形式的形式主义和脱离实际的形象工程、政绩工程，避免出现"拔苗助长"和强制进行社区化的现象。

---

① 亚当·斯密.道德情操论[M].谢宗林,译.北京：中央编译出版社年版,2013: 95.
② 杨中旭.从小康到和谐[J].中国新闻周刊,2006(39): 18, 20.

1. 在农村社区规划中应充分整合农民的意见和要求，引入农民参与机制

一是要尊重农民意愿，以充分协商为基础，保证农民当家作主的权利。以前的社区规划从前瞻性、整体性等多方面统筹，且专业性较强，一般由政府相关部门与规划设计单位主导实施，农民的话语权极其有限。社区建设的意旨是实现农民生活生产方式的转变，入住社区的主体是农民，社区的建筑形式应有利于农民生活行为的展开，符合一定地域的社会生活和民俗习惯，体现出建筑与人群的和谐关系。专业规划人员通过全面系统地了解农户家庭的生活习惯、消费方式、收入结构、居住方式、对居住环境的预期等因素，顺应自然生态的限定，科学制定农村社区建设规划，在社区规划中和模式的选择中，不能千村一面，要多听取农民的意见，尊重农民的合理诉求，并将其反映到实际建设过程中。

二是要充分利用地域资源，整合自然环境、经济发展、人居历史传统等资源，减少对自然生态环境的破坏。不同地区有着不同的地域文化、风土人情，规划设计应基于地域自然的限定和生态和谐的标准，应充分考虑到同村庄和农民的实际情况，科学划定社区的边界，规划选址密切结合自然环境因素，变劣势为优势。

三是要注重社区建设与乡村环境的适应性和发展的可持续性。社区规划要合理准确地进行社区定位，尊重农民的审美观，既不能盲目超前，又不能保守落后，通过加快社区配套设施建设，不断改善农村卫生条件和人居环境，实现资源的合理配置。处理好短期建设与长远发展的关系。要始终坚持正确的政策导向，切实保障农民权益，在土地流转、住房租购等方面落实农民权益。

2. 农村社会的任何一种改变，都必须着眼于农民生活水平的提高和收入的增加

农村社区可持续发展的关键在于要有相关的产业为依托，坚持发展农村经济，通过进一步解放和发展农村生产力，使农民顺利完成由农民向社会居民角色转换，通过充分的就业增加社区发展的经济基础。首先，要不断探索农民增收的长效机制。通过尝试宅基地置换、土地参合入股等形式，充分发挥农民在社区建设中的主体地位，尊重农民意愿和首创精神，引导农民依法合理自愿进行土地流转，增加农民资本性和财产性收入在总收入中的比例；支持涉农企业积极参与农业生产，通过严格的准入制度把切实能够促进农业生产和规模化经营的龙头企业引入农村，带动农村经济

发展；大力发展农村合作组织，通过农业合作社、专业服务公司的成立为农村提供专业化的生产和咨询服务，提高农业社会化水平；建立和发展集体经济，壮大村集体经济实力，增强改善社区生活环境、扶弱助贫的能力，提高两委的威严和凝聚力。其次，通过完善市场机制为农民增收创造良好环境。建立和完善农业自然灾害救济制度，引导农业生产者有效规避生产风险，建设农产品生产销售的无障碍通道，加强特色农业、名牌农产品的生产，因地制宜，加快产业调整，优先发展以农业为基础的加工工业和流通业，创造更多的就业机会，保障社区居民收入持续增加，进一步缩小城乡差距。最后，通过科技培训等形式，提高农民科技文化素质，培养新型农民。受教育程度是影响农村居民收入的一个重要因素，因此要加强对农民特别是青壮年农民的技能培训，培养有文化、懂技术、会经营、能创造的"四有"新农民，使其掌握现代生产技术，增强农民的市场意识、开创意识和管理能力，提高市场竞争力。

（四）合理利用原则

各类资源的充分利用既是社区建设的基础，也是社区持续发展的重要前提。农村社区资源的种类不同，其利用方式也各不相同。对于可再生自然资源的利用，应从集约节约方面着手，探索提高利用效率的方式和手段；社会资源、人力资源等则随着利用的增长而不断增加，应注重构建合理、有效的利用和发展机制，提高利用水平。通过资源的合理利用，一是实现农村生活功能的转变。传统的农村社区是生产和生活合一的场所，农民的居所同时兼具储藏的功能；在现代文明的影响下，电视、空调、冰箱等产品进入农村居民的日常生活，粮食的储藏与保存也由国家粮库等社会机构来完成，农村家庭的生活方式发生了巨大变化，生活起居成为家庭功能的核心。因此，资源整合既要符合农村周围的环境，同时也要契合家庭功能的转变。二是实现生产功能的转变。随着城镇化步伐的加快和科技的进步，农业机械得到了普及，农业生产的社会分工越来越细，社会服务覆盖农业生产的各个环节，一部分农村家庭部分或完全脱离了农业生产，处于半农业或非农业状态，通过专业化的服务完成生产活动，农村原来用于耕作的小型农业工具和家畜基本消失，客观上为农民集中居住提供了可能性。通过整合把分散的各类资源聚合为一个有机整体，满足农民在集中居住条件下生产功能的实现。三是适应家庭结构的变化。随着农村居民兼业化和非农化的发展，家庭结构和家庭规模发生了很大的变化。"家庭"这个名词，人类学家普遍使用时，是指一个包括父母及未成年子女的生育单位。中国人所说的家，基本上也是一个家庭，但它也包括子女有时甚至是成年的子女。①"家强调了父母和子女之间的相互依存，有利于保证社会的延续和家庭成员之间的合作。家的规模大小是由两股相互对立的力量的平衡而取决的，一股要结合在一起的力量，一股要分散的力量"。②费孝通先生依据开弦弓村所做的判断依然具有很强的参照性，现今的农村家庭结构多数是由一对夫妇和未成年的子女组成的核心家庭，子女一成家，便分开另过，传统主干家庭的情况已很少见，但由于农村兼业化现象的普及，年轻夫妇外出进城务工，未成年子女留守农村由父母照顾，家庭的农业生产也由父母承担，成为农村家庭的普遍现象，半主干家庭结构成为一种新的家庭结构形式，③社区资源的整合重构和供给应充分考虑到农村家庭居住形式、人口规模的变化。

（五）有限政府原则

所有社会事务的全能型政府无法适应市场和社会的快速成长，各级政府的职能应转变到维护社会发展的秩序、为社会提供公共服务中来，使政府从管制型向服务型转变、从全能型向有限型转变，通过改革建立起有限的公务服务型的政府。政府作为社区建设规划的制定者和社区建设的指导者和引导者，也是资源的拥有者，在资源整合中凭借行政权力进行动员方面拥有天然的权威优势，但这种优势是要固化对社会的管制，更不应成为社区建设和资源整合的唯一主体，而是要充分了解农民的需要，把解决农民群众最关心、最迫切的现实问题作为着力点，引导农民等建设主体积极有效地整合资源。政府的引导作用体现在三个方面：通过制定社区发展的政策和建议提供政策法规资源；通过对社区组织的工作进行指导，推进社区管理民主化、法制化和规范化建设；通过提供公共服务促进社区公共事业的发展。

（六）系统整合原则

农村社区建设涵盖了解决"三农"问题的诸多内容，呈现系统化的特征。因此，资源整合必须坚持系统化原则，以社区发展目标为统领，通过自然资源、政治资源、经济资源、社会资源、文化资源等多方面、全方

---

① 费孝通.江村经济[M].上海：上海人民版社，2007：33.
② 费孝通.江村经济[M].上海：上海人民版社，2007：34.
③ 雷振东.整合与重构——关中乡村聚落转型机制研究[M].南京：东南大学出版社，2009：43.

位的资源整合，破解农村基础设施投入不足与公共服务需求旺盛、经济增长缓慢与经营模式创新、社会组织发展滞后与社区参与能力提升等方面的难题，防止由于政府结构的碎片化和农村工作的部门化割裂资源的系统整合，降低整合效用。通过系统化的资源整合，充分利用各种资源，加快现代农业经营体系的构建，提高农村社会经济发展效率；加大农村公共产品的供给，实现城乡公共服务均等化；加强对农村社会组织的引导，促进农村社区自我发展、协调发展。资源整合的系统化要以信息化作为重要保证，以信息化建设促进资源整合手段的现代化，利用信息化手段加强对社区资源的管理和利用，促进社区资源整合信息化是社区发展的必然选择，也是提高资源利用效率的最佳途径，通过建立社区资源信息库和社区服务信息网，方便快捷地为社区居民提供高质量的社会服务。

二、资源整合具体内容

（一）加大涉农资金支持力度

新型农村社区建设不单单依靠政府部门与社区组织，需要社会各行各界的支持，更需要老百姓的支持，建设以公共财政投入为主、多主体投入为辅的资金投入机制。国家应当系统性地梳理当前城乡一体化发展问题，落实"顶层设计"，建立健全城乡统筹发展的体制机制。整合支农、惠农、强农项目及资金，县级政府应当统筹规划、统一使用政策和权限。遵循"渠道不乱、各负其责、各计其功"原则，强化县级政府整合作用，不随意转变投资管理渠道，做到集中投放，综合使用。最大程度避免基础设施、公共服务设施建设重复投资现象，实现项目建设综合使用，合理使用配套设施，以此提升资金使用率。各级政府财政应当设立新型农村社区建设专项资金，并依据实际情况，逐年递增，为新型农村社区建设提供稳定资金来源。通过应用税费改革政策，贯彻清费立税，以此保障财政收入额度的提升。若社区稳定发展，可适当降低资金投入，通过借助农村建设用地增减挂钩政策，积极获取上级部门、社会各级的财政支持，能够有效避免社区内债务不当、管理资金不当等问题，实现各项资金的有效应用，杜绝资金浪费现象发生。

通过集中涉农资金，将其应用在社区建设与管理中，可形成资金合力，从而推动社区发展。就现状而言，各级部门涉农资金又多又散，想要加速社区建设，必须要积极开展资金、资源整合。社区文化建设，需要借助文化信息资源共享工程、农村干部现代化教育等项目，实现社区文化建设。在社区公共服务建设阶段，应当结合农村义务教育、社会福利事业建设等项目，整合资金，将其在社区服务中心实施与使用。

（二）整合土地资源

积极创新土地承包经营制度。长时间以来，农村地区受到土地承包制度的影响，导致各类矛盾存在，农民根本无法享受到土地承包制度带来的权益。就失地农民土地问题，可利用"拆旧地＋复垦"的方式解决。就选择进城发展的农民，就承包地、宅基地退出问题，可允许农民转让、出让，避免出现城镇人口贫困化现象。通过创新土地流转制度，能够切实解决新型农村社区居住点与自家承包地远距离问题，农民可在政府部门的引导下，依法将自己的土地转包、出租、互换、转让等，以此流转土地，也可组建土地股份合作社，促使农业朝着产业化、规模化方向发展。

（三）扩大投融资平台

建设金融体制阶段，需要发挥政府部门的引导作用，就现状而言，农村社区建设金融体系发展缓慢，政府部门必须要发挥自身的主导作用，实现各类金融机构的整合，在农村社区发展情况基础上，建设职能健全的农村金融系统。

首先，需要清晰界定现有农村金融机构业务范围，完善农村金融机构功能。第一，政府部门可借助税收政策、审批政策，鼓励各个银行为新型农村社区建设提供金融服务，以此激发企业活力。同时，还需要整合各个银行的资金，加速各个银行的协调，清晰界定各个银行金融机构业务范围，合理划分职责，强化直接补贴、税收优惠、利率补贴等手段的应用，发挥财政资金的引导作用，强化财政资金宣传力度，只有切实发挥银行的主动性，才可构建多元化新型农村社区建设新格局；第二，不断借鉴西方发达国家的经验，借助各类法律、法规、规章制度，要求银行不仅要吸收农民存款，还需要积极为农民提供贷款服务，满足农民资金建设需求，与农民一同承担本地区基础设施建设义务，发挥自身金融机构的职能作用；第三，商业性金融机构，需要积极开展金融创新，充分发挥服务方式的灵活性，凸显金融产品的针对性。允许农民以个人、集体的名义，去承担土地经营权，将宅基地以及农作物等作为质押，减少贷款审批环节，实现贷款效率的提升，以此实现农民融资渠道的扩展，不断为农村事业提供信贷支持。

其次，明确政策性金融机构职责，强化政策性金融机构权利。世界各国均通过选择政策性金融机构方式，实现农业发展过程的促进，满足农业发展资金需求。政策性金融机构本身属于政府主导，其目的是结合经济手段和行政手段，找寻新产物，加大对产业发展的支持，以此获取良好的效果，切实发挥出金融机构的作用。

最后，引导社会力量投资。中国农村当下新型农村社区建设属于宏大建设项目，通过发挥市场引导投资作用，可促使集体与企业共同承担风险，共同获取收益。在社会主义市场经济背景下，中国新型农村社区建设需要强化社会资金的应用，积极开展资金筹划，引入大型企业投资、技能、慈善机构等，以此为社区建设提供资金支持。

三、农村社区资源整合的意义

社区建设必须要具备计量的资源，这是社区建设和发展的必要条件。社区建设中资源充足和资源闲置、浪费的情况同时并存，对资源进行整合利用就显得尤为迫切。资源整合尽管像物质生产那样直观，但却能通过对各种资源的有效整合产生巨大的价值。

（一）推进农村社区建设有序进行

农村社区建设不是对原有村落的重构，也不是简单的农村居住空间的地理改变，而是一个通过对农村发展资源的有效整合而建构的符合城乡和谐发展目标的基层社会单元和生活场域，是消解城乡二元结构、实现城乡一体发展的重要举措，也是政府公共事业发展重点由城市转向农村的投放平台。随着工业化和城镇化步伐的加快，大量农村人口向城市和二、三产业转移，由于村村通公路的实施，农民建房一般不在交通不便的老宅基地上，而是选择靠近公路的良田上建造新房，缺少规划且户与户之间距离较远，由此出现了新村不断向村庄外围扩展，而作为原来村庄核心的老村逐渐荒废的现象，最终造成村庄居住区中心废置、环境恶化、整体形态结构松散的空心村现象。日益严重的空心村现象不但造成了土地大量闲置、新建住房的土地资源浪费严重，而且为集中提供公共服务、建造服务设施带来了不便。原来的农村建设大多是自发、原生的状态，缺乏对村庄的整体规划和内涵发展要求的设计，通过资源整合，能够避免农村重复建设、无序建设，资源整合通过对老村的改造，集约利用土地等各类资源，提高资源的利用效率，推进社区建设有序进行。

（二）丰富社区发展内涵

农村居民集中居住是社会经济发展与转型的必然选择，也是农村社会集约发展的内在要求。一方面，通过资源整合能够利用各类资金对农村落后的基础设施进行改造；另一方面，通过对村落文化的整合建构社区规范，能够使社区居民在享受现代文明的同时提升公民意识。因此，资源整合作为一个复杂的动态过程，通过对不同来源和类型的资源进行选择、吸纳、激活、配置和有机融合，根据资源的内在条理重构资源系统，能够使各项资源在不断调整的过程中与社区发展更加匹配，丰富社区发展内涵。

（三）形成资源利用整体效应

农村社区建设和发展中的资源是由多个要素和系统组成的，每一种资源都有一定的优势，也存在着相应的劣势和不足，在社区建设和发展中承担的作用不尽相同且处于分散状态，只有通过相应的体制机制整合为资源有机整体，形成社区资源利用的网络体系，才能使每一类资源要素充分发挥在社区建设和发展中的作用。通过资源整合，形成社区内部资源、社区内部与外部资源之间互动式、立体化作用态势，在整合中得到优化配置的各类资源形成的资源新体系，对农村社区建设的顺利推进和可持续发展具有整体效应，有利于实现资源和环境的协调统一，发挥资源的整体功效和最大价值。

第四节　加强农村社区产业支撑

一、提升农村集体经济发展

通过积极建设农民专业合作组织，能够实现社区集体经济规模化，加速社区经济发展。基于上文对国家开展农村社区建设相关分析，我们国家缺少民间组织力量参与，只有积极壮大农民专业合作组织，才可促使其为新型农村社区建设贡献自己的力量。第一，积极引导农民专业合作社发展，各级政府需要出台相应的政策，强化农民组织引导，始终坚持农民组织引导，遵循不干预原则，切实将龙头企业、农业大户的作用发挥出来，促使农民专业合作社朝着正规方向发展；第二，提升农民合作社专业度，政府相关部门需要定期培训合作社农民，不断提升专业素质与综合技能；第三，加大农民专业合作社扶持力度，政府部门需要出台相应的政策，鼓励农民专业合作社参与发展，规范农民专业合作社优惠政策，切实解决贷款问题。与此同时，严格遵循"户必入社、业必归会"原则，将新型农社区作为平台，促使农民专业合作组织突破地域限制，实现强强联盟，促使社区集体经济朝着规模化、科学化的方向发展。

二、发展劳动密集型产业

新型农村社区建设发展劳动密集型产业属于必然选择，能够为剩余劳动力就业提供途径，可为农民增收提供指导意见，以此加速新型城镇化建设速度。

这类全新的劳动密集型产业，不是传统意义上粗放型、竞争力弱、浪费资源等产业，而是指具备技术含量，对技术设备依赖性又相对较低的产业。例如，玩具加工业、商贸物流业、服装制造业等。大力发展劳动密集型产业，能够为农村劳动力提供更多的就业机会，在短时间内，实现农民收入的增加。一旦农村的经济水平提升，就可推动新型农村社区购买能力的提升，可为后期生活提供有效保障。通过实践证明，大力发展劳动密集型产业，可加速农村经济发展，增加农民收入，以此加快新型农村社区建设步伐。

三、积极鼓励农民自主创业

企业这一市场主体，主要是获取较大的盈利数额，企业需要承担较大的社会责任，基于农村社区的特殊性，农村社区与城市社区相比，前者对人情较为注重。政府部门想要实现农村硬件水平的改善，需要借助农村地区人情纽带作用，从不同的宣传渠道、宣传平台入手，促使村民及时获取社会变化，掌握家乡变化、创业环境变化、优惠政策等，促使农村居民能够认知外界，鼓励更多的农民、企业返乡创业，加速农村经济发展。就城镇地区现存的企业，政府部门需要加强关心，提供一些政策帮助，全面了解企业发展状况，切实解决企业发展阻碍。例如，政府部门可定期开展表彰大会，奖励优秀企业家与企业，持续调动他们的积极性，发挥示范带头作用，以此激励农民返乡创业和就业。

第八章 美丽乡村治理体系建设

第一节 建设村民自治体系

一、打造村民自治运转体系

(一) 乡村自治的概念

"治"自古以来就有很丰富的含义，蕴含着管理、处理、办理以及治理的意思。与其他概念相比，"治"不受外界的压迫，拥有自主权。而"自治"是我们国家民主治理且较具特色的草根形式，顾名思义"自治"一词是"自己治理自己"的意思。一个人或者团队不受其他外力的影响，可以自主管理、选择自己的行为。具有能动作用，从自我管理、自我服务、自我治理出发。自治就代表着自己的事务可以坚持自己的原则。自治分为基层社会中的群众自治、地方自治、民族自治、特别行政区的高度自治、而本文中讨论的"自治"是关于乡村治理中的自治，对推动我国乡村政治民主发展和民主制度的完善具有重要意义。

"村民自治"就是由村民、地方政府以及中央政府这三种权力彼此利益交集又互相博弈而形成的乡村治理结构。①它的起源悠久，并且使用非常广泛，最早出自《三国志·魏志·毛玢传》，清末民国的自治虽然表面上是自治，但是实际上却是治理之意。1982年颁布的《宪法》中提到了"村民自治"一词。在党的领导下，依据宪法和法律的规定，村中的公共基础事务建设、村民矛盾纠纷、公益事业等由村民通过村民委员会、村民代表会议制度，进行自主管理、监督以及决策，村民自治从其产生到发展，再到完善已经经历了不少的年代，现在已经成为了我国社会主义民主发展的

---

① 李增元. 村民自治到社区自治：农村基层民主治理的现代转型 [M]. 济南：山东人民出版社，2014: 13-14.

重要实践。①源于这个概念的分析，我国乡村社会发展的重要实践就是村民自治，通过漫长的探索，该理论在学术界中已经声名鹊起，但是依然还在发展完善之中。

（二）乡村自治的地位

乡村自治，亦称村民自治，简而言之就是广大农民群众直接行使民主权利，依法办理自己的事情，创造自己的幸福生活，实行自我管理、自我教育、自我服务的一项基本社会政治制度。乡村自治是健全乡村治理体系的核心。

村民自治制度是中国特色社会主义政治制度的主要组成部分，村民委员会的公开透明选举保障了村民行使民主权利的途径，村务公开、民主评议等畅通了村民表达利益诉求的渠道。

坚持和完善村民自治制度，必须坚持党的领导，密切党同广大农民的血肉联系，巩固党在村民当中的威信，加强村务监督委员会建设，健全务实管用的村务监督机制，开展以村民小组、自然村为基本单元的村民自治试点工作，发挥好村规民约在乡村治理中的积极作用，确保亿万农民在稳定有序的基层民主实践中逐步提高民主素养。

（三）构建乡村多元治理机制

改革开放40多年来，中国的市场经济飞速发展，城镇化程度进一步加深，使得乡村治理结构发生巨大变化。大量农民甚至包括部分乡村"两委"成员进城务工，乡村治理主体流动性较大，治理观点及政策不能一以贯之，治理职责不明，在治理过程中"踢皮球"现象时有发生。城乡间人口流动性的增强，乡村治理的内容及方式单一，无法满足农民多样化的利益诉求。受传统"家天下"治理模式的影响，在治理程序中易受到宗族、家族势力的干扰和破坏，对村民自治程序带来巨大冲击。

新时代下乡村治理要解决以上问题，需要做好以下几个方面的工作。一是要实现治理主体的多元化，让主体不易缺位。村民是乡村发展的主力军，村民的素质会直接影响乡村治理的成效，要加强素质教育提高村民综合素质，就是要塑造现代化村民。现代化村民表现为拥有较高的政治素养、高度的参与和责任意识、有协作精神、掌握一定的专业技能，这就对乡村治理中村民的自身发展提出了更高要求。乡村"两委"是乡村发展的

---

① 王丹. 自治、法治、德治"三治合一"乡村治理体系建设研究——以内蒙古包头市沙尔沁镇为例[D]. 呼和浩特：内蒙古大学，2019.

引路人，应当做到廉洁自律、权责明确、勇于担当，做好乡村发展与外界沟通的桥梁，协调好"两委"关系。在乡村治理中还要充分利用好乡村经济组织的作用，如乡村集体经济组织、农业合作社及村镇银行等，也能为乡村治理助力。二是要实现治理内容的多元化，让内容不再偏位。随着乡村的发展，村民的利益诉求日趋多元化，因此当前的乡村治理内容需要从教育、养老、医疗、宅基地、土地流转等方面来全面保障村民的各项权益。三是实现治理程序的多元化。乡村治理程序主要包括选举、决策、管理、监督四个主要环节，在这四个环节中要充分发扬民主集中制的精髓，使治理程序由自上而下的命令式转为自下而上的互动式，让不同治理主体都能参与到治理程序中来，形成乡村治理的合力。

（四）健全乡村政务信息公开机制

乡村政务信息公开是现代化乡村治理的必然要求，既能满足村民的知情权，又是乡村治理的政治道义。村民和乡村干部是治理的两大主体，而信息公开是联系这两大主体的基本纽带。当前乡村治理中政务信息公开尚存在以下问题。一是信息公开的内容不及时、不全面、不透明。一些乡村公开的信息过于滞后，丧失了信息的有效性和价值性，对乡村的财务信息以及个人信息公开总是避重就轻、假报瞒报。二是信息公开的方式渠道单一，缺乏多元。不少乡村干部缺乏严格的政务意识，导致信息公开随意性大，多数乡村公开基本以村务栏的形式公开，缺乏互联网思维。三是信息公开的程序任意性较大、缺乏制度化和法制化。一些乡村在有关村民利益的选举、决策、管理过程中不公开或者公开程序主观性较强、无章可循，不能使村民信服。

乡村政务信息公开要克服以上问题，需要作出以下改善。一是要细化信息公开内容，包括决策公开、办事公开、信息公开。决策公开就是乡村权力的运行透明化，让权力在乡村的阳光下运行；办事公开是整个办事的过程、流程让村民知晓其应该知晓的事情，让村民适度参与乡村办事流程；信息公开是用信息、文字的方式对不涉密、不隐私、不危害国家和他人的所有内容进行公开。二是要运用"互联网+"思维，拓宽信息公开渠道。信息公开的方式要由传统的村务栏为主拓展为村务栏、广播、海报、会议以及互联网工具，如QQ、微信多头并举的方式，定期召开村务会议，积极引导乡村干部、村民养成互联网习惯，让"互联网+村务"成为常态。三是要规范信息公开的程序，严格落实已有制度里有关公开程序的要求，制定专门的村务公开程序相关条例或办法，乡村信息公开有章可循、有法可依。

(五)完善乡村民主监督机制

乡村民主监督是乡村治理正常运转的最后屏障,主要是乡村民主政治的重要环节。在村民自治的背景下,乡村民主监督方面存在以下几方面的问题:一是民主监督的运作不畅,主要表现为乡村会议基本形同虚设,村民代表会议权责不明。在中国乡村会议的召开由村委会牵头组织,村民代表会议也是由村委会召集,这就使得监督者和受监督者的中间环节被村委会所控制,村民代表会议无法真正发挥其监督职能。二是民主监督内容不实,村务信息公开碎片化、模糊化,民主评议较为模糊,评议的标准、内容目前尚未有明确规定。三是民主监督主体缺位,作为监督主体的村民与受监督的乡村"两委"权力差距悬殊,使得村民这个监督主体经常处在失位状态。此外,村民监督意识淡化,在乡村会议及代表会议上多数村民少发言甚至不发言,使得乡村民主监督的作用不够明显。

村民自治中要解决乡村民主监督存在的问题,一是要完善乡村会议及代表会议的相关法律规定,让村民真正得到实权。徐勇指出:"乡村会议是最能直接表达和反映村民意志的民主决策形式。"[1]村民只有明确自己与乡村委员会(政府)的职权关系,才能使村民监督有理有据。二是要健全民主监督组织,增强村民监督的后援力量。国家专门成立了村务监督委员会,新时代下建设社会主义新农村就要用好并不断完善这一委员会,优化其成员的年龄结构,推行村级事务阳光工程,让村民的监督不再无力。三是要提高村民的监督意识,村民的知识水平是制约监督意识提高的主要障碍,制约着村民对民主监督的理解与利益的表达,急需对村民开展现代民主教育,让村民摆脱"政治冷漠",树立现代民主监督意识。要加大有关监督意义的宣传力度,在潜移默化中提高村民的监督意识。

二、乡村自治影响因素

(一)国家宏观政策取向和基层治理政策的调整

村民自治是国家治理的基础,其发展势必要遵循国家的法律制度以及宏观政策导向,紧紧围绕国家治理体系和治理能力现代化的总体目标,特别是要以党和国家当前的基层治理政策为指导。

中共中央十八届三中全会提出了推进国家治理体系和治理能力现代化的改革目标,中国共产党第十八届中央委员会第四次全体会议提出了推进

---

[1] 徐勇.中国农村村民自治[M].武汉:华中师范大学出版社,1997:116.

依法治国的总目标，中国共产党第十八届中央委员会第五次全体会议提出"创新、协调、绿色、开放、共享"的新发展理念作为引领新时期改革发展的指导思想，[①]党的十九大明确提出中国特色社会主义进入新时代，我国主要矛盾已经转化为人民日益增长的美好生活需要和不平衡不充分的发展之间的矛盾，并进一步部署了乡村振兴战略。

综合来看，在近年来党和国家提出的宏观战略和政策的指导下，以宪法和法律为基本规范，以新发展理念为引领，村民自治通过创新发展，必将推动农村基层治理体系的重构。

（二）农村社会的流动性、开放性日益增强，农村社会结构正在经历深刻转型

改革开放以来，特别是1990年以后，农村人口出现了大规模、持续性、多元化的流动。据统计，"2017年全国乡村人口比2010年减少了9081万，比2000年减少了3.127亿"。[②]

这种大规模的人口流动从根本上打破了传统村落的封闭性，重构了村落社会成员的结构，形成了农村社会的开放性格局。一方面，在农村人口流出地，因青壮年劳动力大量外出，形成了村庄空心化、村民老龄化以及家庭分离和"三留守"问题；另一方面，在一些人口流入地，因大量创业、务工人员和房租客的进入，村落社会不再由原来的村籍人口构成，形成了本村人、本地人、外地人等同时并存的局面。传统的均质性"熟人社会"演变为异质化的"半熟人社会"，甚至是"陌生人社会"。

客观来看，村落社会成员结构的根本性改变，致使基于户籍制度的、封闭性的村民自治难以运转，对突破村民自治的封闭性，逐渐走向开放性的村民自治提出了要求。

（三）农村经济社会发展的不平衡导致了农村治理环境的多样化

改革开放以来，农村经济社会的发展具有典型的不平衡性，各地不同村庄的产业结构、人口结构、收入结构、利益结构、需求结构等差异日益明显，形成了多样性的村民自治环境。

在这种背景下，统一性的村民自治制度输入多样化的治理环境中，在

---

① 韩洪涛，高娟. 试论新常态下的社会治理创新 [J]. 学习论坛，2015, 31(7): 12-14.
② 符青峰. 欠发达地区乡村振兴战略背景下的农村空置房处置思考——以大河坝镇桃子桠村为例 [J]. 知行铜仁，2018 (3): 30-33.

实践中势必需要采用多元化的治理形式,从而对积极探索不同情况下村民自治的有效实现形式提出了新的要求。

(四) 农民群体的多元分化导致意愿诉求、行为方式、组织形式的多元化

农村经济社会的多元性发展造成了农村社会成员的多元性分层、分派。在此背景下,原来同质化的农民群体产生了明显的职业分化、产权分化、收入分化、利益分化的现象,使农民的美好生活需求多元化,意愿诉求和行为方式多元化,组织形式多样化,以普遍平等为原则的村民自治由此遭遇了空前的挑战。不仅人人平等参与的民主选举、民主决策、民主管理、民主监督难以落实,而且对于村民多元化的美好生活需求也难以有效满足。

因此,这些现实情况不仅要求积极探索新时代基层民主和村民自治的有效实现形式,而且需要积极拓展新时代村民自治的内容,由重在推进以民主为导向的自我管理,转向探索在民主管理基础上提供更多、更好的自我服务与自我教育。

三、乡村自治主要表现

乡村自治的核心内容是"四个民主",即民主选举、民主决策、民主管理、民主监督。因此,全面推进村民自治,也就是全面推进村级民主选举、村级民主决策、村级民主管理和村级民主监督。[1]

(一) 全面推进村级民主选举,把干部的选任权交给村民

民主选举,就是按照宪法、村委会组织法、实施村委会组织法办法和村委会选举办法等法律法规,由村民直接选举或罢免村委会干部。村委会由主任、副主任和委员3～7人组成,每届任期3年,届满应及时进行换届选举。选举实行公平、公正、公开的原则,把"思想好、作风正、有文化、有本领、真心愿意为群众办事的人"选进村委会班子。

(二) 全面推进村级民主决策,把重大村务的决定权交给村民

民主决策,就是凡涉及村民利益的重要事项,如享受误工补贴的人数及补贴标准,从村集体经济所得收入的使用,村办学校、村建道路等公益事业的经费筹集方案,村集体经济项目的立项、承包方案及村公益事业的

---

[1] 郑应平,邵会廷,潘登.中国农村选举研究的现状与展望[J].经济研究导刊,2010 (31): 66-69.

建设承包方案，村民的承包方案，宅基地的使用方案等，都应提请村民会议或村民代表会议讨论，按多数人的意见作出决定。

（三）全面推进村级民主管理，把日常村务的参与权交给村民

民主管理，就是依据国家的法律法规和党的方针政策，结合本地的实际情况，全体村民讨论制订村民自治章程或村规民约，把村民的权利和义务、村级各类组织之间的关系、职责、工作程序以及经济管理、社会治安、村风民俗、计划生育等方面的要求规定清楚，加强村民的自我管理、自我教育、自我服务。村民自治章程是村民和村干部自我管理、自我教育、自我服务的综合性章程，也是村内最权威、最全面的规章。村规民约一般是就某个突出问题，如治安、护林、防火等作出规定，作为村民的基本行为规范。

（四）全面推进村级民主监督，把对村干部的评议权和村务的知情权交给村民

民主监督，就是通过村务公开、民主评议村干部和村委会定期报告工作等形式，由村民监督村中重大事务，监督村委会工作和村干部行为。民主监督的重点是村务公开，凡是村里的重大事项和村民普遍关心的问题，都应向村民公开。

四、打造村民自治服务体系

（一）健全乡村基层党组织领导机制

在乡村治理中党的领导是根本性的，坚持党对乡村治理工作的全面领导可以起到总揽全局、举旗定向的作用。目前，乡村基层党组织在领导乡村治理中存在的问题主要表现在与乡村治理结构的协同性不强、融合性较差，在治理实践过程中乡村基层党组织的强大领导力与乡村自治组织的软弱性形成鲜明反差，甚至存在"直接包办"和"直接替代"的现象，不利于乡村治理多元、持续、健康发展。

乡村治、社会和、国家稳。新时代下乡村治理过程中要改变协同性不强、融合性较差问题，具体措施如下。一是乡村基层党组织要转变治理理念，坚持系统治理，落实党委领导、政府负责、社会协同、公众参与的乡村治理机制，充分发挥多元治理主体的强大合力。二是乡村基层党组织要转变治理实践，强化党员干部的"互联网+"理念，利用新媒体、新手段、新技术来加强领导，坚持"领管有别"的原则，善于分工合作，充分依靠广大村民协调乡村多方力量。三是乡村基层党组织要增强自我革命引领乡

村变革的能力。优化党员数量及年龄结构，吸纳乡村优秀大学生青年、致富能手加入党员队伍，夯实乡村基层党组织的领导基础。加强乡村干部的党性教育，增强广大乡村干部学习贯彻党和国家方针政策的能力，确保乡村基层党组织在乡村治理中的向心力。

（二）完善乡村基层信访机制

乡村基层信访是村民表达利益诉求的主要渠道，是连接村民与村委（政府）的沟通枢纽，是解决村民生存与生活中疑难杂症的重要途径，也是从根本上化解社会不和谐因素的重要方略。当前村民对美好生活的需求是多样的，使得信访工作出现一些新的问题和挑战。一是信访内容上多种多样，主要有历史遗留问题、村民养老保险及社会福利问题、乡村土地征用引发的问题等主要村民生活问题，这些问题中有一些是老生常谈问题，但有一些问题是随着城镇化推进、社会转型过程中出现的新问题。二是信访形式上团体上访成为新趋势。团体上访主要是上访发动者试图靠规模来引起领导的关注以致问题的解决，团体上访虽然可以集中有效地处理上访事件，但是容易引发群体性暴力事件，增加了乡村不和谐因素。三是信访程序上越级上访频发，上访者不信任乡村相关领导，认为事件只有找更高的领导才能解决。四是信访制度不合理，在日常信访工作中大量存在"人人管、人人不管"的两极现象，造成相互推诿的尴尬局面。

要在新时代下乡村治理过程中做好信访工作，需要在信访制度上下功夫。一是要落实责任到人制度，实行领导干部责任制，对信访事件分类处理并完善具体某类事件的处理办法，使信访事件的解决途径能够自上而下保持一致。有效落实"三级终访"制，防止缠访事件的发生，制定针对聚众闹事、非法闹访者的处理规定，用法律途径坚决制止。二是要做好信访法律发挥宣传工作，提高上访者素养。在乡村治理过程中信访工作者应仔细宣传《信访条例》相关规定，使村民能够知晓信访受理的事件类别、范围、程序、权限等相关规定，积极引导村民能够合法、合理上访，共同营造和谐有序的上访秩序。三是要提高乡村基层信访工作人员的业务素质，落实严格的信访责任制。乡村信访工作人员要不断学习理论知识，跟上时代脚步。要放下官僚作风，积极走近村民，愿意倾听村民心声，让村民敢发声、愿发声。还要尽量落实责任制，如案件首办责任制、领导责任制，努力让每件问题能够做到掷地有声。

（三）健全乡村服务组织体系

村民自治顾名思义村民是最大的治理主体，基层民主也主要是村民中的少数服从多数。现实情况中村民大多是分散的个体，难以形成有效的"多数"，从而影响了基层民主的落实。分散的村民缺乏利益结合的常态化，弱化了村民治理中的权利，淡化了村民的治理意识。要改变村民分散现状，最有效的办法是健全村民行使权利的组织载体。乡村组织就是乡村凝聚力的体现，是增强村民在治理中话语权的有效途径，但目前的乡村组织存在类型上不完备、功能上不健全、制度上不规范等问题。

新时代下要发挥村民治理的主体功能，就需要在乡村服务组织上下功夫。一是完善乡村各类组织，各司其职、各尽其能。协调乡村自治组织权能，可以适度下放或削弱村委会部分职权，增强村民会议及村民代表大会权能，让各自治组织并驾齐驱。二是积极成立乡村合作经济组织，如乡村合作社，这是村民自愿参加，以户为单位，对乡村的某一类型的产品生产加工、订货、统销包销的合作组织，可以有效维护村民经济权益，增加村民收入，实现村民共同的经济利益。三是健全乡村公共服务组织，如农民协会，这类组织旨在维护乡村的公共利益，为乡村提供公共服务。四是成立乡村维权组织，这是乡村村民利益的"代言人"，可以有效化解乡村利益纠纷，维护乡村社会和谐。乡村组织是村民创新社会管理的组织形式，是村民满足美好生活需要的组织保障，新时代下健全乡村服务组织体系，为新农村建设提供强大凝聚力的治理主体。

五、打造村民自治考评体系

（一）构建多元的考评主体

乡村治理的出发点和归宿是日益满足广大村民对美好生活的追求，但要实现这一目标，关键条件是要提升乡村治理主体的治理水平和能力。乡村治理是一项系统性工程，需要充分调动多元治理主体的能动性，发挥各自的智慧和优势。当前在乡村治理中由于考评主体的单一性，使得考评无法真正衡量治理主体的多元性效能，也就无法充分调动乡村多元治理主体的治理积极性，提升其治理智慧。

科学的考评体系可以提升乡村干群的现代化治理意识，在乡村的所有变革中思想意识的变革是其先导，在考评体系中加入一些现代民主、自治合作、平等参与的理念，激发乡村干群的治理协作意识，因此考评体系建设应该注重多元性，实现乡村干群考评主体的多元参与，为乡村治理注入活力。一是完善县级党政机关组织对乡村干群工作的考评机制。县级党政机关在考评过程中要积极制定相应的考评制度，维护好考评规则，严禁出现朝令夕改的现象。二是要落实村民在考评中的主体地位。在乡村治理的过程中,村民是直接的服务对象,也是对乡村治理工作态度、方法及成效感受最深、印象最强的,理应成为最主要的考评主体。新时代下村民是乡村治理的最大受益者也理应是最广泛的参与者。三是要把第三方机构融入考评体系。县级政府有效把大学、研究所等科研机构、民间合作组织、互联网组织等融入乡村治理考评体系中,保证考评的客观公正、科学合理,为乡村治理现代化提供技术和数据支撑。

（二）制定科学的考评内容

科学的考评内容是考评体系的关键,考评内容的设计应以满足村民美好生活的需要为根本,把村民最关心、最直接、最现实的问题加入考评内容中,使村民的生活更加幸福安康。但目前在乡村治理过程中,考评内容没有真正体现村民的"三最"利益,与村民生活脱轨;乡村评估内容中对精准扶贫、脱贫只是侧重结果评价、忽视过程评价;乡村评估内容中的奖惩机制中没有乡村环保的具体措施,无法激发乡村治理过程中干群的环保行为。

考评内容可以从以下两方面做出改善。一是把与村民生活息息相关的民生领域纳入考评内容,包括村民养老、教育、医疗、住房等,量化各方面考评指标。二是将建设美丽乡村作为重要考评内容。乡村美才能中国美,各地要根据本地实际情况制定出环保指标,落实环保责任制,明确奖惩规则,为美丽乡村建设助力。

第二节 提升乡村德治能力

一、乡村治理体系德治的内涵

（一）乡村治理的内涵

在厘清"德治"的内涵之前,有必要明确"治理"和"乡村治理"的基本概念。"治理"一词源于拉丁文和古希腊语,有控制、操纵、引导之意。1989年,世界银行报告《撒哈拉以南非洲:从危机到可持续增长》中最先使用了"治理危机"一词,而后"治理"一词被广泛运用于政治学研究、社会学研究等领域,并与"统治"一词交叉使用。但是,"治理"与传统意义上的"统治"具有根本区别,"统治"是国家和政府等社会公共机构通过自上而下的方式管理社会公共事务的过程,而"治理"是政治国家和公民社会在平等合作的基础上通过协商互动的方式对社会公共事务进行引导和调控的过程。乡村是与城市相对的概念,是广大农民从事生产生活的重要居所,一般意义上与"农村"通用,但乡村往往被赋予现代化意蕴。"乡村治理"这一概念最早是由徐勇教授提出的,他认为:"乡村治理是指通过解决乡村面临的问题,实现乡村的发展和稳定"。[1]贺雪峰教授结合新的语境对"乡村治理"这一概念赋予新的含义:"乡村治理是指如何对中国的乡村进行管理,或中国乡村如何可以自主管理,从而实现乡村社会的有序发展。"这一概念至今仍然适用于新时代的乡村治理中。综上,可以清楚地了解到,乡村治理就是乡村治理各类主体运用公共权力解决乡村社会现实问题的过程,实现乡村有序发展是乡村治理的最终目的。当前,我国已经进入新的历史发展阶段,乡村经济社会结构也随之发生了深刻的变化,如何破解农村"空心化""老龄化""边缘化"的发展困境,促进农业、农村、农民的现代化已经成为新时代乡村治理的重要课题。需要指出的是,新时代乡村治理不是简单沿用旧有的乡村治理模式企图恢复或者兴盛传统的农村形态或结构,而是要通过治理思路的转变和治理理念的更新,塑造一种全新的现代化的乡村格局。立足乡村社会现实问题,遵循乡村社会发展规律,着力构建系统化、规范化、科学化的新时代乡村治理体系,就是要将治理主体、治理内容、治理形式有机统一,使自治、法治和德治三者相互补充、相互促进、相得益彰,在三者的良性互动中推进新时代乡村社会实现善治。

(二)乡村治理体系德治建设的功能定位

1.健全"三治合一"的乡村治理体系

健全自治、法治、德治相结合的乡村治理体系是一项庞大复杂的系统工程,作为拉动新时代乡村繁荣发展的"三驾马车",自治、法治、德治三者互为补充、相得益彰。需要指出的是,自治、法治、德治的划分标准是不一致的,自治是从主体层面进行划分的,是乡村治理的基本治理机制,法治和德治是从内容和方式层面进行划分的,是乡村自治的基本载体和方式。实行法治、践行德治都始终围绕实现自治这个基本目标,德治与

---

[1] 徐勇. 挣脱土地束缚之后的乡村困境及应对——农村人口流动与乡村治理的一项相关性分析[J]. 华中师范大学学报(人文社会科学版), 2000(3): 6.

自治功能失调时都需要法治作为强制力保障其顺利实施，实现自治、实行法治都要以践行德治作为伦理支撑。德治具有春风化雨的重要作用，坚持用德治促进自治与在自治中践行德治相统一，坚持以德治滋养法治与在法治中彰显德治相协调，才能健全"三治合一"的乡村治理体系，更好地处理矛盾冲突与利益纠纷，推动新时代乡风文明的形成。

（1）用德治促进自治与在自治中践行德治相统一。当前，随着群众利益诉求的多样化以及矛盾纠纷的复杂化，我国乡村治理已经明显呈现出政府管理乏力、自治活力不足、公权滥用严重等亟待解决的问题。我国是人民当家作主的国家，在乡村治理中介入村民自治，是中国特色社会主义民主政治的一大特色，也是以人民为中心思想在国家政治生活和社会生活中的集中体现。自治是基层社会治理的基本目标，盘活乡村自治力量，不仅能够维护村民的合法权益就地化解矛盾纠纷，而且能够调动人民作为治理主体参与乡村治理的积极性、主动性和创造性。但是，村民自治在具体的实施过程中也因群众道德文明素养参差不齐而暴露出一定的局限性，自治主体的权利意识和民主意识一旦膨胀就会造成自治权力的滥用，而权力被无德者操控就会打破正常的社会秩序。因此，为防止过犹不及，乡村治理呼吁德治来启迪自治主体的责任意识以打破自治僵局。作为乡村治理的重要基础，德治也是乡村自治的重要依托，自治主体是否具备道德素养、自治行为是否符合伦理规范直接决定着乡村自治能力和水平的高低。当然，自治也并不意味着完全自由毫无约束，必须要用法律监督和制约村民的自治权利。要将自治行为纳入法治化轨道，用道德引导自治主体培育正确的权利意识、民主意识和责任意识，使自治主体自觉约束其缺乏理性的不道德行为。唯有如此，才能更好地提升乡村自治水平和能力，真正实现自我管理、自我约束、自我服务、自我监督。

（2）德治滋养法治与在法治中彰显德治相协调。"法安天下，德润人心"。建构良好的社会秩序、和谐的人际关系需要德治与法治刚柔相济、协同发力，这是从我国千百年来治国理政的历史实践中汲取的宝贵经验，也是当前促进新时代乡村现代化发展的现实启示。以法治村离不开德治的滋养，法治一旦失去道德支撑就会变成冷冰冰的条文，唯有"以德养法"才能增强法治的道德底蕴，使法治具有德性。在法治中彰显德治，将道德观念贯穿在立法、执法、司法的全过程，制定出反映人民意志、合乎价值追求、符合客观规律的良法，才能使道德具有理性。德治与法治相得益彰是其生动实践的内在逻辑，作为一种柔性约束，德治需要治理主体具备高度的道德自觉，在具体的实施过程中会出现功能失调的情况，因此必须用法律这种国家强制力来保障实施。

2. 推进国家治理体系和治理能力现代化建设

我国是一个农村人口占绝大多数的国家，乡村是我国最基本的治理单元。因此，乡村治理在推进国家治理体系与治理能力现代化建设中扮演着非常重要的角色。德治建设是推进乡村治理现代化的题中应有之义，加强新时代乡村治理体系中的德治建设不仅能够提高农民的文明素质和农村的文明程度，形成文明的乡风以夯实国家治理现代化的基础，而且能够健全乡村治理方式，有效治理农村不良风气，改善农民精神文化生活以补齐国家治理现代化的短板。

（1）推进乡风文明夯实国家治理现代化的基础。举一纲而万目张，解一卷而众篇明。国家与社会之间的关系是国家治理与社会治理并驾齐驱的关键，明确二者之间的关系能够为推进国家治理体系与治理能力现代化提供基本遵循。在《家庭、私有制和国家的起源》中，恩格斯明确指出："从社会中产生但又自居于社会之上并且日益同社会相异化的力量，就是国家。"[①] 据此，我们可以认为社会是国家存在发展的基础，社会治理水平的高低直接体现并决定着国家治理能力的高低；国家源于社会而又高于社会，国家治理的能力和水平对加强和创新社会治理具有重要的引领作用。乡村是基层群众生活的聚居地，是社会中最基本的组成单元。作为老百姓生于斯、长于斯的熟人社会，乡村社会在现代化转型的过程中历经几千年未有之变局，同时也不可避免地暴露一系列道德问题。例如，德孝文化的缺失致使孤寡老人无人奉养、利己主义滋生造成邻里矛盾突出、道德约束乏力导致村民价值观扭曲，应对这些不良社会风气，在新时代乡村治理中融入德治元素势在必行。加强新时代乡村治理体系中的德治建设，不仅能够深入挖掘并运用乡村熟人社会的道德规范引导村民求真、向善、尚美，而且能够推进乡风文明激发乡村现代化发展的内生动力，直接推动国家治理现代化的实现。基础不牢，地动山摇。乡村治理是推进国家治理体系和治理能力现代化的基础性工程，只有推进新时代乡村治理体系中的德治建设，培育文明乡风，才能夯实国家治理现代化的基础。

（2）促进有效治理补齐国家治理现代化的短板。乡村治理是国家治理

[①] 中共中央马克思恩格斯列宁斯大林著作编译局.马克思恩格斯选集(第4卷)[M].北京：人民出版社，2012：187.

的基石，促进新时代乡村的有效治理，是国家治理现代化的重要命题。在我国，农村人口占总人口的绝大多数且文化素质较低，在这样一片广阔而分散的领域开展治理工作是相当困难的。改革开放以来，我们告别了挨饿受冻的历史，但是快速的经济发展也累积了一系列社会矛盾与问题。从外部因素来看，城乡一体化打破了乡村与世隔绝的封闭局面，乡村人口因外出务工、搬迁定居大量流入城市，导致传统乡村文化衰落、人口结构失衡、经济发展落后等一系列问题。与此同时，农村人民对各种利益的诉求呈现多元化的特点，他们渴望拥有同城市居民同等的身份地位，渴望享有公平的教育、医疗、就业、医保权利。从内部因素来讲，乡村治理主体弱化、治理能力不足，导致农村各类矛盾日益复杂化、尖锐化。乡村基层干部服务意识弱，不能及时满足群众诉求，导致干群矛盾日益突出；因土地承包、赡养老人、抚养小孩导致的家庭矛盾时有发生；因个人意识增强，生活习惯、宗教信仰不同而引起的邻里矛盾数见不鲜。促进乡村有效治理，就必须着力解决当前发生的实际问题，提升基层党组织的治理能力与服务意识，建立健全治理体制机制。要坚持以人民为中心，畅通群众利益表达渠道，形成矛盾纠纷调解小组，实现家庭和谐、邻里和睦。乡村未来的命运与国家今后的发展休戚与共。国家治理最繁重的任务、最薄弱的环节都在农村，促进乡村有效治理，方能补齐治理短板，推进国家治理体系和治理能力现代化的伟大进程。

3. 推动实现"两个一百年"奋斗目标

当前，我国社会发展阶段已经发生了新的变化，乡村振兴的蓝图与"两个一百年"奋斗目标在新时代同频共振。"只有在社会主义发展阶段问题上有合乎实际的认识，才能以此为据制定正确的路线方针政策。"[①] "两个一百年"奋斗目标正是我们党在正确认识社会主义发展阶段的基础上科学规划的战略安排。在第一个百年奋斗目标——小康社会建成之际，党的十九大针对第二个百年奋斗目标做出了具体的阶段性规划。第一个阶段为，从 2020 年到 2035 年，在全面建成小康社会的基础上，再奋斗十五年，基本实现社会主义现代化。第二个阶段为，从 2035 年到 21 世纪中叶，在基本实现现代化的基础上，再奋斗十五年，把我国建成富强民主文明和谐美丽的社会主义现代化强国。新时代乡村德治体系建设将助推七大国家战略实施、助力五大文明全面提升，最终推动"两个一百年"奋斗目标的实现。

---

① 朱大鹏. 当代中国社会变革与"新版"社会主义[J]. 思想教育研究, 2018(10): 68.

（1）乡村德治体系建设助推七大国家战略实施。乡村治理是实现乡村振兴的重要基石，加强乡村治理体系中的"德治"研究是实现乡村振兴战略的重要抓手。乡村振兴战略提出的"产业兴旺、生态宜居、乡风文明、治理有效、生活富裕"的内涵中，"乡风文明"不是为经济振兴助力的次要方面，而是新时代乡村建设的初心、旗帜和方向。实施乡村振兴战略，不是简单恢复或者兴盛传统的乡村经济和社会结构，而是要通过现代化的治理形成一种新的乡村、城乡格局。党的十九大报告将乡村振兴战略与科教兴国战略、人才强国战略、创新驱动发展战略、区域协调发展战略、可持续发展战略、军民融合发展战略并列为党和国家未来发展的"七大战略"，是党和国家统筹国内外发展大势，对当前及今后很长一段时间内我国实现跨越式发展的重大决策部署。乡村德治体系的建设，有助于科学技术与教育向乡村普及和渗透，有利于提高乡村居民的思想文化素质和道德水平，使其成为社会主义现代化建设可堪大用的人才。作为乡村振兴战略的重要抓手，德治建设不仅能够实现科教兴村、人才强村，而且能够推进科教兴国战略、人才强国战略的贯彻落实。科技改变生活，创新引领生活。在科技爆炸的时代，人们在衣食住行各个方面都将从科技创新中获益，进而凝聚起亿万群众崇德向善的正能量；反过来，乡村德治建设卓有成效，也会激发人民群众对新知识、新技术的不懈追求以及创造活力，进而助推创新驱动战略的全面实施。乡村德治建设是促进乡村振兴的软实力，促进乡风文明有利于实现乡村地区的充分发展，进而缩小城乡差距。乡村德治建设将提升村民的节俭意识与环保意识，使可持续发展的理念深入人心，促进居民绿色生产与合理消费，这有利于推进可持续发展战略在全社会范围内实施。乡村德治建设与军民融合战略也有密不可分的联系。一方面，军民融合能够助推现代农业的发展，激活农村居民的创新活力；另一方面，乡村德治建设能够提升居民的认识水平与道德素质，使其成为军民融合发展战略的支持者与拥护者，进而在优势互补中实现共赢。

（2）乡村德治体系建设助力五大文明全面提升。党的十九大上，习近平总书记明确提出，要紧扣当前我国社会主要矛盾的变化，加快统筹推进经济、政治、文化、社会、生态"五位一体"建设，促进物质文明、政治文明、精神文明、社会文明、生态文明全面提升。在全面建成小康社会的决胜期，构建乡村德治体系能够为统筹五大建设提供精神动力、道德支撑与强大正能量，助力五大文明全面提升。经济发展水平的高低直接决定了社会是否和谐、政治是否开明、文化是否繁荣，也决定了新时代乡村德治建设开展的思路与成效。当前,我国经济发展取得了很大进步,但是人们的道德水平却有待提升,建立健全乡村德治体系,能够提升农民文化水平与道德素养,使其在从事农业生产与经营时坚守道德底线,注意产品质量、保障产品安全,进而促进经济文明的大力提升。伴随着农民思想文化水平的提升,广大农民将积极参与到国家各项事务的管理中来,在党的统一领导下,依法行使各项基本权利,合理表达各项利益诉求,真正实现人民当家作主,将社会主义政治文明向前推进。乡村德治体系的完善是提升乡村精神文明建设的中心环节,不仅能够促进移风易俗、营造良好的民风乡风,而且能够满足其日益增长的精神文化需求。乡村德治体系的建设是构建社会主义和谐社会的重要举措,农民道德水平的提升能够化解矛盾和纠纷,凝聚乡村有效治理的人民力量与群众智慧,形成人人讲文明、家家促和谐的生动局面。在新时代的乡村树立环保意识与勤俭节约观念,能够吸引农民积极参与到美丽乡村建设中来,齐心协力整顿村容村貌,净化、美化、绿化人居环境。因此,必须不断健全和完善新时代乡村德治建设体系,借此来助力五大文明全面提升,使包括广大农民在内的全体人民过上幸福安康的美好生活。

二、加强乡村德治德育建设

(一) 加强乡村思想道德建设

要以社会主义核心价值观为引领,坚持教育引导、实践养成、制度保障三管齐下,采取符合乡村特点的有效方式,深化中国特色社会主义、中国梦、乡村梦宣传教育,大力弘扬民族精神和时代精神。加强爱国主义、集体主义、社会主义教育,深化民族团结进步教育,加强农村思想文化阵地建设。深入实施公民道德建设工程,挖掘农村传统道德教育资源,推进社会公德、职业道德、家庭美德、个人品德建设。推进诚信建设,强化农民的社会责任意识、规则意识、集体意识、主人翁意识。

(二) 传承发展乡村优秀传统文化

立足乡村文明,吸取城市文明及外来文化优秀成果,在保护传承的基础上,创造性转化、创新性发展,不断赋予时代内涵、丰富表现形式。既要切实保护好优秀农耕文化遗产,推动优秀农耕文化遗产合理适度利用,也要深入挖掘农耕文化蕴含的优秀思想观念、人文精神、道德规范,充分发挥其在凝聚人心、教化群众、淳化民风中的重要作用。对传统村落来讲,还要划定乡村建设的历史文化保护线,保护好文物古迹、传统村落、民族村寨、传统建筑、农业遗迹、灌溉工程遗产。同时要支持农村地区优秀戏曲曲艺、少数民族文化、民间文化等非物质文化遗产的传承发展。[1]

(三) 加强乡村公共文化建设

按照有标准、有网络、有内容、有人才的要求,健全乡村公共文化服务体系。发挥县级公共文化机构辐射作用,推进基层综合性文化服务中心建设,实现乡村两级公共文化服务全覆盖,提升服务效能。[2]深入推进文化惠民,公共文化资源要重点向乡村倾斜,提供更多、更好的农村公共文化产品和服务。支持"三农"题材文艺创作,鼓励文艺工作者不断推出反映农民生产生活尤其是乡村振兴实践的优秀文艺作品,充分展示新时代农村农民的精神面貌。培育挖掘乡土文化、本土人才,开展文化结对帮扶,引导社会各界人士投身乡村文化建设。活跃繁荣农村文化市场,丰富农村文化业态,同时加强农村文化市场监管。

(四) 开展移风易俗行动

广泛开展文明村镇、星级文明户、文明家庭等群众性精神文明创建活动。遏制大操大办、低俗婚俗、厚葬薄养、人情攀比等陈规陋习。重点加强无神论宣传教育,丰富农民群众的精神文化生活,坚决抵制信奉邪教等封建迷信活动,深化农村殡葬改革,加强农村科普工作,提高农民科学文化素养。

(五) 注重树立、宣传先进典型

坚持正确的价值取向和舆论导向,开展各种模范的评选活动,用榜样的力量带动村民奋发向上,用美德的感召带动村民和睦相处,营造良好的社会氛围,提升人民群众感受美好生活的能力,增强社会的价值认同和凝聚力,推动形成向善向好的社会风尚。

三、构建乡村治理文化体系,塑造文明民风

(一) 利用乡村优秀传统文化加强伦理道德教育

以伦理道德为内核的传统文化是时代精神弘扬之精髓,是民族精神传承之血脉。德治主要是发挥道德感化、教化的作用来提升乡村村民的道德

---

[1] 冯柯,王美达,吴存华. 文化引领的美丽乡村建设研究——以秦皇岛市北戴河村艺术村落为例 [J]. 城市发展研究, 2018, 25 (7): 128-133.

[2] 杨仪青. 城乡融合视域下我国实现乡村振兴的路径选择 [J]. 现代经济探讨, 2018 (6): 101-106.

修养，本质目的是实现乡村治理的"软着陆"。我国是一个传统农业大国，在悠久农耕文明基础上形成的儒家道德文化长期渲染着人们的思想和行为，尤其是在广大的乡村社会更为明显。但目前乡村社会正经历着由传统到现代化的漫长转型期，传统的儒家道德文化正遭受着市场经济和西方现代思想的侵蚀，村民的思想出现多元化、复杂化倾向，乡村传统道德文化逐渐淡化，部分村民过度强调个人利益，忽视集体利益，乡村文化出现代际断裂。

在市场化快速发展的新时代下，在加强对村民的伦理道德教育过程中要深入挖掘乡村传统文化中的人文精神和时代价值，在传承乡村优秀传统文化的同时要更加注重其时代性转化，化解现代与传统道德理念的偏差，充分认识到乡村传统道德同新时代道德有着一定的共通性，把二者的优势和特点结合起来共同为提升村民道德修养服务。在伦理道德教育过程中对不同学历、年龄阶层的村民采用不同方法，增强教育的针对性；在教育内容方面既要强调传统文化中的"家文化"同时还要着重宣扬社会主义先进文化；在教育效果上既要让村民回归传统本色，又要让村民成为时代先锋。

（二）坚持乡村主流文化掌控意识形态领导权

乡村主流文化是新时代下乡村发展过程中占据主导地位的文化，能够引导乡村朝着正确的方向发展。目前，在乡村治理的过程中一些村民存在着"唱反调"的言论和行为，否定党和国家领导人及政策，宣扬封建迷信思想，传播消极言论等这些都与我国主流文化相违背，困扰着乡村治理工作的进一步推进。

新时代下，在乡村治理工作中首先要确立马克思主义在乡村意识形态的领导地位，在乡村中积极宣扬马克思主义精髓，用马克思主义去引导村民看待问题的立场、观点和方法，守住乡村这片意识阵地。以乡村基层党组织为核心，积极牵头组织村民参加喜闻乐见的红色题材的文艺活动；完善乡村的文化设施，以便开展一系列相关文艺活动，不断满足村民多元的文化需求，把马克思主义的基本立场贯穿在这些文艺活动中，拉近与村民间的距离，在这些过程中最重要的是要抓乡村的"关键少数"，造就一支"懂马、爱马、言马"的乡村干部队伍，积极引导村民树立健康向上的精神风气。其次还要用马克思主义的立场、观点、方法去引导"三治合一"的乡村治理实践，形成人人"讲马"的良好治理氛围，肃清乡村意识形态的噪音，引导其与乡村治理的新环境相适应，为乡村振兴的实现奠定意识之基。

（三）利用乡村社会核心价值观整合有效治理资源

乡村的核心价值观是一项系统性工程，其形成需要多种方法、多个环节才能完成，因此其形成不能"毕其功于一役"，需要循序渐进。毛泽东指出："一切空话都是无用的，必须给农民以看得见的物质福利"。①

也就是说村民只有物质上得到保障，才会考虑其他方面的需求，也才会去认同乡村社会主义核心价值观。当前乡村发展转型中面临着核心价值观缺失，乡村社会散化的问题，而要解决这些问题最根本的措施是大力发展乡村经济，有效增加村民收入，做好理论宣传，形成思想合力。马克思指出："理论只要说服人，就能掌握群众，而理论只要彻底，就能说服人"。②要让村民在乡村治理中认同乡村社会主义核心价值观，需要做好理论宣传。

核心价值观对国家及社会中的思想道德起到整合塑造的作用，是主流文化的典型体现，要在乡村治理中积极开展核心价值观的培育，运用润物细无声的方式把社会主义核心价值观纳入乡村德治中，使之成为村民一以贯之的行为准则。在实际工作生活中要采用灵活多元的方式去培育核心价值观，坚持贴近实际生活的原则，引导村民树立坚定的理想信念，为乡村营造积极向上的氛围。同时在培育过程中要发挥党员的先锋模范作用，亲力践行社会主义核心价值观，塑造文明的乡村民风。

四、完善"乡贤"治理机制，营造和谐乡风

（一）建立"乡贤"参与乡村德治机制

"乡贤"是乡村先进力量的典型代表，既是传统美德的忠实践行者，也是现代价值观的忠实信仰者。"乡贤"一般是乡村一些德高望重的前辈组成，在本地具有较高的道德影响力，无论其是否参与村民自治的过程，不可否认乡贤都可以充分发挥其德治功能。当前在乡村治理中主要是靠基层自治组织自上而下式的、命令式的方式来进行，而对自下而上式的乡贤德治功能缺乏信任和了解。

新时代下乡村治理中要做好德治工作，需要大力发挥"乡贤"的德治功能。"乡贤"德治是通过非强制性的方式对乡村事务的决策和执行施加

---

① 毛泽东.毛泽东文集（第1卷）[M].北京：人民出版社，1998: 1248.
② 中共中央马克思恩格斯列宁斯大林著作编译局.马克思恩格斯选集(第1卷)[M].北京：人民出版社，1995: 10.

影响，能够弥补基层自治组织的治理缺陷。建议设立"乡贤洽谈"制度，成立相应的乡贤组织及机构，为乡贤与村民间的交流搭建多元化平台。乡村除建立书屋之外还应建立乡贤工作室，每周或每月设立固定的时间为"乡贤工作日"，方便村民利益诉求的表达，让"乡贤洽谈"制度成为保障村民基本权利的常态化的渠道。另外要给予乡村"乡贤"物质及精神上的激励，鼓励乡村乡贤返乡并充分调动乡贤调和利益的积极性，主动倾听村民的声音，对村民反映的问题能够积极收集、上报、反馈，保护村民的切身权益，做村民权益的忠实"守护人"。

（二）规范"乡贤"参与乡村德治行为

"乡贤"德治功能的有效发挥需要科学规范的组织机构做保证。规范的组织机构可以为乡贤德治提供专门的工作交流平台，保证乡贤的稳定化运作，从而最大幅度地发挥其治理行为的效能，避免出现"九龙治水"的尴尬现象。当前乡村社会的经济发展资源欠缺，乡贤组织的发育程度较低，仅仅依靠乡贤的个人道德影响力去治理乡村有着严重的不稳定性，容易导致个人专断主义。从乡贤之间的权力关系来看，需要制定相关的内部规章制度来规范乡贤间的权利分配，保证正常的运作秩序。

要规范乡贤治理行为，需要提升乡贤治理的组织化水平，如建立道德评比会、红白理事会、禁赌毒会等组织。基层政府应给予其政策及资金方面的支持，并结合本地实际情况，制定组织内部的选拔、培训、管理机制，保证乡贤组织运作的规范化，推动乡贤治理模式的制度化。同时，应把乡贤治理的流程加以规范，定期召开村民代表大会对乡贤治理情况进行评述，以文字的形式记录下来，方便工作的改进和村民的监督。还要加强乡村外部力量对乡贤的监督，让乡贤有所为也要有所不为。乡贤治理是乡村治理中为应对治理时代性危机提出的一种新型的乡村治理模式，也是乡村德治的重要方式之一，其治理行为也需要不断探索、不断总结，增强行为顶层设计的能力，有助于形成符合时代特色的乡村治理模式。

（三）丰富"乡贤"参与乡村德治方式

乡贤治理行为规范化是前提，在规范化的基础上还应结合时代发展要求适当性创新。新时代是"互联网+"深入发展的时代，也理应探索出"互联网+治理"的全新治理模式。由于年龄偏大，当前乡贤治理的手段主要是通过传统方式，这种方式大大影响了乡贤治理的效能。

新时代在乡村治理的过程中互联网的技术应用范围应不断扩展，与乡村的治理实际相结合。在治理过程中把互联网与发展乡村经济相结合，增加农产品的销售渠道，有效实现村民的生产利益；把互联网与乡村政治相结合，充分利用无线网络技术及时向村民灌输党和国家的方针政策，有效增强村民的"四个意识"，利用手机QQ、微信、微博等方式开展政治交流，增强政治的渗透力；把互联网与乡村文化相结合，设置线上学习模块，使线上线下双管齐下，丰富村民业余精神生活；把互联网技术与乡村社会和谐相结合，通过积极探索"互联网+调解"模式，让乡村村民间的矛盾能够全天候实现调解，增强乡村社会和谐度。乡贤德治是对村民自治的一种补充，是对乡村法治的一种保障，丰富乡贤德治方式本质上是要让德治能够真实为村民服务，提升村民各方面的素养。

五、健全家训文化体系，树立清廉家风

（一）宣传家训清廉文化，引导乡村干部崇尚廉洁

满足利益诉求是人类行为的根本出发点，而诉求满足得不均匀便会产生矛盾甚至爆发冲突。当前乡村治理中出现干群紧张的内因便是在市场经济的冲击下广大乡村干部没有做到为官清廉，常以牺牲村民利益来拼凑自己的政绩，导致乡村治理秩序混乱、矛盾重生。

在乡村治理中要积极弘扬家训文化中的清廉家风文化，一是疏通传播教育和媒介通道。加强清廉教育，充分利用家庭教育潜移默化的作用，让广大乡村干部自觉树立廉政为民的思想，还要积极定期召开干部会议学习"清廉家风"思想；在信息技术快速发展的新时代下，要积极利用多种媒介，如互联网网页、手机客户端等新媒体来传播清廉家风训诫的相关内容，并将其纳入绩效考核中。二是设置传播符号。设置雕塑、绘画、标语等符号来加强清廉家风的宣传，使乡村干部能够时刻谨记清廉家风的训诫，自觉做到廉政为民。三是营造传播的大环境。党和国家要及时制定相应的政策给予支持，提供良好的政策环境；还应依法惩治违背清廉家风的行为，提供公平法治环境。

（二）倡行家训伦理文化，重塑乡村伦理共识

新时代下乡村治理中需要重塑乡村伦理，一是要大力发展乡村经济，"仓廪实而知礼节，衣食足而知荣辱"，只有增加村民收入才能让村民讲伦理、行道德。要大力扶植农业发展，加强市场引导，提升农民的知识水平，加强其自身的生产能力。二是要加强村民的思想道德教育，增强村民的伦理观念，利用大学生村官等青年知识分子采用灵活多元的方式向村民讲解传统家训文化中所包含的伦理共识，使得广大乡村村民能够深入了

解家训文化。在日常教育工作中要采用问卷及走访的方式了解村民的伦理文化认知程度,做好反馈工作,提升后续教育的针对性。三是要大力培育乡村伦理道德,积极引导村民向善崇德。在治理中要注意树立个体道德典范,引导村民能够自觉立德修身,同时还要树立家庭道德典范,引导村民能够勤俭持家、践行家庭纲常伦理。

(三)弘扬家训"耕读"文化,营造乡村学习氛围

乡村治理最广泛的主体是村民,村民的"耕读"水平也直接关乎治理成效。目前,乡村德治能力不足主要是因为村民缺乏相关治理常识,自主学习能力差,要积极改变此现状,需要提升村民的"耕读"意识,树立"耕读"理念。

新时代下要帮助村民树立"耕读"理念,一是加强"耕读"宣传队伍建设,举办相关培训提升宣传队伍的自身素质和宣传技巧;还要拓展宣传方式,利用自媒体等现代网络化媒介来宣传,将"耕读"理念通过多元化渠道送至千家万户,积极鼓励村民通过学习提升自己的知识水平。二是为村民践行"耕读"理念创造相关条件。完善乡村学习设施,如农家书屋、公共图书室等设施,为村民"耕读"提供良好的设施环境;组建相关学习组织,方便村民间的知识性交流;制定村民"耕读"的相关制度,将"耕读"行为固化为一种内在习惯。三是要规范村民的"耕读"内容,多增加一些农业知识、个人道德修养、党和国家政策等方面的相关书籍,让村民能够物质和精神双丰收。

第三节 维护乡村法治秩序

一、乡村法治的地位

法治是健全乡村治理体系的保证。乡村治理体系能否平稳运行取决于乡村治理法治化程度与法治化水平。目前,我国乡村治理基本做到有法可依,但还存在法不全、普法难、用法难、执法难、监督难等问题,"遇事找关系、办事讲人情、信官不信法、信权不信法"的现象还比较突出。

当前阶段,巩固和进一步加强乡村法治的地位,既要加快涉农立法速度、提高立法质量,更要加快完善乡村法律服务体系,加强农村司法所、法律服务所、人民调解组织建设,推进法律援助进村、法律顾问进村,加

大普法力度，大幅度地降低干部群众用法成本，用一个个公正的判决，推动基层干部群众形成亲法、信法、学法、用法的思想自觉，强化法律在化解矛盾中的权威地位。

二、近年来乡村法治取得的成果

近年来，我国乡村法治取得了较为显著的成效，主要表现为乡村治理能够基本做到有法可依、以农业法为核心的农业农村法律体系逐步完善、以综合执法为重点的农业行政执法体系基本建立等。

（一）以农业法为核心的农业农村法律体系逐步完善

据不完全统计，截至2018年，农业领域共有法律15部、行政法规29部、部门规章148部，基本涵盖农业基本法、农村基本经营制度、农业生产资料管理、农业资源环境保护、农业产业发展、农业支持保护、农业产业和生产安全、农产品质量安全等主要内容的农业农村法律法规体系基本建立并趋于完善，农业农村治理总体上实现了有法可依。这些法律法规将中央强农、惠农、富农政策举措和改革成果法定化。稳定和完善了农村基本经营制度，巩固了农业基础地位。为规范、引领和推动"三农"工作提供了根本性、全局性、战略性制度保障，在促进现代农业发展、维护农村和谐稳定、保护农民合法权益等方面发挥了重要作用。

（二）以综合执法为重点的农业行政执法体系基本建立

农业执法体系经历了一个执法机构从无到有、执法力量从弱到强、执法范围从小到大的发展历程。据不完全统计，截至2018年，全国有30个省、区、市开展了农业综合执法工作，共成立2458个县级、286个市级农业综合执法机构，县级覆盖率达到99%，初步形成了，上下贯通、运行有效的农业综合执法体系。农业执法已经涉及种子、农药、兽药、肥料、饲料、动植物检疫、渔政渔港监督、农机监理、农产品质量安全等二十多个领域，基本实现了农业农村各行业的全覆盖。

（三）以尊法守法为基础的农业农村法治文化日益形成

持之以恒地制定实施农业农村系统普法七个五年规划后，我国已日益健全完善了普法五年规划与年度计划相结合、日常宣传与主题宣传相结合、面向农民与抓好重点对象相结合的工作机制，实现了农业农村普法教育"点面结合、突出重点、全面推进"。例如，紧紧围绕"三农"工作全局，谋划和开展了法治宣传教育，推进法治宣传教育工作，更好地服务了农业农村经济发展；推进了农业农村领域依法治理和法治创建活动，使普法宣传始终与法治实践同步推进，提高农业农村系统干部依法行政能力；广泛开展了群众性法治文化活动，采取寓教于乐的形式，使农民群众在法治文化氛围中受到法律知识和法治理念的熏陶，增强了农民群众依法维护权益的意识。通过多种形式的普法宣传活动，传播法律知识，弘扬法治精神，培育法治信仰，推动法治实践，在农业农村系统形成尊法、学法、守法、用法的浓厚氛围，为建设法治乡村营造了良好环境。

三、深入推进乡村法治

目前，我国乡村治理基本做到了有法可依，运用法治思维构建了社会行为有预期、管理过程公开、责任界定明晰的乡村治理制度体系，提高了乡村治理法治化水平。

未来一段时期，深入推进我国乡村法治建设，就要着力加强农村法治建设，推进乡镇、村庄建设，开展突出治安问题专项整治，引导广大农民群众自觉守法、用法。用法律维护自身权益，就要着力进一步建立基本公共法律服务体系，为农民群众提供优质高效的法律服务。[①]

（一）进一步加快乡村法治建设

加快土地制度改革、农业绿色发展、乡村建设治理等领域的立法建设，积极推进乡村振兴促进法、农村集体经济组织法、农村土地承包法、土地管理法、农产品质量安全法等法律法规的修订，同时加强配套规章制度建设，增强法律法规的及时性、系统性、针对性、有效性。

（二）加大普法宣传力度，引导广大干部群众自觉守法、用法

相较于城市区域，乡村依然是熟人社会，大多遵循熟人社会规律。结合乡村这种特性，在乡村加大普法宣传力度的重点就要针对乡村干部群众知识结构和认知特点。创新乡村法治宣传教育，加强农村法治教育阵地建设，开展专题法治教育培训，组织文艺团队、宣传志愿者深入"法律进乡村"宣传教育，鼓励村民积极参与基层司法、法律监督等法治实践活动，提高乡村基层干部群众的法治意识，使之形成信法守法的行为习惯。要处理好农村中软法与国家法律法规之间的关系，系统梳理和修改完善有关规章制度和行为准则。特别是结合经济转型升级、生态环境整治、实施乡村振兴战略等工作，指导修订村规民约。切实引导广大农民群众的日常行为。[②]

[①] 韩长赋. 大力实施乡村振兴战略 [J]. 中国农技推广，2017, 33 (12): 69-71.

[②] 李后强. 以"区块链"思维创新乡村治理方式 [J]. 当代县域经济，2018(6): 11-17.

(三)促进基层政府和基层干部依法行政

县、乡党委政府及有关部门应带头尊法、学法、守法、用法,依法加强对村务治理的指导,对农村各类问题的预防和监管,让广大农民群众感受法律力量、认知法律尊严、增强法律信仰。要强化对乡村基层政府和基层干部的法律约束,依法行使职权,依法依规处理事务,依法加强对村务治理的指导以及对农村各类问题的预防和监管。

(四)降低干部群众用法成本,加快完善乡村法律服务体系

加强农村司法所、法律服务所、人民调解组织建设,推进法律援助进村、法律顾问进村,大幅度地降低干部群众用法成本,引导群众以正当的途径、以法律的手段、以理性的态度,合理合法地解决矛盾纠纷。加快建立健全乡村调解、县市仲裁、司法保障的农村土地承包经营纠纷调处机制。抓好抓实农村公共法律服务站点和志愿点建设,加强对农民的法律援助和司法救助,逐步实现城乡公共法律服务均等化。

(五)推进平安乡村建设,加强农村公共安全治理

实施"派出所建设三年行动计划",推行"一村一辅警",不断提升农村治安管理水平。推进平安乡镇、平安村庄建设,开展突出治安问题专项整治,让广大农民群众感受法律力量、认知法律尊严、增强法律信仰。深入开展"扫黑除恶"专项斗争,严厉打击农村黑恶势力、宗族恶势力,严厉打击"黄赌毒盗拐骗"等违法犯罪行为。依法加大对农村非法宗教活动和境外渗透活动打击力度,依法制止利用宗教干预农村公共事务,持续整治农村乱建庙宇、滥塑宗教造像等乱象。完善县、乡、村三级综治中心功能和运行机制。健全农村公共安全体系,持续开展农村安全隐患治理。加强农村警务、消防、安全生产工作,坚决遏制重特大安全事故。探索以网格化管理为抓手、以现代信息技术为支撑,实现基层服务和管理精细化、精准化。[①]

四、自治、法治、德治之间的关系

基层社会的三治模式充分体现了以人为本、系统治理、依法治理、综合治理、源头治理的理念,三者功能作用相辅相成、相互支撑、合力共治。

(一)自治是法治、德治的目标

基层社会自治重点是解决治理的具体形式和载体问题及加强乡村集体治理能力。要正确处理好"三治"主体之间的内部协同关系,在乡村党

---

① 祝卫东,张征,刘洋,等.统筹推进乡村全面振兴[J].中国农民合作社,2018(5):9-10.

组织的全面领导下，增强乡村居民参与能力、议事协商能力、自我服务能力、心理咨询干预能力、信息化应用能力、资源优化能力、村支部和村委会联动与资源优化能力。

（二）*法治是自治、德治的保障*

基层社会法治重点是解决治理的现实依据和手段问题，加强乡村依法办事能力。要有效发挥社会组织的优势，发挥驻村派出所、乡村公证员、基层法律服务工作者、志愿者的作用，推进覆盖乡村公共法律服务体系建设，提升基层协商能力、乡村矛盾预防能力、乡村矛盾化解能力、利益意愿表达能力。

（三）*德治是自治、法治的基础*

基层社会德治重点是解决治理主体思想精神层面的素质修养问题，以弘扬中华传统文化为载体。要突出强化乡村文化的引领能力，讲好乡村成员身边的故事，践行社会主义核心价值观，增强居民对乡村的社会文化认同感、归属感、责任感和荣誉感，形成"乡村是我家"的集体意识，打造乡村文化的凝聚力、影响力和价值推动力。要着力凸显乡贤文化在乡村文化建设、乡村治理中的重要作用，要以"贤"作为乡贤文化的核心，科学阐释和积极培育当代新乡贤观念。

总体来看，自治、法治加德治的"三治"模式借鉴了新中国成立以来人民当家作主的群众自治实践的有益经验。正确处理了基层社会"三治"之间的协同关系，有利于打造共建、共治、共享的社会治理格局，形成政府调控同社会协调互联、政府行政功能同社会自治功能互补、政府管理力量同社会调节力量互动的新型社会共治模式，是创新基层社会治理的有效途径。当前，我国正处于扎实推进乡村振兴，加快建设美丽乡村发展的关键时期，要更进一步健全乡村"三治"模式，有效发挥"三治"功能，以全面提升我国乡村治理水平。

参考文献

[1] 李建伟. 乡村振兴战略下的村庄规划研究 [M]. 北京：科学出版社，2019.

[2] 叶培红. 文化乡村 [M]. 石家庄：河北人民出版社，2019.

[3] 陆超. 读懂乡村振兴 [M]. 上海：上海社会科学院出版社，2020.

[4] 西北农林科技大学. 乡村振兴的青年实践 [M]. 北京：中国青年出版社，2019.

[5] 孔祥智. 乡村振兴的九个维度 [M]. 广州：广东人民出版社，2018.

[6] 张禧，毛平，赵晓霞. 乡村振兴战略背景下的农村社会发展研究 [M]. 成都：西南交通大学出版社，2018.

[7] 陈俊红. 北京推进实施乡村振兴战略的对策研究 [M]. 北京：中国经济出版社，2019.

[8] 汪涛，荆肇乾. 长三角快速城镇化地区自然景观特色的观光休闲型美丽乡村建设技术及应用实践 [M]. 南京：东南大学出版社，2018.

[9] 九三学社江苏省委员会. 科技创新与推进江苏乡村振兴 [M]. 南京：东南大学出版社，2018.

[10] 袁建伟，曾红，蔡彦，等. 乡村振兴战略下的产业发展与机制创新研究 [M]. 杭州：浙江工商大学出版社，2020.

[11] 李群. 乡村振兴战略规划实施路径探讨：基于特色小镇建设载体延伸运行操作指南 [M]. 北京：中国经济出版社，2018.

[12] 赵皇根，宋炼钢，陈韬. 振兴乡村旅游理论与实践 [M]. 徐州：中国矿业大学出版社，2018.

[13] 艾前进. 山水林城 美丽黄石 湖北省黄石市创建国家森林城市纪实 [M]. 北京：经济日报出版社，2018.

[14] 贺祖斌，林春逸，肖富群，等. 广西乡村振兴战略与实践·生态卷 [M].

桂林：广西师范大学出版社，2019.

[15] 肖凤良，唐元松，银锋. 新时代乡村振兴战略 [M]. 北京：光明日报出版社，2020.

[16] 田阡，苑利. 多学科视野下的农业文化遗产与乡村振兴 [M]. 北京：知识产权出版社，2018.

[17] 宁夏社会科学院. 宁夏经济发展报告（2020）[M]. 银川：宁夏人民出版社，2020.

[18] 西充县地方志办公室. 西充年鉴 [M]. 阳光出版社，2020.

[19] 刘国华. 陇上百村纪事 [M]. 兰州：甘肃科学技术出版社，2019.

[20] 中共延安市委宣传部. 圣地好声音 [M]. 西安：陕西人民出版社，2019.

[21] 冉启全，章继刚，陈维波. 农村电子商务 [M]. 成都：西南交通大学出版社，2019.

[22] 行唐县革命老区建设促进会. 行唐县革命老区发展史 [M]. 石家庄：河北人民出版社，2019.

[23] 贵州省经济学学会. 奋进发展的十二年 [M]. 贵阳：贵州人民出版社，2018.

[24] 国务院研究室编写组. 十三届全国人大一次会议《政府工作报告》学习问答 [M]. 北京：中国言实出版社，2018.

[25] 中共成都市双流区委史志办公室. 双流年鉴 [M]. 成都：四川科学技术出版社，2018.

[26] 陈宗胜. 天津改革开放全景录 [M]. 天津：天津人民出版社，2018.

[27] 四川省经济信息中心，四川省节能低碳和应对气候变化中心. 2019四川经济展望 [M]. 成都：四川人民出版社，2018.

[28]《永丰年鉴》编纂委员会. 永丰年鉴（2018）[M]. 南昌：江西科学技术出版社，2018.

[29] 行唐县地方志办公室. 行唐年鉴 [M]. 石家庄：河北人民出版社，2018.

[30] 河北省教育厅. 河北教育年鉴 [M]. 石家庄：河北教育出版社，2018.

[31] 张磊. 新时代美丽乡村建设研究 [D]. 哈尔滨：东北林业大学，2021.

[32] 张珍."乡村振兴"战略下农村职业教育的发展路径研究 [D]. 南京：南京邮电大学，2020.

[33] 胡雨薇. 乡村振兴战略下临湘农村特色产业发展优化研究 [D]. 长沙：湖南师范大学，2020.

[34] 刘洋.乡村振兴战略背景下城郊融合类村庄空间发展策略研究[D].北京：北京建筑大学，2020.

[35] 惠志丹.乡村振兴战略背景下农业高校服务乡村人才振兴研究[D].武汉：华中农业大学，2020.

[36] 高溪.乡村振兴战略背景下特色保护类村庄空间发展策略研究[D].北京：北京建筑大学，2020.

[37] 马涛.乡村振兴战略下非物质文化遗产旅游活化研究[D].太原：山西大学，2020.

[38] 孙萌鑫.乡村振兴战略下万荣县美丽乡村建设路径研究[D].西安：西安理工大学，2020.

[39] 张嘉益.乡村振兴战略背景下河南省体育特色小镇发展路径研究[D].济南：山东大学，2020.

[40] 黄雯.乡村振兴战略视域下A市美丽乡村建设问题研究[D].济南：山东大学，2020.

[41] 郑楠.乡村振兴战略背景下基层政府推进美丽乡村建设研究[D].济宁：曲阜师范大学，2020.

[42] 张译木.乡村振兴战略下农民思想政治教育效能提升研究[D].长春：吉林大学，2020.

[43] 罗海珑.乡村振兴战略下的浙江美丽乡村规划建设策略研究[D].杭州：浙江大学，2020.

[44] 赵雪莹.昌乐县美丽乡村建设问题与对策研究[D].秦皇岛：燕山大学，2019.

[45] 邰清攀.乡村振兴战略背景下乡镇政府公共服务能力研究[D].长春：东北师范大学，2019.

[46] 杨茹茹.新时代中国特色社会主义乡村振兴战略研究[D].东北石油大学，2019.

[47] 于思文.习近平乡村振兴战略研究[D].哈尔滨：哈尔滨师范大学，2019.

[48] 郭燕妮.乡村振兴战略背景下延安乡村产业振兴研究[D].延安：延安大学，2019.

[49] 王泽.乡村振兴战略下山西传统村落美丽乡村建设研究[D].太原：山西财经大学，2019.

[50] 梁双印.基于乡村振兴战略的绥芬河市南寒村美丽乡村建设实践研究[D].

哈尔滨：哈尔滨工业大学，2020.

[51] 张易. 乡村振兴战略视角下美丽乡村的建设实效评价与策略研究[D]. 上海：华东理工大学，2019.

[52] 史家明. 威海市临港区美丽乡村建设研究[D]. 泰安：山东农业大学，2019.

[53] 彭冰. 岳西县实施乡村振兴战略研究[D]. 合肥：安徽大学，2019.

[54] 李鹏. 习近平乡村振兴战略研究[D]. 杭州：浙江理工大学，2019.

[55] 马添. 乡村振兴战略背景下农村基层治理研究[D]. 长春：东北师范大学，2018.

[56] 徐源. 乡村振兴战略下的农村实用人才队伍建设研究[D]. 重庆：中共重庆市委党校，2018.

[57] 韩丹. 乡村振兴战略背景下陕西省特色小镇发展模式研究[D]. 西安：西安建筑科技大学，2018.

[58] 欧阳建勇. 乡村振兴战略下我国农村公共文化服务建设的财政政策研究[D]. 南昌：江西财经大学，2018.

[59] 黄文君. 乡村振兴战略下村党组织领导乡村治理机制研究[D]. 广州：华南理工大学，2018.

[60] 王笑容. 乡村振兴战略背景下的田园综合体发展研究[D]. 南昌：江西师范大学，2018.